EDITH EINHART | Mit Mutter ans Meer

EDITH EINHART

Mit

Für alle Frauen,

Mutter

die ihre Mutter lieben

ans

und sie dennoch oft

Meer

zum Mond schießen könnten

Diana Verlag

MIX
Papier aus verantwor-
tungsvollen Quellen
FSC
www.fsc.org FSC® C014496

Verlagsgruppe Random House FSC® N001967
Das für dieses Buch verwendete
FSC®-zertifizierte Papier *Super Snowbright*
liefert Hellefoss AS, Hokksund, Norwegen.

Für meine Eltern und Laura

Inhalt

Tag 1 – Samstag

»Nun lass mich doch!«
Oder: Mutter mag keine E-Tickets, hortet Gratiszeitschriften und nervt mit Marotten. Warum wir für
unsere Mutter nur das Beste wollen, bereits nach
wenigen Stunden gnadenlos scheitern, uns fremdschämen und dann selbst nicht leiden können.

Tag 2 – Sonntag

»Sag ihm, wir sind Schwestern!«
Meine Mutter legt viel Wert auf ihr Aussehen,
flirtet gern und will auf gar keinen Fall als
Neunundsechzigjährige identifiziert werden.
Ich frage mich, wie gut ich selbst mit dem
Älterwerden klarkomme und ob die ersten
Wehwehchen für immer bleiben und alles nur
noch schlimmer wird.

Tag 3 – Montag

»Ich war froh, als ich von zu Hause wegkam!«
Meine Mutter ruft ihre Mutter an und ist, wie
immer, hinterher mit den Nerven fertig. Über
Verletzungen, die von Generation zu Generation
weitergegeben werden, und wie dieses Erbe unsere

Tag 4 – Dienstag

Tag 5 – Mittwoch

Tag 6 – Donnerstag

Tag 7 - Freitag

Tag 8 - Samstag

Tag 9 - Sonntag

Tag 1 – Samstag

»Nun lass mich doch!«
Oder: Mutter mag keine E-Tickets, hortet Gratiszeitschriften und nervt mit Marotten. Warum wir für
unsere Mutter nur das Beste wollen, bereits nach
wenigen Stunden gnadenlos scheitern, uns fremdschämen
und dann selbst nicht leiden können.

Wir waren erst seit vier Stunden unterwegs, und ich wünschte mich schon jetzt ganz weit weg. Oder zurück auf meine Couch. Hauptsache, weit genug weg von meiner Mutter. Von mir aus auch ins Büro, selbst wenn der Chef gerade einen Tobsuchtsanfall hat. Alles war besser als das.

Denn mehr und mehr spürte ich, wie der Ärger in mir aufstieg, bereit, auszubrechen. Ich war kurz davor, böse zu werden. Wie alle erwachsenen Kinder, die mit ihrer Mutter verreisen. Ich bin keine böse Tochter, ich bin wie alle, absolut im Normalbereich. Meinen Freundinnen geht es genauso, ich habe mich umgehört, noch gestern Abend, als wir zusammensaßen.

»Du hast Urlaub? Was machst du?«, fragte mich Eva.

»Mit Mutter ans Meer.«

Die Reaktion in der Runde war vorhersehbar: ein klein wenig Bewunderung. Als ob ich mich für eine humanitäre Mission opferte. Gefolgt von Beileidsbekundungen, und dann packten alle aus. Über ihre Urlaube mit ihren Müttern. Wir wurden uns rasch einig: Schnell werden alle Vorsätze, nämlich eine gute Tochter zu sein und mit der Mutter eine schöne Zeit zu haben und ihre Absonderlichkeiten großzügig zu übersehen, weggefegt. Weil es eben einfach nicht auszuhalten ist. Meine Freundin Stefanie zum Beispiel sagte zu ihrer Mutter bei einem gemeinsamen Ausflug in die Berge ganz gereizt: »Jetzt schau doch mal auf!« Ihre Mutter absolviert nämlich jede Wanderung gebückt, obwohl sie gar nichts mit dem Rücken hat, als läge die Last der gesamten Welt auf ihr. Kathrin zählte, nachdem ihrer Mutter drei Lokale nicht gefallen hatten, in einem wundervollen Aussichtsrestaurant auf Menorca mühsam um Selbstbeherr-schung ringend, von zehn an rückwärts, weil ihre Mutter selbst hier noch nörgelte: »Das Meer habe ich mir aber blauer vorge-stellt.« Vorhersehbar explodierte Kathrin dennoch, als sie bei null angekommen war: »Dir kann es auch keiner recht machen!« Woraufhin die Mutter stundenlang eingeschnappt war. Setzen, Sechs, wieder als geduldige, verständnisvolle Tochter versagt.

Das Problem einer unzufriedenen Mutter habe ich nicht – oder fast nicht: Meine Mutter weiß sofort, in welches Lokal sie möchte, bitte möglichst in eines mit feschen Obern und Anti-quitäten, aber zu teuer darf es auch wieder nicht sein. Wehe, der Beilagensalat »kostet doch tatsächlich extra«. Und ich? Was tue ich? Ich lege ebenfalls los, doziere dann über das Preis-Leis-tungs-Verhältnis: »Qualität bekommt man nun mal nicht um-sonst, Mama«, und fege die eben noch harmonische Stimmung vom Tisch wie Choleriker Suppenteller. Aber meine Mutter fährt danach wiederum ihre Geheimwaffe (wie sie glaubt) aus, dabei ist sie längst durch jahrzehntelangen Gebrauch stumpf geworden: »Wenn deine Eltern nicht lebenslang gespart hätten, dann hätten wir heute kein Reihenhaus, keine Ferienwohnung in Tirol und auch nicht die Wohnung in der Münchner Au!« Bleibende Werte gelten in meiner Familie als Heiliger Gral, ich muss mich schließlich geschlagen geben. Waffenstillstand kehrt ein. Bis ich dem Kellner zu viel, wie meine Mutter findet, Trink-geld gebe. Wir verlassen das Lokal, meine Mutter mit hoch er-hobenem Kopf, triumphal, ich, die Tochter, als Mitglied einer verschwenderischen, verwöhnten Babyboomer-Generation.

Dabei hatte der Urlaub erst begonnen. Das konnte ja noch heiter werden. Seit geschlagenen dreißig Minuten wartete ich in der Ankunftshalle des Hamburger Flughafens und haderte mit mir. Von meiner Mutter weit und breit keine Spur. Ich hatte sie nur kurz aus den Augen gelassen, um am Mietwagen-Counter unseren Wagenschlüssel mit dem penetrant-fröhlichen Anhänger in Orange abzuholen. Und schon war sie verschwunden. Nur ihr alter abgeschabter Koffer stand noch da.

Ich hätte aufatmen können. Ich hätte aufatmen sollen, denn es würden für lange Tage die letzten dreißig Minuten sein, die ich mit mir und meinen Gedanken allein verbrachte. Nur war meine Mutter ganz offenbar im Security-Bereich des Flughafens verschwunden, obwohl wir bereits die Sicherheitstür passiert hatten. Doch sie war noch einmal zurückgelaufen. Wie ihr das gelungen war, konnte ich nicht begreifen. Vielleicht schützt das Sicherheitssystem am Flughafen vor Hijackern und Selbstmordattentätern, aber sichtlich nicht vor einer Neunundsechzigjährigen, die hartnäckig nach einer verlorenen Tüte mit ein paar Gratiszeitschriften fahndet. Mühsam hatte meine Mutter im Flieger die ausgelesenen Illustrierten der anderen Fluggäste auf dem Weg zum Ausstieg von den verkrümelten Sitzen aufgesammelt, und wehe, jemand kam ihr zuvor. Nur um das ganze Spaßpaket dann unglücklicherweise auf der Toilette im Gepäckausgabebereich liegen zu lassen.

Erst bei der Autovermietung war ihr der Verlust aufgefallen. Sie stoppte abrupt. Die anderen Reisenden umflossen sie wie Treibholz einen Felsen im Mekong, während sie eine Miene machte, als hätte sie einen Koffer mit Gold auf der Toilette vergessen. »Die schönen Zeitungen und dann die Pantoffeln aus dem Hotel in der Türkei«, wiederholte sie mehrmals kurz hintereinander. Eine Erklärung, die nur für sie selbst Sinn machte und so beharrlich vorgetragen wurde wie ein buddhistisches Mantra. Mein zaghafter Einwand, dass es sich doch lediglich um ausgelesene Zeitschriften und Hotelpantoffeln handele, zählte nicht. Meine Mutter malte wortreich die Konsequenzen ihres tragischen Verlustes aus. Die Pantoffeln! Die hätte sie doch jetzt im Hotel an der Ostsee tragen wollen! Und die Zeitschriften! Die hatte sie lesen wollen, im Auto, während ich uns nach Heiligenhafen steuerte. Und im Strandkorb! Ich schlug vor, sobald wir am Sixt-Schalter fertig wären, ein paar Magazine zu erstehen, und deutete auf einen Zeitschriftenladen. Für meine Mutter war das vollkommen indiskutabel. Illustrierte kaufen, wo es im Flugzeug doch Freiexemplare gegeben hatte, *Gala, Bunte, Bild der Frau,* den *stern* und die *Donna!* Alles verloren, womöglich unwiederbringlich? Da kann man sein Geld ja gleich zum Fenster rausschmeißen! Selbst dem Gratis-*Handelsblatt,* das sie gar nicht las, trauerte meine Mutter nach. Dann war sie weg. Über die Pantoffeln hatte ich noch gar nichts gesagt.

Ich atmete tief durch. Übrigens nicht das erste Mal an diesem Tag. Noch konnte ich mir selbst auf die Schulter klopfen. Noch war mir kein einziger Satz herausgerutscht, den ich schon bereute, während ich ihn aussprach, und der all meinen guten Willen ad absurdum führte und mein sorgfältig zusammengebasteltes Selbstbild als liebende, fürsorgliche und bestens gelaunte Tochter demolierte. Trotzdem – wie hatte ich ernsthaft auf die Idee kommen können, eine gute Woche meines knappen Jahresurlaubs einem Trip an die Ostsee zu opfern, als Reisebegleitung meiner Mutter?

Sicher, es war meine Entscheidung, dass ich hier stand. Doch ich hätte auch entspannt im Süden Englands durch die Gärten von Sissinghurst wandeln können. Wobei – diese Reise hatte gar nicht erst stattgefunden. Daran war aber nicht ich schuld. Thomas, dieser Egoist! Im Grunde verdankte ich es meinem Freund und seinem unerbittlichen Geschäftssinn, dass ich nun hier am Hamburger Flughafen nach meiner Mutter Ausschau halten musste, statt mit meinem Liebsten Kent und Cornwall zu entdecken. Obwohl – vielleicht war er bald mein Exfreund, wenn das so weiterging mit uns. Eigentlich hatten wir einen romantischen

Englandurlaub geplant. Das heißt, ich hatte die Idee, und er hatte erst so getan, als sei das ein toller Einfall. Insbesondere Cornwall machten jetzt einige Paare, die wir kannten, Rosamunde-Pilcher-Land war gerade »the place to be«, wobei meine Freunde auch die Schriftstellerin Daphne du Maurier im Gepäck hatten, die auf einem Acker in der Grafschaft auf ihre Idee mit diesen ausgeflippten Monstervögeln gekommen war. Die Erzählung, die daraus entstand, wurde später von Hitchcock verfilmt. Den gruseligen Zwerg in *Wenn die Gondeln Trauer tragen* hatte die Dame ebenfalls erfunden.

Viel unheimlicher konnte mein Trip mit meiner Mutter aber auch nicht werden, dachte ich, während ich mich weiter umschaute, ob sie nicht irgendwo zwischen all den Flugreisenden wieder auftauchte. Vielleicht hätte ich doch besser Venedig buchen sollen. Aber der Lido im August? Hatte ich schon hinter mir, wollte ich nie wieder. Außerdem wollte meine Mutter unbedingt an die Ostsee, Onkel Heinrich treffen, den hatte sie seit Jahrzehnten nicht mehr gesehen.

Ich zog mein Handy aus der Jackentasche, obwohl es nicht vibriert hatte. Vielleicht hatte Thomas ja doch geschrieben. Er könnte sich allmählich mal entschuldigen, aber Fehlanzeige. Eine Woche war seit unserem Krach vergangen. Dem schlimmsten seit vier Jahren Beziehung, und so, wie es aussah, war es womöglich unser letzter. Alles war vorbereitet gewesen. Ich hatte Reiseführer gewälzt. Routen ausgesucht. Hotels gefunden. Sogar eines mit einem 18-Loch-Golfplatz und einem Schwimmbad, einschließlich Sauna und Wellnessbereich, obwohl ich selbst nicht golfe, nur im Meer schwimme und Wellnessprogramme auf mich die gleiche Wirkung haben wie Berichte über die spanische Inquisition. Aber Thomas golft, und Thomas liebt Massagen. Er stürmt jede Sauna wie Kinder einen Milka-Shop, und wahrscheinlich liebäugelte er bei unserer Tour durch den Süden Englands hinter meinem Rücken sogar mit Klangschalenmediationen oder Heißem-Stein-Chakren-Gedöns.

Das alles fand jedoch ein jähes Ende, als er mir an dem Vormittag, an dem ich die Flüge buchen wollte, mitteilte, er könne nicht verreisen, ihm sei ein wichtiges Projekt dazwischengekommen. »Ich kann jetzt unmöglich weg! Nicht nur, dass ich dadurch meinen Kunden vor den Kopf stoßen würde, ich verliere auch noch jeden Tag, an dem wir in Kent oder Cornwall rumhängen, 800 Euro Tagessatz! Die Reisekosten nicht mitgezählt!« Daher wehte also der Wind. Thomas war zu geizig oder besser gesagt: zu geldgierig, um mit mir in den Urlaub zu fahren. »Als Angestellte mit bezahltem Urlaub hast du leicht reden«, quengelte er weiter und ich: »Wann sollen wir denn jemals in Urlaub fahren, Mr. Selbstständig?«

»Jetzt beruhig dich mal!«

»Nein!«, rief ich und drohte: »Dann fahre ich eben mit meiner Mutter ans Meer!«

»Mach doch! Die freut sich. Dann haben wir alle was davon.«

Was eine grobe Fehleinschätzung war. Ich hatte nämlich jetzt – eine Woche später – gar nichts davon, sondern nur meine Freiheit und gute Laune eingebüßt. Und zwar genau in jenem Moment, als mein Vater meine Mutter mit ihrem fünfzehn Jahre alten Samsonite-Koffer in München an der Abflughalle abgesetzt hatte. Meine Identität als Frau mit großer Eigenständigkeit war seit diesem Augenblick ausradiert. Ich mutierte von nun an zur E-Ticket-Beschafferin, Mediatorin, Psychologin, zum Kaffee- und »Ein-Leitungswasser-zum-Tomatensaft-bitte«-Scout, zur Anschnallüberprüferin und zum Navi. Vor allem zum Navi. Denn meine Mutter fand grundsätzlich nichts und kümmerte sich um nichts, obwohl sie nicht zum ersten Mal in den Urlaub flog. Als hätte sie sich ihren Orientierungssinn nach fast fünfzig Jahren an der Seite meines Vaters abgewöhnt. Bereits am Münchner Franz-Josef-Strauß-Flughafen lief sie hinter mir her wie ein Chihuahua, überzeugt davon, dass ich alles im Griff hatte und genau wusste, was ich tat. Ein Irrtum. Denn ich war als Navi auch nicht gerade der Hit, wie sich bei jedem Urlaub mit meiner Freundin Melanie herausstellte, mit der ich ein paar Mal verreist war, wenn Thomas nicht konnte (oder wollte).

Erst vergangenen Sommer waren wir über zwei Stunden durch die Industriestadt Mestre gegurkt, weil ich die Abfahrt nach Venedig mehrmals nicht gefunden hatte. Am Ende fuhren wir entnervt über die Autobrücke in die zauberhafte Stadt, und Melanie kommentierte sarkastisch: »Der Orientierungssinn eines Maulwurfs auf Crack.« Ich schwitzte und hatte keinen Blick mehr für den Campanile und die ganze verfluchte Traumkulisse der Lagunenstadt. Denn den Anleger für die Autofähre auf den Lido fand ich auch erst nach mehreren Anläufen.

Jetzt war es nicht viel besser. Schon der Abflug heute Morgen war der totale Stress gewesen. Wir waren spät dran, da unterwegs auf den Straßen viel Verkehr herrschte. Und als wir auf den letzten Drücker vor dem Check-in standen, ging meine Mutter einfach davon aus, dass ich als Journalistin schon Mittel und Wege finden würde, uns noch ins Flugzeug zu bringen, auch wenn es längst hieß: »Gate closed! Boarding completed!« Das war natürlich eine wahnwitzige Überschätzung meiner Möglichkeiten. Vielleicht war aber nicht nur der Verkehr schuld gewesen, vielleicht hatte ich die Zeit tatsächlich eher knapp kalkuliert, um mir meine Mutter noch etwas fernzuhalten. Sinnlos, klar, hatten wir doch bestimmt 168 gemeinsame Stunden vor uns. Abzüglich jener Stunden, die ich allein in meinem Hotelzimmer verbringen wollte, um mich klammheimlich von der Mama-Bespaßung zu erholen wie ein ausgelaugter Animateur.

Obwohl wir also in letzter Minute am Schalter ankamen, hatte meine Mutter es dennoch glatt geschafft, einen Fensterplatz zu erobern, obwohl der »Scheißcomputer«, wie meine Mutter alle Geräte nannte, die ihr unheimlich waren, beim automatischen Einchecken behauptet hatte, sämtliche Fensterplätze seien schon vergeben.

»Ich habe Flugangst!«, behauptete sie beim Bodenpersonal mit diesem besonderen Ton in der Stimme, der mir sofort verriet, dass sie flunkerte.

»Eigentlich muss ich den Platz freihalten, aber ich mache in diesem Fall eine Ausnahme«, sagte die Dame am Schalter und druckte das entsprechende Ticket aus.

Meine Mutter strahlte und feixte noch in Hörweite triumphierend: »So muss man das anstellen, siehst du!«

Ich schämte mich fremd.

Natürlich hatte sie recht, nur: Ich hätte mich nicht getraut zu flunkern. Zumal jeder weiß, dass Leute mit Flugangst ungern am Fenster sitzen.

Am Ende war der Himmel auf dem ganzen Flug bedeckt, aber meine Mutter hatte trotzdem glücklich auf ihrem erschwindelten Fensterplatz residiert.

Und jetzt war sie wie vom Erdboden verschluckt, und ich fragte mich, ob es nicht besser wäre, sie würde gar nicht mehr auftauchen. Das war nicht nett. Dabei hatte ich es wirklich gut gemeint und war sogar stolz auf mich gewesen. Denn wenn mein Freund lieber Geld scheffelte, konnte ich, so mein Plan, meiner Mutter mit dieser Reise etwas zurückgeben. Ihr zeigen, dass ihre vierundvierzigjährige Tochter ihren unermüdlichen Einsatz als Mutter endlich zu schätzen gelernt hatte. Altruismus pur! Und so hatte ich sie nach der Auseinandersetzung mit Thomas spontan angerufen und vorgeschlagen: »Lass uns an die Ostsee fahren!« Sie war sofort Feuer und Flamme gewesen. Hatte sie doch bereits x-mal zu mir gesagt: »Wir könnten doch mal zusammen ein, zwei Wochen verreisen.«

Bisher war ich um diesen Trip herumgekommen. Doch der waghalsige Entschluss, tatsächlich einmal mit meiner Mutter zu verreisen, reifte in mir heran, als einige Freundinnen selbst Mütter wurden. Und sich seitdem dauernd Sorgen machten, ob sie als solche gut genug seien – und sich darum unermüdlich abmühten, bis an die Grenze zur Totalerschöpfung, ihrem Kind genügend Kraft, Liebe und Zeit zu geben. Erst da dämmerte mir, was meine Mutter über all die Jahre geleistet haben musste. Ich geriet ins Nachdenken und fragte meine Eltern bei einem Sonntagsessen: »Wie ist das eigentlich, wenn man so viel für die eigenen Kinder getan und geopfert hat, aber nie etwas davon zurückerhält?«

Mein Vater schaute irritiert und wusste auf die Frage keine Antwort. Meine Mutter antwortete – wie so oft – haarscharf an der Frage vorbei: »Aber aus dir ist doch etwas geworden. Du hast einen schönen Beruf, schreibst Bücher und bist intelligent.«

Als wäre das Grund genug, dass sie sich unermüdlich um mich und meinen älteren Bruder Roland gekümmert hatte.

»Habt ihr euch je gefragt, ob Kinder überhaupt glücklich machen?«

Hatten sie nicht. Meine Eltern sahen mich ratlos an. Das war eine Frage, die nur in meiner Generation diskutiert wurde. So eine Überlegung war ihnen nie in den Sinn gekommen. Seitdem habe ich den Verdacht, wir sind, anders als unsere Eltern, unermüdliche emotionale Kosten-Nutzen-Kalkulierer. Darum reichte mein Vorsatz, einmal etwas meiner Mutter zuliebe zu tun, vermutlich gerade für eine neuntägige Einladung. Muss man aber auch verstehen, oder? Meine Mutter ist schließlich Freizeitmilliardärin, ich dagegen habe nur kümmerliche dreißig Tage Jahresurlaub.

Wäre es nach ihr gegangen, hätte sie am liebsten zweieinhalb Wochen Urlaub in der Nachsaison in der Türkei gebucht. Alles inklusive für rund 1 000 Euro pro Person im Hotel Renaissance, einem mütterlichen Urlaubsbiotop, in das sie seit vier Jahren allein flog, weil mein Vater mittlerweile keine Lust mehr auf Fernreisen hatte. Zum Glück konnte ich meine Mutter davon überzeugen, dass die Türkei im August viel zu heiß sei.

»Warum fahren wir dann nicht an die Ostsee? Nach Heiligenhafen?«, schlug sie als Alternative vor.

In Heiligenhafen hatte meine Mutter mehrere Verwandte, die sie seit Jahren nicht gesehen hatte. Für mich bedeutete das: Sie konnte diverse Tanten, Cousinen und Großonkel Heinrich besuchen, während ich mir herrliche Stunden mit den *Buddenbrooks* am Strand machte. Ostsee, das schien ein herrliches Reiseziel zu sein.

»Aber wie kommen wir da hin?«, überlegte meine Mutter weiter. »Muss uns Onkel Heinrich dann nicht in Hamburg abholen? Ich weiß nicht, ob er das noch schafft. Er wird nächstes Jahr neunzig.«

Auf gar keinen Fall, dachte ich. Unter keinen Umständen durften wir uns den Hol- und Bring-Diensten der Verwandtschaft ausliefern, denn dann säße ich in der Falle. Mit Mutter im Dauereinsatz – okay. Aber dann noch obendrauf norddeutsche Verwandte?

»Natürlich nehmen wir uns am Hamburger Flughafen einen Mietwagen, Mama.«

Meine Mutter klang skeptisch: »Ist das nicht sehr teuer?«

»Edith kriegt es doch als Journalistin billiger«, rief mein Vater im Hintergrund und hatte damit unbeabsichtigt die Marschrichtung für das komplette Buchungsszenario ausgesprochen.

»Stimmt das?«, fragte nun meine Mutter. »Bekommst du Prozente? Auch beim Hotel? Du könntest doch einen Reisebericht schreiben.«

Wohl kaum, dachte ich, welches Magazin würde eine Mutter-Tochter-Reise an die Ostsee drucken? Außerdem hatte ich aufgehört, den Journalistentarif zu nutzen. Aber nicht aus moralischen Gründen, sondern weil es mehr Spaß machte, sich über die Selbstbereicherungsorgien von Wulff & Co. zu ereifern, wenn man es sich selbst verkniff, jedem Vorteil hinterherzuhechten.

Meine Mutter war da allerdings ganz anderer Meinung. Meinen Eltern war in ihrem Leben nie etwas geschenkt worden. Sagten sie. Jedes Schnäppchen war höchst willkommen. Widerstand zwecklos, denn das mündete erbarmungslos im »Was-meinst-du-wie-wir-zu-unserem-Ersparten-gekommen-sind?«-Diskurs.

Ich sagte: »Ich schau mal, was die Reise kosten wird, alles in allem.«

Ich wollte meine Mutter ohnehin einladen, obwohl ich ahnte, dass sie dann vorschlagen würde, mindestens fünf Jahre in meiner

Wohnung die Fenster zu putzen, um sich zu revanchieren. Dabei würde sie die Programmierungen sämtlicher Unterhaltungselektronik auf Werkeinstellung zurücksetzen. Natürlich versehentlich. Vielleicht konnte ich zumindest das verhindern, wenn ich vorgab, ein Reiseschnäppchen gemacht zu haben. Nur die Rechnungen musste ich unterschlagen und meine Mutter am Zahltag unter allen Umständen von der Rezeption fernhalten. Und dass ich die Hotelkosten überhaupt manipulieren musste, war einer unverrückbaren Tatsache geschuldet: Eine Woche in einem Mittelklassehotel an der Küste von Schleswig-Holstein kostete fast so viel wie drei Wochen in einer Viereinhalb-Sterne-Herberge in der Türkei. Das Wissen darum hätte den Seelenfrieden meiner Mutter nachhaltig erschüttert. Und erst recht meinen, weil sie nicht aufhören würde, immer wieder davon anzufangen.

»Schaust du morgen im Büro nach Hotels und druckst mir einige Angebote aus? Mit den Bewertungen?«

Meine Eltern hatten kein Internet. Und so hatte ich die Planung und Finanzierung komplett übernommen, mit dem Erfolg, dass ich jetzt meine Mutter suchte.

Aber Halt! Da war sie doch und sah sich ratlos um. Ich lief zu ihr, bevor sie abermals verloren ging.

»Die haben gesagt, ich muss das am Lost-and-Found-Counter melden«, begrüßte mich meine Mutter. »Was ist das denn, Lost-and-Found-Counter?«

Geduld war jetzt erste Tochterpflicht. »Komm, vergiss die Tüte und lass uns einige Illustrierte kaufen«, schlug ich vor, froh, das Flughafengebäude nun bald verlassen zu können, auf zum Mietwagen. »Wir nehmen auch welche, die nicht in der Tüte waren.« Ich hatte ein schlechtes Gewissen, weil mir meine Mutter mit ihrer Aktion gewaltig auf die Nerven gegangen war. Jetzt nur noch raus hier, in wenigen Stunden würden wir dann endlich an der Ostsee sein. Am Meer.

Widerspruchslos folgte mir meine Mutter zum Zeitschriftenladen. Bis ich ein Kühlregal mit Wasserflaschen und Cola-Dosen ansteuerte, obwohl ich schon ahnte, was gleich folgen würde. Und, Bingo! Eher wäre sie verdurstet, als hier einzukaufen.

»Cola ist ungesund. Und dann ist das doch hier am Flughafen so teuer! Lass uns lieber auf dem Weg nach Heiligenhafen einen Aldi anfahren.«

Genau. Weil ja ich wusste, wo an der A1 ein Aldi-Geschäft lag!

Leise sagte ich: »Sicher« und griff mir eine Flasche Wasser und zwei Cola-Dosen, wartete aber, bis meine Mutter wegsah und die Zeitschriftenstapel beäugte.

»Gibt es hier keine *Abendzeitung*?«, fragte sie.

»Nee«, antwortete die Verkäuferin trocken. »Aber die *Hamburger Morgenpost*.«

»Die interessiert mich nicht«, murmelte meine Mutter und wandte sich hilfesuchend zu mir um.

Ich legte meine Jacke über die Flasche und die Dosen, deutete auf die *Süddeutsche* und sagte oberschlau: »Und wenn du die nimmst? Denk aber daran, da ist kein München-Teil drin, das ist die überregionale Ausgabe.«

In dem Moment fiel meine Jacke zu Boden und meine Mutter entdeckte meine Getränke.

»Warum kaufst du denn so viel? Wir hatten doch erst im Flugzeug etwas zu trinken!«

»Weil es bis nach Heiligenhafen bestimmt noch zwei Stunden sind«, sagte ich gereizt und lächelte der Verkäuferin entschuldigend zu, während ich ihr die Wasserflasche und die Dosen reichte.

»Stimmt so«, meinte ich, als ich einige Münzen neben die Kasse legte, was meine Mutter stirnrunzelnd zur Kenntnis nahm.

Ich sah auf die Uhr. Erst eins. Wir würden locker bei Tageslicht ans Meer kommen, eine tolle Vorstellung. Unbedingt wollte ich mir eine Zigarette am Strand gönnen. Sonnenuntergang am Wasser und Nikotin, eine wundervolle Kombination.

Vorher rauchte ich aber noch eine Zigarette vor der Drehtür.

Meine Mutter wartete geduldig. »Lass doch das Rauchen«, sagte sie erstaunlich selten. Vielleicht, weil sie es für eine vorübergehende Laune hielt, hatte ich nämlich erst mit vierzig damit angefangen, was natürlich denkbar dämlich gewesen war. Seitdem hoffte ich auf eine dreiwöchige Grippe, um mich wieder zu entwöhnen.

Nachdem wir den Mietwagen beim ersten Anlauf nicht fanden und ich mir den Stellplatz noch einmal am Counter erklären lassen musste, standen wir endlich vor einem nagelneuen goldenen Kleinwagen. Meine Mutter hatte schon die Kamera in der Hand, eine mit einem Film. Sie hasste alles Digitale. Womit sie nicht falsch lag. Denn kaum hatte man die Fotos geschossen und sie sich noch einmal angesehen, waren sie für immer verloren. Wer schaute sich schon alte Fotos am Computer an? Für dieses Mal hatte ich mir fest vorgenommen, alle Aufnahmen, die ich mit dem Handy machte, sofort entwickeln zu lassen.

Fotos waren für meine Mutter sowieso mit das Wichtigste am Urlaub, darum mussten sie unbedingt gelingen. Sie fotografierte das Auto erst ohne uns, dann mit mir, und bevor wir losfuhren, stürzte sie auf einen Geschäftsmann zu, der gerade in seinen Audi einsteigen wollte.

»Hallo, hallo, könnten Sie bitte?!«

Natürlich konnte er, es wäre ihm auch kaum etwas anderes übrig geblieben, denn meine Mutter hätte ihm sonst den Fluchtweg abgeschnitten. Bei Bildern kannte sie keine Gnade.

Tapfer lächelte ich bei jedem Klick. Diese Reise wäre doch perfekt für ein paar Achtsamkeitsübungen, dachte ich. Ich meine, Gelassenheit ist einfach, wenn man in einem buddhistischen Kloster meditiert, irgendwo in Indien, aber mitten im Urlaub mit der Mutter? Da würde auch der Dalai Lama irgendwann nicht mehr stoisch lächeln, wetten?

Schließlich fuhren wir aus dem Parkhaus hinaus, und in den nächsten Minuten sprachen wir wenig. Ich genoss die Stille.

Meine Mutter war voll und ganz damit beschäftigt, nach den blauen Hinweisschildern zur A1 Ausschau zu halten.

Wäre ich allein unterwegs gewesen, hätte ich auf der Autobahn eine CD mit Filmmusik eingelegt. So etwas wie die Hymnen aus *Jenseits von Afrika* oder *Der Englische Patient,* die das Gefühl von Freiheit so schön untermalen. Aber ich war ja nicht allein unterwegs.

Auf der Höhe von Lübeck begann es zu regnen, und ich suchte nach einem Rastplatz mit Toilettenhäuschen. Das hatte ich mit meiner Mutter gemein: Alle zwei, drei Stunden musste so ein Örtchen her. Egal wo. War ich auf Städtereisen mit Freunden unterwegs, lief ich stets von Café zu Café. Ich hatte mir deswegen schon einigen Spott anhören müssen. Während der Reise mit meiner Mutter würde mir das nicht passieren. Später sollte mir noch klar werden: Diese Angewohnheit war bei Weitem nicht die einzige, die ich mit meiner Mutter teilte.

Ich überholte einen Reisebus und sah im Rückspiegel, dass der Fahrer ebenfalls den Parkplatz ansteuerte, den ich gerade im Visier hatte.

»Schnell, Mama«, rief ich, »bevor die Meute da ist!«

Meine Mutter verschwand im Häuschen, ich stellte mich davor, weil sie es nicht absperren wollte. »Die meisten Bakterien sind auf der Klinke«, erklärte sie. Auf Verlangen reichte ich ihr ein Taschentuch durch die Tür, während die ersten Busgäste im Alter meiner Mutter bereits in wilder Entschlossenheit auf die Toiletten zusteuerten. Ich fragte mich, ob sie mit einer Busgesellschaft und gleichaltrigen Frauen nicht vielleicht mehr Spaß hätte.

Nach weiteren zwei Stunden waren wir in Heiligenhafen auf der Halbinsel Wagrien. Es nieselte. Langsam fuhr ich an den Hotelanlagen vorbei. »Steinwarder 9, 11, 13«, las meine Mutter vor, und dann hatten wir das von mir gebuchte Apartmenthotel erreicht, das etwas außerhalb der Kleinstadt lag. Es wirkte wie ein Landschulheim aus den Sechzigerjahren. Ich freute mich, es sah aus wie ein astreines Schnäppchen. Das war es zwar nicht, aber das würde meine Mutter nie erfahren.

Dachte ich.

Sie stieg aus, während ich einparkte. Sie ging in das Hotel hinein, kam aber bald wieder heraus.

»Die Rezeption ist erst in einer halben Stunde wieder besetzt – Mittagspause«, sagte sie leicht irritiert.

Ich wusste, was sie dachte: Im türkischen Renaissance-Hotel warteten freundliche und höchst attraktive junge Männer rund um die Uhr darauf, meiner Mutter jeden Wunsch von den Augen abzulesen und sie mit Komplimenten zu überschütten. All-inclusive.

»Im Renaissance-Hotel ...«

»Ja, Mama! Ich wei-eiß!«

Am liebsten hätte ich sie auf hoher See ausgesetzt. Vorübergehend zumindest.

Wo war nur die Tochter, die ich vorher in mir selbst gesehen hatte? Freundlich, aufgeschlossen, einfühlsam, voller Unternehmungslust und Entdeckerfreude, darauf aus, mit der eigenen Mutter endlich einmal echte Quality Time zu verbringen, sie näher kennenzulernen, ihre Sehnsüchte, Träume, Ängste? Und bereit, ein neues Kapitel aufzuschlagen in der Mutter-Tochter-Beziehung? Ja, was war davon geblieben? Ich überlegte die ganze Zeit nur, wie ich möglichst viel Zeit für mich allein herausschlagen konnte.

Ich seufzte und rief auf dem Handy eine Telefonnummer an, die ich in meinen Reiseunterlagen fand. Zum Glück meldete sich eine Dame vom Fremdenverkehrsbüro und erklärte, der Code für den Apartmentschlüssel würde in meiner E-Mail stehen.

Hatte ich übersehen.

Nach dem Gespräch fischte ich einen Schlüssel aus dem Postfach neben der Rezeption. Ich brauchte unbedingt einen eigenen. Oder sollte ich etwa an der Tür klingeln, als wäre ich wieder fünf?

Wir schleppten den Koffer meiner Mutter und meinen Rucksack nach oben. Dabei gab es einen Aufzug, den ich aber auch erst einmal übersehen hatte, weil ich rasch ins Zimmer wollte – und dann ab ans Meer. Allein! Meine Mutter würde sicher ihre Kleider auspacken wollen. »Das tue ich immer als Erstes!«, betonte sie jedes Mal, wenn sie von ihren Urlauben in der Türkei erzählte.

Als wir das Apartment betreten hatten, inspizierte sie eifrig das Bad und die kleine Küchenzeile im Flur.

Sie lobte: »Schön ist es hier! Das hast du gut gebucht!«

Ich war mir da nicht so sicher. Ich suchte nach einer zweiten Tür. Wo war das Extrazimmer? Das sah mir hier verdächtig nach einem Einzimmerapartment aus.

Mit Doppelbett. Doppelbett!

Wo war der andere Raum, das zweite Bett?

Da war etwas schiefgegangen. Obwohl ich ausdrücklich ein Zweizimmerapartment gebucht hatte. Ich hätte auch ein Drei-Quadratmeter-Minizimmer genommen, ohne Fenster, Hauptsache, meine eigenen vier Wände. Ein Rückzugsrefugium, in dem ich abends noch mit Kopfhörern DVDs gucken konnte. Ich war zwar kein Nachtmensch, aber um 21 Uhr 45 ging ich dann doch nicht schlafen. So wie meine Mutter.

Wann hatte ich zuletzt mit ihr in einem Raum übernachtet? Als Säugling im Wochenbett? Aber wahrscheinlich nicht einmal in diesem Fall, denn damals, Ende der Sechzigerjahre, schliefen die Neugeborenen in einem eigenen Zimmer. Während heute fast das Jugendamt aufkreuzt, wenn eine Wöchnerin das Kind für etwas Schlaf eine Nacht abgeben möchte.

War ja sicher auch etwas dran an der Mutter-Kind-Bindung und dem Rooming-in. Vielleicht hatte ich das mit meiner Mutter verpasst und wir waren darum manchmal so seltsam miteinander, redeten und lebten aneinander vorbei, nur: Mit meinen vierundvierzig Jahren brauchten wir damit nun aber hier und jetzt nicht anzufangen.

Ich ging auf den Balkon und zündete mir nervös eine Zigarette an. Gleich würde die Rezeption besetzt sein, dann könnte ich das Zimmer beanstanden. Ich war sonst nicht gerade erpicht auf Reklamationen, aber das war eine Notsituation, da konnte man schon über sich selbst hinauswachsen.

An die Brüstung gelehnt, atmete ich tief ein. Möwen sorgten für Ostseeflair. Blick auf den Binnensee, sehr idyllisch. Etwas weiter entfernt ein gigantischer Hotelkoloss von faszinierender Hässlichkeit.

»Schön«, sagte meine Mutter, trat neben mich und sah auf den See.

»Aber ich hatte mit Meerblick gebucht«, nölte ich.

»Nach vorne raus ist es bestimmt lauter. Hier werde ich nicht von schlagenden Autotüren geweckt.«

Ich drückte die Zigarette aus. Jetzt schnell an den Strand, endlich ans Meer. Aber vorher musste ich noch an die Rezeption. Dringend.

Ich trat ins Zimmer und sah mich um.

Meine Mutter hatte ihre Kleider längst aufgehängt und eingeräumt. Oje. Das Apartment sah aus, als wäre es seit Tagen von ihr bewohnt. Ein Umzug in ein Zweiraumzimmer würde wohl nur unter großem Protest möglich sein.

»Ich bin mal kurz unten, die Rezeption hat sicher schon auf«, sagte ich.

»Was?« Meine Mutter sah mich verständnislos an.

»Ich klär das mal mit dem Zimmer, Mama.«

»Mir gefällt es hier aber.« Sie guckte erbost.

»Mir auch«, flunkerte ich. »Aber ich will mich trotzdem erkundigen, warum wir nur ein Doppelzimmer haben und kein richtiges Apartment. Gebucht ist gebucht. Bis gleich!«

Statt zu antworten, drehte meine Mutter sich zum Schrank und fing an, ihre Unterwäsche zurechtzurücken. Dabei lag die, soweit ich das beurteilen konnte, Saum auf Saum und Naht auf Naht.

Auweia, dachte ich, während ich nach unten ging, das passt ihr jetzt gar nicht mit dem Zimmertausch.

Die Rezeption hatte seit genau zwei Minuten geöffnet, aber schon drängelten sich fünf Gäste vor der Theke. Wie Silberfische, die auch nur darauf warten, dass man im Badezimmer das Licht ausknipst, um dann aus allen Ecken hervorzukommen und wer weiß was zu treiben. Ich hatte schlechte Laune, weil ich mich genierte zuzugeben, dass ich irrtümlich das falsche Zimmer gewählt hatte. Noch mehr fürchtete ich allerdings, dass das Hotel ausgebucht war und ich jeden Abend mit meiner Mutter um 21 Uhr 45 zu Bett gehen musste.

Während ich ungeduldig wie ein Tiger im Käfig auf und ab lief, ging am Empfang rein gar nichts voran. Ein älteres Ehepaar erklärte in beeindruckender Einigkeit und unglaublich weitschweifig, dass eine Leselampe an ihrem Doppelbett nicht funktioniere. Es schien von höchster Dringlichkeit zu sein, das ändern zu wollen, schließlich habe man vor, abends im Bett zu lesen. Sie hätten nämlich, wie sie gerade erläuterten, exakt fünf Kilo Bücher als Urlaubslektüre mitgeschleppt. Vermutlich als Sexersatz, dachte ich böse. Für die Bücher hätten sie zu ihrem blanken Entsetzen sogar Übergepäck bezahlen müssen. Das brachten sie dann auch mehrfach zum Ausdruck, nachdem sie in der Dame am Empfang endlich eine Zuhörerin gefunden hatten. »Das ist ein Unglück für unsere Reisekasse«, betonten sie. Meine Mutter wäre sicherlich ebenso entsetzt gewesen über solch eine Zumutung.

Die Rezeptionistin versuchte, vermutlich um den Erzähldrang des älteren Paares zu stoppen, den Hausmeister telefonisch zu erreichen. Der hatte wohl Ersatzglühbirnen, doch er war nicht in seinem Büro, jedenfalls nahm er das Hausmeistertelefon nicht ab, obwohl sie es lange klingeln ließ. Nach einer Zeitspanne, die gefühlt so lange dauerte wie die Erschaffung der Welt, teilte sie den beiden Rentnern mit, sich weiter darum zu kümmern. Anschließend machte sie sich eine Notiz. Die beiden Herrschaften rührten sich jedoch nicht vom Fleck, denn jetzt wollten sie bitte noch ein paar Ausflugtipps. Ich verdrehte die Augen, hörte dann aber doch mit halbem Ohr zu, denn irgendwo gab es einen Antikmarkt, das wäre auch etwas für meine Mutter.

Endlich zogen sie Leine, und eine junge Frau trat an den Empfang. Sie monierte, in ihrem Zimmer fliege immer die Sicherung heraus, sobald sie sich einen Tee mit dem Wasserkocher zubereiten wolle. Mit der Elektrik war es in diesem Hause trotz seiner drei Sterne anscheinend nicht zum Besten bestellt. Wahrscheinlich machte der verschollene Hausmeister lieber ein Nickerchen, statt die Anlage in Schuss zu halten. Die Rezeptionistin notierte auch diese Reklamation und lächelte den nächsten Gast an, als könnte sie rein gar nichts aus der Ruhe bringen. Meine Laune besserte sich, bestimmt würde sie auch mir so freundlich helfen.

»Meine Tochter ist von einer Mücke gestochen worden«, sagte jetzt die Frau vor mir vorwurfsvoll. Sie musste so alt sein wie ich, immerhin hatte sie schon einen grauen Haaransatz. Sicher kam sie nur selten zum Färben, denn ihre Kinder waren bestimmt – trotz ihres Alters – noch klitzeklein und darum ausgesprochen schutzbedürftig und betreuungsintensiv. Zudem wirkte die Mutter so empört, als hätte eine Malariamücke ihr Töchterchen möglicherweise mit dem Denguefieber infiziert. »Ihr Augenlid ist schrecklich angeschwollen«, lamentierte sie.

Ich stellte mich schräg hinter sie, um mehr von ihrem Auftritt mitzubekommen, denn ich ahnte, dass jetzt die ganz große Oper einer Spätgebärer-Mami mit diversen Ansprüchen folgen würde.

Richtig. Ein Volltreffer. Wenn man ihr zuhörte, hatte man den Eindruck, ihre Anna-Lena-Sophie-Hannah wäre vorübergehend entstellt wie ein Elefantenmensch, obwohl das Kind ansonsten bestimmt hübsch war. Die Mutter war jedenfalls sehr attraktiv, trotz oder sogar wegen des grauen Haaransatzes. Ich beäugte ihren flotten Tom-Cruise-Exehefrau-Haarschnitt – wie hieß die Schauspielerin bloß noch? Nicht irgendwas mit Katie? Ja, Katie Holmes.

Die Rezeptionistin erklärte der Mutter, schon etwas weniger freundlich, dass durch den Binnensee sich natürlich ab und an Mücken in die Zimmer verirrten, aber ein Anti-Mückenspray erfahrungsgemäß rasch Abhilfe schaffe. »Ein Mückenspray?« Die umweltbewusste Spätgebärerin war leicht schockiert. »So etwas nehmen wir nicht, wer weiß, was da für Inhaltsstoffe drin sind. Möglicherweise sogar Nanopartikel. Keineswegs ist geklärt, ob die nicht Alzheimer auslösen!«

Ich fing an, mich ein wenig zu fürchten, nicht vor der »Ich-bin-ein-mündiger-Verbraucher-und-hinterfrage-lieber-alles-erst-einmal-kritisch«-Mutti, sondern davor, dass sie die Rezeptionistin so in Rage brachte, dass für mich kein kümmerliches Quäntchen Geduld und Verständnis mehr übrig blieb. Ich meine, wer hatte hier einen echten Notfall? Alle anderen oder ich? Die mussten ja nicht mit der eigenen Mutter ein Zimmer teilen! Na ja, vielleicht noch Anna-Lena-Sophie-Hannah. Auch zu bedauern.

»Dann versuchen Sie es doch mit einem elektronischen Mückenschutz, gibt es im Supermarkt nebenan«, schlug die Rezeptionistin mit einem leicht bissigen Unterton vor.

Hoffentlich funktionieren wenigstens die Steckdosen im Zimmer, dachte ich, während ich einem längeren Vortrag lauschte, warum das Hotel keinen elektronischen Mückenschutz kostenlos bereithalte, obwohl doch der See diese Killermücken anzog wie Talibanführer US-Drohnen. Das mit den Drohnen sagte sie natürlich nicht, die Mutter, dann ging sie mit energischen Schritten davon, nicht ohne vorher blitzschnell nach drei Gratispröbchen Sonnencreme gegrapscht zu haben, die in einem Körbchen auf dem Empfangstresen standen. Nanu, war das etwa nicht alzheimergefährlich? Ich wollte ihr das nachrufen, traute mich aber nicht so recht, denn die Rezeptionistin starrte jetzt stirnrunzelnd auf ihren Computer, als könnte der ihr aus dieser Situation heraushelfen.

Zaghaft trat ich nun an sie heran und setzte mein charmantestes Lächeln auf. Sie tippte und tippte, und ich begann mich zu fragen, ob ich wohl unsichtbar geworden war. Vermutlich lag es mal wieder an meiner nicht gerade Heidi-Klum-ähnlichen Größe, möglicherweise auch an meiner vornehmen Zurückhaltung, die Barkeeper dazu brachte, mich für längere Zeit nicht wahrzunehmen. Aber wenn ich mich jetzt ungeduldig räuspern würde, dann wäre es sicher ganz aus mit einem eigenen Zimmer für mich. Also wartete ich, griff ebenfalls nach einer Gratis-Sonnencreme und tat so, als würden mich ihre Inhaltsstoffe rasend interessieren, als hätte ich alle Zeit der Welt. Hatte ich ja auch, meine Mutter war glücklich in »unserem« Zimmer geparkt und probierte wahrscheinlich gerade aus, ob sie auf dem Fernseher *Sturm der Liebe* sehen konnte.

»Ja, bitte?«, fragte mich auf einmal die Dame am Empfang, ohne vom Bildschirm aufzusehen.

»Also, ich habe folgendes kleines Problem«, sagte ich zögernd. »Versehentlich habe ich ein Zimmer mit Doppelbett gebucht, ich hätte aber gern ein Apartment mit zwei Räumen.« Gott, war das doof gesagt. Mein Kopf wurde heiß.

Doch die Rezeptionistin nickte, und ich schöpfte Hoffnung. Bestimmt würde sie verstehen, dass ich ein Extrazimmer bräuchte.

»Wie ist denn Ihr Name?«

»Einhart. Mit einem T hinten, aber das ist eigentlich egal.«

»Ja, da haben wir Sie. Sie haben das Honeymoon-Apartment gebucht.« Sie sah mich fragend an.

Sicher dachte sie in diesem Augenblick, ich hätte bereits in den Flitterwochen Zoff mit meinem Mann, also beeilte ich mich zu sagen: »Ich bin mit meiner Mutter hier, und ein Apartment mit zwei Zimmern wäre toll, falls Sie nicht ausgebucht sind. Also, mit meiner Mutter im Doppelbett ...«

Jetzt hob sie ihre Augen vom Computer hoch und guckte mich ziemlich komisch an. Überlegte sie am Ende, ich muss mit meiner Mutter verreisen, weil ich weder Freundinnen habe noch einen Mann?

»Ich wollte meiner Mutter mal was Gutes tun«, erklärte ich ungefragt. »Sie wollte schon ewig an die Waterkant, sie ist in Heiligenhafen aufgewachsen.« Zumindest hatte sie ihre ersten fünf Lebensjahre hier verbracht. Ich lächelte breit. Damit war sie quasi eine Einheimische, vielleicht half so etwas der Rezeptionistin auf die Sprünge, schließlich sprach sie ein spitzes S statt Sch, war also bestimmt aus dieser Gegend.

»Ah ja«, sagte sie nur, ihre Finger flogen weiter über die Tastatur.

Bitte, bitte, lass das Hotel nicht ausgebucht sein.

Doch dann zuckte sie die Achseln und sah mich mitleidig an.

»Wir sind leider voll besetzt. Hochsaison«, sagte sie.

»Oh. Gibt es nicht irgendeine Möglichkeit?« Ich sah zur Seite, als könnte von dort unerwartet Rettung kommen.

Sie atmete hörbar aus.

»Eventuell habe ich eine Stornierung. Das kann ich Ihnen aber erst morgen früh definitiv sagen. Dann könnten Sie ein Zweiraumapartment haben. Kostet jedoch 40 Euro Aufpreis pro Nacht.«

Und wenn es 400 Euro kosten würde, hätte ich am liebsten gerufen, ich würde es nehmen. Ich hielt mich aber zurück und sagte stattdessen leutselig: »Geht das nach hinten raus? Wir haben nämlich gar keine Angst vor Mücken!«

Die Rezeptionistin lachte. »Ja, tut es. Und die Mücken sind hier eigentlich ganz friedlich. Normalerweise.« Sie verzog das Gesicht.

»Kommt vielleicht auf den Gast an, oder?«

Sie nickte kurz, dann verwandelte sie sich wieder in die Jeder-Gast-ist-König-Anlaufstelle. »Mag sein. Also, ich reserviere das Apartment für Sie, falls die Absage kommt. Es sieht übrigens ganz gut aus …«

Überschwänglich bedankte ich mich und stieg die Treppen hoch. Eine Nacht, das war auszuhalten. Jetzt musste ich nur noch meiner Mutter klarmachen, dass wir nicht im Honeymoon waren. Hoffentlich war sie nicht beleidigt, wenn ich auf einem eigenen Zimmer bestand. Vielleicht sollte ich meinen Wunsch danach einfach mit dem Fernsehprogramm bemänteln? Schließlich bevorzugte ich abends ganz andere Sendungen als meine Mutter. Aber ob das klappte? Ich hörte sie schon sagen: »Wieso? Du schaust doch auch gern Spielfilme über das Bergbauernleben zur Jahrhundertwende in Tirol!«

Was sogar stimmte.

Ich schloss die Tür auf und trat in unser Zimmer.

Meine Mutter war nicht zu sehen.

»Mama?«

»Ja?«

Sie war im Bad.

»Du«, sagte ich, »wir ziehen morgen vielleicht noch mal um. Oder besser gesagt: ziemlich sicher sogar.«

»Was?«

Sie steckte ihren Kopf durch die Badtür. Lockenwickler in den Haaren. Offenbar startete sie gerade ihr Beautyprogramm.

»Ich hatte doch ein Apartment mit zwei Zimmern gebucht«, log ich, weil ich keine Lust hatte, lange zu diskutieren.

»Dabei hab ich alles fein säuberlich in die Schränke geräumt«, wandte meine Mutter ein.

»Es ist ja noch gar nicht sicher, ob wir ein anderes Zimmer bekommen. Aber wahrscheinlich ist es allemal ...«

»Was heißt wahrscheinlich? Wenn du zwei Zimmer gebucht hast, dann hast du Anspruch auf zwei Zimmer!«

»Genau, Mama, und darum ziehen wir um, wenn etwas frei ist.«

»Aber ich will nicht nach vorn raus wohnen!«

»Hab ich bereits geklärt. Es wäre ebenfalls mit Blick auf den See.«

Ihr Kopf verschwand wieder im Bad. »Dann ist ja gut! Aber schade ist es dennoch, dass ich meine ganzen Kleider auf die Bügel gehängt habe. Man kann die auch gar nicht mitnehmen, die sind so komisch festgemacht. Was die sich heutzutage alles einfallen lassen …«

Ich warf mich auf die noch unbenutzte Seite vom Doppelbett – die zum Fenster hin hatte meine Mutter gleich okkupiert – und wünschte mir, es wäre schon der nächste Tag. Und ich hätte ein Zimmer, in das ich mich zurückziehen könnte. Dann würde ich zum Beispiel ein Nickerchen machen. Wie der Hausmeister.

»Du, Mama?«

»Ja?«

»Geht eigentlich der Wasserkocher bei uns?«

»Hab ich noch nicht ausprobiert.«

»Ich bereite uns einen Tee, ja?«

»Aber keinen mit Tein, sonst kann ich abends nicht schlafen.«

Wäre vielleicht ideal, denn dann dürfte ich heute sicher bis Mitternacht aufbleiben.

Ich wühlte in meinem Gepäck. Vorsorglich hatte ich ein paar Teebeutel mitgenommen, damit wir es uns nach der Ankunft gleich gemütlich machen konnten.

»Magst du einen Hagebuttentee?«

»Ja, nur keinen grünen nach drei!«

Nach der Teestunde wollte meine Mutter fernsehen. Tatsächlich *Sturm der Liebe,* Folge 3475. Ich beschloss, ans Meer zu gehen, was ich schon seit unserer Ankunft vorhatte, und versprach, zum Abendessen wieder zurück zu sein. Meine Mutter nickte nur. Sie saß auf dem Bett und probierte die Programme durch. Zum Glück hatten wir einen altmodischen Röhrenfernseher, meine Mutter hasst nämlich Flachbildschirme.

»Ich kaufe irgendwann alle Kastenfernseher auf, die haben ein viel besseres Bild«, verkündete sie mal wieder.

Ich pflichtete ihr bei. Selbst wenn mittlerweile zu Hause bei meinen Eltern ein Drittel des Bilds im Nirgendwo verschwand, weil kaum ein Film mehr für dieses Format gedreht wurde. Vielleicht wäre es sogar eine brillante Geschäftsidee, alle Röhrenfernseher von Flachbildschirmkäufern einzusammeln und dann an technikfeindliche Mütter weiterzuverkaufen.

Mit diesem Gedanken marschierte ich los.

Endlich am Meer! Ich lief die Treppe zum Deich hoch, zog meine Schuhe aus, setzte mich oben hin und guckte einfach nur. Der Wind verwuschelte liebevoll das Meer wie eine Mutter die Haare ihres Kindes, die Wellen tobten wie junge Hunde hin und her, brachen sich, trieben Gischt und weiße Schaumkronen vor sich her. Herrlich, dachte ich und genoss, wie ein warmer, starker Wind mir ins Gesicht blies.

Bisher war die Urlaubsaktion mit meiner Mutter ganz gut abgelaufen, abgesehen von ein paar Aufregern, resümierte ich. Aber die ließen sich als Anlaufschwierigkeiten verbuchen. Schließlich war das unser erster Mutter-Tochter-Trip, und wir mussten uns noch aufeinander einstellen. Ich hatte gedacht, meine Mutter relativ gut zu kennen, aber ihre Illustrierten-Suchaktion hatte mich dann doch überrascht. Wie konnte man nur so ein Theater um ein paar Zeitschriften machen? Und war ihr das früher auch so wichtig gewesen, oder wann hatte diese Sammelwut eigentlich angefangen? Vielleicht, als ich von zu Hause auszog, sozusagen als eine, nun ja, etwas fragliche Bewältigungsstrategie für das Empty-Nest-Syndrom? Aber konnte ich mir überhaupt anmaßen, das zu beurteilen?

Ein Schnellboot zog vorbei, der Bug erhob sich schneidig aus dem Wasser. Manche Leute, dachte ich und nahm einen tiefen Zug aus einer gerade angezündeten Zigarette, sammeln, wenn sie älter werden, gute Weine, andere, wie eine Bekannte von mir, stürmen fast manisch Galerien und Vernissagen und fahnden mit leuchtenden Augen nach noch unentdeckten Künstlern und Exponaten (im Fall der Bekannten fand ich persönlich diese ziemlich scheußlich). Und ich selbst? Ich häufte seit drei Jahren Kurbel-Taschenlampen an, Kurbel-Weltempfänger und anderen Kram, der auch ohne Batterie und Strom aus der Steckdose funktionierte. Sogar einen Schrebergarten hatte ich mir ans Bein gebunden. Keineswegs, um gesundes Obst und Gemüse essen zu können, denn das verputzten vor der Ernte ohnehin Armeen der spanischen Wegschnecke. Sondern weil ich unbedingt einen Schwengelpumpbrunnen haben wollte, der auch ohne die Stadtwerke Wasser liefert. Ich hatte ein verrücktes Faible für autarke Lebensformen entwickelt, was meine Freundinnen allerdings, gelinde gesagt, ziemlich verschroben fanden. Mal ehrlich: Gegen dieses schräge Hobby verblasste sogar das Eichhörnchengen meiner Mutter. Zeitschriften zu horten, um sich wohlverdient bei der Lektüre zu entspannen, lag völlig im Rahmen, im Gegensatz zu meinem Hang zu absonderlichen Experimenten. Erst kürzlich hatte ich zur Belustigung aller versucht, eine Zigarette mithilfe eines Überlebensratgebers der US-Army, einem Schlagstein und Zunder aus Baumhaar anzuzünden, statt mit einem simplen BIC-Feuerzeug. Und war natürlich grandios gescheitert.

Dafür, so dachte ich, würde dieser Urlaub umso besser klappen. Bestimmt. Was sollte schon schiefgehen?

Das Schnellboot wendete schnittig. Auch so eine abstruse Leidenschaft, auf Wasser hin- und herzufahren und das Meer aufzuwühlen. Hohe Wellen rauschten an den Strand, ich sah zu, wie sie nach und nach sanft ausliefen. Meine Kippe drückte ich in einem kleinen Reiseaschenbecher aus, den ich immer am Schlüsselanhänger mit mir herumtrage. Da siehst du mal, Mama, wie ordentlich ich sein kann! Ich lächelte und fühlte mich meiner Mutter auf einmal nah, obwohl sie gar nicht mit ans Meer gekommen war. Plötzlich freute ich mich darauf, sie besser kennenzulernen.

Das war, wie sich noch herausstellen würde, ein hübscher Vorsatz, aber bei seiner Umsetzung in die Praxis ebenso kompliziert, wie ein Feuer anzumachen, indem man einen Stock wie wild in ein Holzbrett bohrt. Vor allem, wenn man darin nicht die geringste Übung hat.

Zurück im Apartment duftete es nach Mirácoli. Meine Mutter hatte das Gericht doch tatsächlich im Reisegepäck mitgeführt. Ich lächelte gerührt, diese »Wunder«-Nudeln gehörten seit früher Kindheit zu meinen Lieblingsspeisen. Doch dann verging mir mein Lächeln, denn meine Mutter sagte, während sie die Tomatensauce routiniert auf die dampfenden Spaghetti schöpfte: »Also, ich finde es ganz gemütlich hier. Eigentlich brauchen wir gar nicht umziehen. Das macht nur Umstände.«

»Wieso, die müssen doch nur die Betten frisch beziehen, das kostet halt eine Kleinigkeit.« Der letzte Halbsatz rutschte mir einfach heraus, und ich biss mir auf die Zunge.

»Wenn sie dir das falsche Zimmer gegeben haben, dann bezahlst du gar nichts extra!«

»Na ja, ganz so war es nicht«, gestand ich und drehte die langen Nudeln mit der Gabel am Tellerrand ein.

»Wieso?«, fragte meine Mutter, während sie den Topf mit der Sauce auf die *Bunte* stellte, die ich im Zeitungsladen neben den Getränken noch rasch erworben hatte.

Sie sah mich fragend an.

»Ich glaube, ich habe aus Versehen die Honeymoon-Suite gebucht.«

»Wieso?«, wiederholte meine Mutter. Sie nahm einen Löffel zur Hand und rollte darauf mit der Gabel ihre Spaghetti ein. Es gab ein hässliches Geräusch.

»Autsch«, kommentierte ich. »Das tut man nicht mehr, Mama, man benutzt allein die Gabel!« Das wusste ich von diversen Freundinnen, die Jamie-Oliver-mäßig mit viel Tamtam kochten und immer alles richtig in Szene setzen wollten. Für Packungsparmesan, den ich jetzt großzügig über meine Nudeln verteilte, hätten sie nur tiefste Verachtung übrig gehabt. Wie übrigens auch für Pfeffer, der nicht aus einer dieser großen albernen Pfeffermühlen rituell wie in einem Geheimbund über das Gericht voll handverlesener Zutaten gedrechselt wurde. Industriepfeffer in schlichten Pfefferstreuern war für diese

Es-gibt-sie-noch-die-wahren-Zutaten-Illuminaten gleichbedeutend mit dem Untergang des Abendlandes.

»Das habe ich immer so gemacht«, sagte meine Mutter und drehte weiter, dass die Gabel nur so auf der Keramik kratzte.

»Ich mein ja nur«, erwiderte ich und wusste nicht so recht, was ich als Nächstes sagen sollte.

»Wieso hast du denn nicht besser aufgepasst bei der Buchung?«, wollte meine Mutter jetzt wissen.

»Weil ich das nebenbei erledigt habe, im Büro, kein Wunder, bei all dem Stress«, antwortete ich gereizt, weil ich nicht zugeben wollte, dass ich nur herumgeschlampt hatte.

Thomas meckerte auch immer, wenn ich etwas schnell-schnell erledigte und das Ergebnis dann zu wünschen übrig ließ.

»Der Scheißcomputer«, sagte meine Mutter. »Im Reisebüro hätten sie das schon richtig gemacht.«

»Und wann soll ich bitte die Zeit finden, ins Reisebüro zu gehen, liebe Mutter?«

»Na, in der Mittagspause!«

»Wir haben aber kein Reisebüro um die Ecke so wie bei euch in Unterschleißheim«, verteidigte ich mich.

Ich kämpfte mit den Spaghetti. Sie fielen von der Gabel, während meine Mutter ihre Nudeln perfekt aufgerollt in den Mund schob.

»Ich weiß ja, dass du einen anstrengenden Beruf hast«, sagte meine Mutter. »Da, nimm den Löffel.«

Ich kapitulierte.

»Von mir aus bräuchten wir jedenfalls nicht umzuziehen, aber wenn du dich damit wohler fühlst …«

Sie bedachte mich mit einem seltsamen Blick.

War sie jetzt gekränkt, weil ich es nicht mit ihr in einem Zimmer aushielt?

»Danke, Mama«, sagte ich. Meine Gabel kratzte herrlich fies im Löffel. »Es ist nur wegen abends. Du guckst gern ZDF, *Traumschiff* und so, und ich mag lieber die Dokumentationen auf N24. Oder willst du heute Abend zum Beispiel *Das apoka-lyptische Artenmassensterben der Kreidezeit* sehen?«

Das hatte ich gerade frei erfunden, hoffentlich hatte meine Mutter kein Fernsehprogramm dabei. Vielleicht ganz gut, dass sie die Zeitschriften verschusselt hatte.

»Heute kommt tatsächlich im Zweiten ein netter Film mit der Ferres«, wusste meine Mutter allerdings zu berichten.

»Och neee. Lieber die Urzeitapokalypse«, nörgelte ich.

Doch das half mir gar nichts. Der Tag endete mit Veronica Ferres nirgendwo in Afrika.

Für meine Mutter. Für mich aber noch lange nicht. Denn kaum war der Abspann gelaufen, zog sie die Vorhänge zu. Ich kam aus dem Bad und tappte im Dunkeln zu meiner Seite des Doppelbetts. Herr, schick mir ein Nachtsichtgerät.

»Das ist hier wie einer dieser Räume in Guantanamo, Mama.«

»Was?«, murmelte meine Mutter verständnislos.

»Hier ist es so dunkel und so still. Wie in Isolationshaft!«

Ich war das nicht gewohnt, ich lebe in der Innenstadt von München, dort hört man immer irgendetwas, und sei es Studenten, die lachend und angeschickert nach Hause stolpern. Ich mag das. Nicht aber meine Mutter.

»Ist doch schön, dass es so ruhig ist. Wie gut, dass du das Zimmer nach hinten raus gewählt hast, Mädschi.«

Sie hatte mir den Rücken zugedreht. So viel konnte ich gerade noch in der Finsternis erkennen.

»Sag mal, woher kommt eigentlich dieses ›Mädschi‹?«, fragte ich leicht gereizt.

»Das habe ich mir eben einfallen lassen für dich, es erinnert mich daran, als du noch ein Baby warst. Weil du so klein warst, mit Untergewicht, so zart und zerbrechlich.«

Davon konnte aber heute längst nicht mehr die Rede sein. Zum einen hatte ich bestimmt fünf Kilo Übergewicht, und außerdem fühlte ich mich seit mehr als zwanzig Jahren nicht mehr als »Mädchen«, schon gar nicht als verkleinerte Koseform davon. Besonders jetzt nicht.

Gereizt moserte ich: »Dunkler als vor Erschaffung der Welt findet Mädschi es hier.«

Allerdings: Bei mir ging es mit dieser Verdunkelungsmarotte auch schon los. Ich kann es nämlich immer weniger ab, wenn Melanie bei unseren gemeinsamen Reisen noch auf ihrem Laptop Filme schaut, wenn ich längst schlafen will. Mit Kopfhörern zwar, aber dieses unverschämt blaue Licht! Ich ziehe dann mit dramatischer Geste eine Schlafbrille über. Auf unserer Reise nach Venedig nannte meine Freundin das: »Hysterisch.« Wahrscheinlich stimmte das. Denn jetzt fand ich das strikte Ruhereglement meiner Mutter hysterisch. Oder, von mir aus auch in wertfreiem Psychologen-Sprech: histrionisch.

Ich wurde immer munterer. Zu Hause hätte ich das Licht wieder angeknipst und gelesen, bis ich endlich Bettschwere erreicht hätte. Stattdessen wälzte ich mich auf die andere Seite und schloss die Augen. Die heimische Couch und ein guter Spätfilm wären auch eine Alternative gewesen. Um Viertel vor zehn gingen heute nicht einmal Achtjährige ins Bett!

Wenn meine Mutter wenigstens eine Schlafbrille aufgesetzt und Ohropax benutzt hätte, aber nichts da: »Nein, das mag ich nicht. Bei Ohropax höre ich ja mein eigenes Herz schlagen. Und das Gummiband von der Maske zieht mir Haare vom Kopf. Ich habe eh so dünne Haare!«

Wie die TV-Werbung im Vorabendprogramm legte sie höchsten Wert auf »mehr Volumen im Haar«. Darum machte sie sich jeden Morgen mit viel Sorgfalt und Kunstfertigkeit eine Hochsteckfrisur und kaschierte auf diese Weise ihre von Natur aus dünnen Haare. Wenn ich ihre Frisur lobte, antwortete sie seufzend: »Schade, dass ich die Haare nicht mehr offen tragen kann.«

Drohte mir das eigentlich auch? Irgendwann? Dass ich meine Haare nicht mehr einfach ausschütteln konnte, kurz durchbürstete und schon war die Frisur fertig? Brauchte ich bald einen dreiteiligen Alibert-Spiegel, um zu checken, ob ich mit kahlen Stellen aus dem Haus ging, für die andere mich bedauern würden, die Supermarktverkäuferin zum Beispiel? Und wie lange konnte ich meine Haare überhaupt noch schulterlang tragen? War bald ein Bob fällig?

Oder galt das heute nicht mehr, die Furcht, man könnte über mich sagen: »Von hinten Lyzeum, von vorne Museum?« Ganz sicher war ich mir da nicht. Den altmodischen und unerbittlichen Spruch für Frauen, die nicht altern wollten, hatten Freundinnen durchaus schon gegenüber anderen Frauen ausgesprochen. Würdevoll hatte man offenbar zu altern, jedenfalls in meinem Umfeld, und wehe, wenn nicht.

Ich richtete mich halb im Bett auf.

»Mama?«

»Mmmmh?« Es klang etwas unwillig. Wahrscheinlich störte ich ihre Einschlafphase. Aber das musste ich jetzt einfach wissen. Außerdem: Wenn ich nicht schlafen konnte, dann brauchte meine Mutter auch nicht zu schlafen!

»Wann hast du eigentlich angefangen, deine Haare nicht mehr offen zu tragen?«

»Mit Mitte fünfzig. Während der Wechseljahre fielen so viele aus. Das Problem wirst du aber nicht haben. Du hast dickere Haare.«

Jetzt hätte ich beruhigt einschlafen können, aber leider war das trotzdem unmöglich. Ich war hellwach. Mit vorsichtigen Bewegungen, als gälte es, eine Bombe zu entschärfen, zog ich die Nachttischschublade auf.

»Was machst du da? Wir wollen schlafen!«

Wir?

»Ich höre nur noch ein bisschen Musik, Mama.«

»Jetzt? Es ist nach zehn!«

»Mit Kopfhörern, Mama. Gute Nacht.«

»Wir wollen morgen früh raus, ich will auch ans Meer. Heute kam ich durch das ganze Auspacken und Einräumen und die Kocherei nicht dazu.«

Das war doch die Höhe! War ich vielleicht schuld daran? Und wie lang dauerte denn bitte die Zubereitung von Mirácoli?

»Und weil du nach *Sturm der Liebe* unbedingt *Leute heute* sehen musstest und *Blitz* und *Brisant* und was weiß ich noch«, ereiferte ich mich.

Meine Mutter räusperte sich. »Also, erstens war ich heute noch, während du draußen herumspaziertest, im Supermarkt gewesen, um Butter und Milch und Eier und Marmelade für das Frühstück zu holen. Und zweitens«, fuhr sie fort, »kam *Kunst & Krempel* im Fernsehen, anschließend eine Sendung über holsteinische Schnitzkunst und danach eine über das Watt an der Nordsee. Das interessiert mich sowieso viel mehr als Jenny Elvers Alkohol- oder Nichtalkoholproblem.«

Ich seufzte. Gegen meine Mutter hatte ich keine Chance.

»Morgen gehen wir ans Meer, Mama«, sagte ich versöhnlich.

Sie gab einen unbestimmten Laut von sich, ich interpretierte ihn als erbost und besänftigt zugleich.

Nun suchte ich nach einem Schlummerlied auf meinem Handy, im Bewusstsein dessen, dass Musik mich nicht müde macht. Ganz im Gegenteil. Aber was sollte ich sonst anfangen, wenn Bücher und Fernsehen tabu waren?

»Das blendet so, dein Dings da!«

»Mama, schließ die Augen, dann siehst du das Licht gar nicht.«

»Doch!«

Oh nee.

»Ich hab's gleich! Gute Na-acht!«

Rasch wählte ich die israelische Nationalhymne. Eine meiner Lieblingsmelodien in Moll. Sie beruhigte mich zumindest.

»Ich hör das durch die Kopfhörer, Mädschi! Da kann ich nicht schlafen!«

Also gut. Handy aus.

Ich kam mir vor wie in einer Besserungsanstalt für schwer erziehbare Jugendliche.

Fünf Minuten später schlief meine Mutter tief und fest. Unüberhörbar tief und fest. Sie schnaufte. Das konnte nun mich in den Wahnsinn treiben. Ich hasse es, wenn jemand neben mir laut atmet, sobald ich einschlafen will.

Seufzend griff ich nach meinen Ohropax. Wie gern hätte ich jetzt in die Nacht gelauscht, der Brandung zugehört, und ja: auch schlagenden Autotüren. Stattdessen vernahm ich durch das Wachs nur meine knirschende Halswirbelsäule und: meine Mutter.

Ihr Schnaufen war in ein Schnarchen übergegangen. Das klang ganz und gar nicht so, als wäre ihr Schlaf leicht zu stören.

Ich rutschte an den äußersten Rand des Bettes, in der vergeblichen Hoffnung, etwas mehr Abstand zwischen uns zu bringen.

Ich zog die Ohrstöpsel heraus und hörte meine Mutter noch lauter schnarchen. Dabei hatten meine Eltern angeblich seit fünfzehn Jahren getrennte Schlafzimmer, weil mein Vater so schnarchte …

Ich wälzte mich von einer Seite auf die andere. Erst vorsichtig, dann ohne jegliche Rücksicht. Vielleicht verstummte wenigstens das Schnarchen, wenn unser Bett wackelte.

Warum nur um alles in der Welt waren wir gemeinsam in den Urlaub gefahren?

Ich richtete mich auf, sah böse zu meiner Mutter und pfiff leise.

Drei Atemzüge lang war es still im Zimmer, dann schnarchte meine Mutter genauso laut wie vorher. Wenn nicht noch lauter. Am liebsten hätte ich sie geschüttelt, aber wenn ich sie jetzt aufweckte, konnte sie bestimmt nicht mehr einschlafen. Dabei war es erst kurz nach elf.

Vorsichtig stand ich auf, zog mich an und begab mich an den Strand. Von dem ich allerdings herzlich wenig sah. Der Mond war noch nicht aufgegangen.

Ich sah aufs Meer hinaus. Die Oberfläche war ölig-schwarz, wie ein riesiges Tier, das jederzeit erwachen, sich erheben und die Welt verschlingen konnte. Ich fröstelte ein wenig in der Sommernacht. In der Ferne blinkte ein Leuchtturm und schickte einen Strahl über das Wasser, das nun funkelte wie ein dunkler Edelstein. Endlich entspannte ich mich ein wenig.

Wie friedlich es hier war. Diese himmlische Ruhe! Sogar das Meer schien fest zu schlummern, die Wellen schwappten träge an den Strand.

Auf einmal mischte sich in das Rauschen ganz leise Clubbing-Musik, so Buddha-Bar-Zeug. Ich hielt den Atem an und wendete den Kopf. Die Musik kam von weiter vorne am Deich. Ich folgte den Bässen und entdeckte eine Bar. Sie lag auf einer kleinen Anhöhe.

In Liegestühlen und gepolsterten Rattansesseln saßen Touristen und genossen ihre Drinks und die Lounge-Atmosphäre am Meer. An diesem Ort begann der Abend natürlich erst. Ich sah mich um: Frauen und Männer, fast alle um die vierzig. Einige Paare hatten sogar kleine Kinder dabei, die mit ihren Förmchen im von bunten Glühbirnen erleuchteten Sand oder zwischen den Stühlen Verstecken spielten. Ich erkannte die Anti-Mückenspray-Mutti wieder. Ein kleines Mädchen, etwa vier Jahre alt, kletterte hinter ihr auf einem Rattansofa herum und sah keineswegs aus, als läge es in den letzten Zügen wegen einer Mückenattacke. Ich grinste. Sogar die war noch auf!

An der Bar holte ich mir einen Mojito. Der Barkeeper sah aus wie ein junger griechischer Gott, dunkle, dichte, gelockte Haare, leicht gebogene Nase, schöne Augen. Wow, dachte ich, na, der ist genau richtig, um die Fantasie aller mittelalten Frauen in Schwung zu bringen, eine ideale Beute für Cougars, also alles ab vierzig, was mit jüngeren Männern liebäugelt.

Das sah er aber offenbar etwas anders. Er bediente mich mit freundlichem Desinteresse, und das gab mir einen kleinen Stich. Gut, er war bestimmt zwanzig Jahre jünger als ich, und nur weil er eine adidas-Jacke trug und ich auch, hatten wir noch längst nichts gemein. Aber trotzdem. So lange waren die Zwanziger doch noch nicht her bei mir! Obwohl, wenn ich ehrlich war ... Verdammt, vierundzwanzig Jahre.

Ich flüchtete auf den nächsten freien Lounge-Sessel, trank ein Drittel des Glases auf einmal leer und stellte fest, dass ich mich gerade nicht mehr genau erinnern konnte, in welchem Jahr ich meinen Hochschulabschluss gemacht hatte.

Auweia.

Ich nahm noch einen kräftigen Schluck. Sonst trank ich nur mit anderen, weil es mir allein keinen Spaß bereitet, aber an diesem Abend handelte sich um eine Ausnahmesituation.

Ich schloss die Augen und ließ mich von der Musik einlullen. Nach einer Weile holte ich mir einen zweiten Mojito. Der Barkeeper lächelte wieder höflich und schob das Glas mit einer professionellen Geste über den Tresen zu mir hin. Ich blickte ihn böse an und dachte, leicht angesäuselt, vielleicht ist er schwul, so bildschön kann doch kein Hetero sein.

Als ich endlich angenehm müde und ziemlich beschwipst war, ging ich pfeifend zurück ins Hotel. Leise schloss ich die Tür auf und trat ins Zimmer. Es war stockfinster wie im Marianengraben, nur mein Handy leuchtete neben dem Bett wie ein Tiefseefisch. Meine Mutter lag ganz still, wie ein gestrandeter Delfin, ich unterdrückte ein Kichern.

Vorsorglich pfriemelte ich trotzdem eine doppelte Ladung Wachskugeln in meine Ohren. Vielleicht sollte ich die nächsten Tage schon morgens einen Drink nehmen, dann hätte ich garantiert gute Laune, egal, was passieren würde.

Nur, wer fuhr dann das Auto?

Ich lag noch etwas wach und überlegte, was ich mir vom Urlaub mit meiner Mutter so alles erwartete. Es wurde eine lange Liste:

Meine Mutter besser kennenlernen.

Was ist ihr wichtig?

Wonach sehnt sie sich?

Warum komme ich bei ihr so selten zu Wort, und wie könnte ich das ändern?

Ist sie eigentlich glücklich?

Wovon träumt sie noch in ihrem Leben?

Und was ist mit mir? Habe ich alles erreicht, was ich mir bisher vorgenommen habe, und war es überhaupt richtig, was ich mir vorgenommen habe?

Und sollte ich nicht unbedingt noch eine kleine Boots-Waschmaschine anschaffen, die mit einem faltbaren Solarpanel betrieben werden konnte?

Und wenn ja, warum eigentlich?

Über diesen Gedanken dämmerte ich endlich weg.

Tag 2 – Sonntag

»Sag ihm, wir sind Schwestern!«
Meine Mutter legt viel Wert auf ihr Aussehen, flirtet
gern und will auf gar keinen Fall als Neunundsechzigjährige identifiziert werden. Ich frage mich, wie
gut ich selbst mit dem Älterwerden klarkomme und ob
die ersten Wehwehchen für immer bleiben und alles
nur noch schlimmer wird.

K iek mol, das Licht! Ein wundervoller Sonnenaufgang war
das heute«, sagte der Hotelhausmeister am anderen Morgen.
Wir standen vor dem Abstellraum für die Leihfahrräder. Der
Hausmeister war ein kleiner schmächtiger Mann in den Sechzigern mit leicht geröteten Augen. Vermutlich trank er gern den
einen oder anderen Schnaps.

»Haben wir hier auch nicht alle Tage«, plauderte er mit nord-
deutschem Akzent weiter.

Ich verstand ihn gut. Mein Großvater mütterlicherseits, der
wie meine Mutter in Heiligenhafen aufgewachsen war, hatte
zeitlebens Plattdeutsch gesprochen.

»Haben Sie den herrlichen Sonnenaufgang nicht gesehen?«
Nein. Hatte ich nicht.

Ich hatte den ersten Sonnenaufgang am Meer seit Jahren ver-
schlafen. Schuld war Heidi, meine Mutter. Schließlich hatte sie kurz
vor zehn das Licht ihrer Nachttischlampe ausgeknipst … Egal.

Der Hausmeister zeigte mir einige Fahrräder, und ich suchte
für meine Mutter das mit dem niedrigsten Sattel aus. Ein Rad

mit kleinerer Rahmenhöhe war nicht mehr da, und ich konnte ihr schlecht ein Kindermodell andrehen. Obwohl sie etwas größer ist als ich, fühlt sie sich sicherer, wenn sie mit den Füßen auf den Boden kommt.

Nachdem ich auch für mich ein passendes Rad entdeckt hatte, schob der Sonnenaufgangsenthusiast die beiden Bikes vor die Garage. Vorsichtshalber probierte ich die Bremsen aus, schließlich wollte ich nicht, dass meine Mutter versehentlich in die Dünen rauschte. Sie funktionierten leidlich, aber für ihr Tempo musste es reichen. Das Vorderlicht hatte, soweit ich das bei dem Sonnenschein ausmachen konnte, auch einen Wackelkontakt. Aber bis der Hausmeister das repariert hätte, wäre die Woche vermutlich herum. Und im Dunkeln würde meine Mutter ohnehin nicht radeln. So früh, wie sie in die Federn kroch.

Dagegen war ich heute erst um neun aufgewacht, im wahrsten Sinn des Wortes leicht gerädert. Die Vorhänge waren schon zurückgezogen, und das Nächste, was ich gesehen hatte, waren die nackten Brüste meiner Mutter. Rasch schloss ich meine Augen wieder, dann versuchte ich sie noch einmal zu öffnen. Meine Mutter war anscheinend schon im Bad gewesen, ich hatte, gut abgeschirmt, nichts gehört. Jetzt spazierte sie oben ohne im Zimmer herum.

»Guten Morgen, Mädschi! Heute wird es ein herrlicher Tag! Es ist übrigens Viertel nach neun. Gleich gibt's Frühstück«, rief sie.

Ob sie sich dann anzog?

Oh, bitte!

Doch davon konnte keine Rede sein. Meine Mutter fühlte sich offensichtlich ganz wie zu Hause, sie hantierte auch oben ohne in der kleinen Küche herum. Ich nutzte die Gelegenheit, mich anzuziehen. Ich musste hier raus.

Jetzt.

Sofort.

»Ich geh zum Bäcker, Mama. Frische Brötchen holen, ja?«

»Aber bleib nicht so lange weg, der Kaffee wird sonst schal!«

Am liebsten hätte ich am Strand gefrühstückt, mit einem Papp-becher-Cappuccino, einer eiskalten Cola light, einem Croissant und der ersten Zigarette des Tages. Und das würde ich auch tun. Wenn auch nur für zehn Minuten, weil meine Mutter und der Kaffee nicht länger warten konnten.

»Ich mach uns in einer Viertelstunde ein weiches Ei.«

»Super Idee, Mama! Bis gleich!«

Ich folgte der Straße zur Restaurant- und Shoppingmeile. Ältere Männer mit Brötchentüten kamen mir entgegen. Ob sie nicht minder froh waren, für wenige Minuten ausgebüxt zu sein und darum so eifrig ihre Tüten trugen? Waren das in Wahrheit jämmerliche Freiheitstrophäen? Der Bäcker-Hofgang eine kleine Flucht?

Eindeutig: Ich war nicht sonderlich gut gelaunt. Und das im Urlaub. Jetzt reiß dich mal zusammen, rief ich mich zur Räson und betrat den Back-Shop.

»Guten Morgen! Was hätten Sie denn gern?« Die Verkäufe-rin, halb so alt wie ich, lächelte. Sicher eine Studentin. Hatte die eine gute Laune. Bestimmt war sie mit dem Bar-Beau von ges-tern Abend liiert. So klasse, wie die aussah, würde sie jedenfalls prima zu ihm passen.

Sie strahlte richtig. Kunststück, sie hatte die Nacht bestimmt auch nicht an der Seite ihrer Mutter verbracht.

Hinter mir räusperte sich ein älterer Herr. Ungeduldig. Als hätte er es furchtbar eilig. Lächerlich. Der hatte doch sicherlich alle Zeit der Welt.

Ich drehte mich zu ihm um, bereit, ihn mit Blicken zu erdol-chen, ich war tatsächlich schlechter aufgelegt als Lady Macbeth. Aber er grinste mich nur hoffnungsvoll an.

Versuchte der etwa, mit mir zu flirten?

Sag mal, dachte ich, hast du keine Augen im Kopf? Für wen hältst du dich? Du bist mindestens zwanzig Jahre älter als ich, glaubst du im Ernst, du hast bei mir Chancen? Was bildest du dir eigentlich ein?

Ich lächelte dünn zurück. Er konnte ja nichts dafür, dass er an Realitätsverlust litt. Trotzdem eine Unverschämtheit.

Oder sah ich etwa schon so alt aus?

Das passierte mir, seitdem ich vierzig geworden war, immer öfter. Männer, die viel älter waren als ich, glotzten mich an, für Jüngere wurde ich dagegen fast unsichtbar. So wie gestern. Musste ich vielleicht etwas an meinem Outfit, an den Haaren, an wer weiß was ändern? Genügten die blonden Strähnchen etwa nicht mehr, für die ich alle paar Wochen Stunden meines Lebens beim Friseur verpulverte, um meine ersten grauen Haare zu tarnen?

Die Verkäuferin räusperte sich und war immer noch unverschämt gut gelaunt. Na, die hatte gut lachen.

Und überhaupt möchte ich ein Rückflugticket, jetzt sofort. Weg von hier und zurück in meine Zwanziger sowieso. Oder wenigstens in das Zeitalter U40.

»Zwei von den Semm-, äh, Schrippen da, bitte.«

War das richtig? Welche Brötchen mochte meine Mutter eigentlich? Wir hatten seit Jahren nicht mehr gemeinsam gefrühstückt. Da kannte ich ja die kulinarischen Vorlieben meiner engsten Arbeitskolleginnen besser. Croissants? Nein, zu kapriziös. Ganz normale Semmeln? Zu lieblos, und am Ende verursacht das Weißmehl Verstopfung.

Schließlich entschied ich mich für Mehrkornbrötchen. Mochte sie bestimmt, die sahen auch irre vital aus. Für mich die Schrippen. Ich nahm vorsichtshalber alles doppelt. Nicht dass meine Mutter am Ende *meine* Lieblingsbrötchen wollte.

Jetzt musste ich mich noch für mein Undercover-Blitzfrühstück am Strand mit einem Schokocroissant, einer Cola und einer Latte ausstatten. Nachdem ich alles bezahlt hatte, warf ich dem Herrn hinter mir einen triumphierenden Blick zu – soll er doch glauben, was er will. Ich wollte jedenfalls ans morgendliche Meer.

Vor der Bäckerei blieb ich stehen. Von hier aus konnte ich über den Binnensee blicken und unseren Balkon sehen. Unser

Zimmer hatte als einziges die weiß-gelb gestreifte Markise bereits ausgefahren. Hatte ich gestern Abend gemacht, auf Wunsch meiner Mutter. Weil die Laternen im kleinen Park vor dem Binnensee blenden und in den Raum scheinen konnten.

Am Strand setzte ich mich auf einen Stein, aß ein halbes Croissant, verbrühte mir den Mund am Kaffee und rauchte, bis mir schwindlig wurde. Ich sah aufs knallblaue Wasser und fühlte mich ein wenig, als wäre ich an Deck eines Schiffes. Als ich wieder aufstand, wankte ich. Die Mojitos. Und heiß wurde mir auch! Lag das am Wetter, an dem Restalkohol, oder waren es verfrühte Wechseljahre? Heute und hier? Irgendwann musste der Tag ja kommen. Passierte das dann hinterrücks und schleichend oder überfallartig, und woran merkte man, dass es losging? So, wie ich es eben erlebt hatte?

Ich musste meine Mutter unbedingt danach fragen.

Meine postklimaktorale Mutter hatte bereits den kleinen Balkontisch gedeckt. Erstaunlich. Sogar eine Tischdecke hatte sie mitgeschleppt, ohne die ging wohl gar nichts. Wie hatte denn das alles in ihren Koffer gepasst? Anscheinend besaß sie bessere Einpacktechniken als ich.

Ich stellte meine Cola-Flasche auf die Decke.

»Kaum räum ich den Tisch ab, ist er schwuppdiwupp wieder voll mit deinem Kram«, sagte meine Mutter leicht vorwurfsvoll.

»Ja, Mama«, erwiderte ich etwas leiernd und rollte die Augen wie ein Teenager.

Außerdem war sie noch immer oben ohne. Beim Frühstück! Ich meine, es war wirklich warm, ich wischte mir selbst den Schweiß von der Nase, wir hatten schließlich August. Und sicher, es würde heute ein extrem sommerlicher Tag werden, Himmel und Meer hatten ja kristallklar und tiefblau vor sich hin geleuchtet, und die Sonne hing als sattgelbe Scheibe bereits riesengroß am Horizont. Aber musste meine Mutter deswegen gleich strippen? Vor meinem Bruder hätte sie das sicher nicht gebracht.

Ich streifte ihren Busen mit einem kurzen Blick. Nun stell dich doch nicht so an, dachte ich. Was ist schon dabei? Wenn sie sich wohlfühlt?

Damit war ich schließlich gestillt worden, versuchte ich mich zu beruhigen. Ich hatte ja selbst Brüste, und auch mein Busen würde so aussehen mit fast siebzig. Dafür war er eh gut in Form.

Trotzdem! Beim Frühstück!

Aber konnte ich jetzt sagen: »Zieh dir bitte etwas an, Mama?« Am Ende dachte sie, ich würde ihren Busen nicht mehr schön finden. Außerdem hatte ich mich mit meinen Jugendfreundinnen immer oben ohne gesonnt. Allerdings, so ging mir durch den Kopf: Jetzt schon lange nicht mehr, es war nicht mehr en vogue. So etwas machten nur noch ein paar unerschrockene und exzentrische über Vierzigjährige. Oder die ganz Alten, die unverbesserlichen Alt-Achtundsechzigerinnen.

Die Zwanzigjährigen trugen alle Bikini, und ich hatte wenig Lust, am Ende von ihnen angestarrt zu werden, als wäre ich aus einer anderen Epoche versehentlich ans Ufer geschwemmt worden. War ja schlimm genug, dass ich meine Schamhaare nur trimmte, statt ratzfatz alles zu entfernen. Darum zog ich mich auch immer unter Todesverachtung am Strand um, wenn Jüngere in der Nähe waren. Bestimmt fanden sie meinen Look so grauenvoll wie ich Schamhaare, die aus dem Slip schauten oder die Oberschenkel entlangwuchsen, wie man es manchmal bei älteren Frauen erkennen konnte.

Vielleicht war alles aber noch viel schlimmer, überlegte ich weiter und warf ein Stück Zucker in den Kaffee. Wahrscheinlich dachten die Jüngeren überhaupt nichts, wenn ich mich umzog. Weil sie mich nämlich gar nicht sahen, so, wie ich manchmal Rentnerinnen in taubenblau-blassen Jacken nicht richtig wahrnahm.

Ich nahm einen Schluck Kaffee.

»Mmmh, lecker!«

»Stark genug?«

»Ja, super. Du, Mama, zieh dir lieber was über«, sagte ich auf einmal.

»Was, wieso?« Meine Mutter stand auf und blickte über die Brüstung. »Hier kann uns doch keiner sehen! Da unten sind nur Enten.«

Verlegen suchte ich nach Worten.

»Eben drum«, sagte ich und versuchte, möglichst überzeugend zu klingen. »Hier am See sind fiese Stechmücken, bei einem Gast haben sie schon ein Kind fast umgebracht.«

»Aber die stechen doch nur nachts«, sagte meine Mutter und ging ins Zimmer.

Ich biss mir auf die Lippen. Das mit den Mücken war nun auch nicht gerade ein Geistesblitz gewesen. Oder doch? Meine Mutter trat wieder auf den Balkon, diesmal in einer dottergelben Sommerbluse.

Ich entspannte mich. Aber nicht vollständig. Denn die Gedanken ans Älterwerden gingen mir nicht mehr aus dem Kopf.

»Sag mal, Mama, wann ist man eigentlich wirklich alt, was glaubst du?«

Meine Mutter klopfte mit dem Teelöffel auf die Eierschale und pellte sie anschließend ab. Ich machte es nicht anders, wie mir in diesem Moment auffiel. Zugleich fielen mir noch eine Million anderer Gemeinsamkeiten ein. Zum Beispiel reinige ich mir sofort die Hände mit Seife, wenn ich nach Hause komme. Auch das Schicksal teile ich mit meiner Mutter. Oder ich wasche mir sehr umständlich meine Haare über dem Waschbecken statt in der Dusche. Meine Freundinnen finden das seltsam, meine Mutter nicht.

»Wirklich alt?«, überlegte sie. »Na, ich würde sagen, wenn man so alt ist wie meine Mutter.«

Ich atmete aus. Dann hatte ich noch über vierzig Jahre Zeit. Und überhaupt, was sollte das Grübeln? »Wir leben im Hier und Jetzt«, murmelte ich und kam mir in dem Augenblick, in dem ich diese Binsenweisheit aussprach, wie ein personifiziertes Kalenderblatt vor.

Genug jetzt, dachte ich. Auf zum Meer. Das beste Mittel gegen lästige Gedanken. Das Wetter war ideal, um sich in den

Sand zu legen, zu dösen und zu lesen. Ein herrlich fauler erster Urlaubstag! Mit dem Fahrrad konnten wir uns einen schönen Platz aussuchen, wir mussten uns ja nicht direkt an der Promenade niederlassen.

»Bevor wir uns auf den Weg machen können, müssen wir aber erst das Zimmer räumen«, sagte meine Mutter leicht vorwurfsvoll.

»Was, jetzt?«

»Die Frau von der Rezeption war vorhin da. Wir können nach nebenan umziehen, da ist was frei geworden. Da gibt es auch ein extra Zimmer. Die Schlüssel hat sie hiergelassen.«

Schlagartig wurde meine Stimmung noch besser. Fast hätte ich vor lauter Ferienglück vergessen, nach der Stornierung zu fragen – wohl aber nur bis zum Zubettgehen.

»Fantastisch!«

»Na ja, wie man's nimmt«, bemerkte meine Mutter, weiterhin mit einem ärgerlichen Unterton in der Stimme. Augenblicklich bekam ich nun ein schlechtes Gewissen. Vermutlich war sie doch gekränkt. Aber ich konnte nun wirklich nicht in einem Bett mit ihr schlafen. Jeden Morgen die Busenshow, das reichte. Diesen Gedanken behielt ich aber lieber für mich. Stattdessen wiegelte ich eifrig ab: »Das geht doch ganz schnell, Mama!«

Ich stürzte meinen Kaffee hinunter, danach stopfte ich meine Kleider in den Rucksack und fragte mich, während ich das tat, warum ich eigentlich immer noch wie eine Studentin verreiste, jedenfalls, was das Gepäck betraf. Meine Freundinnen besaßen alle einen Rollkoffer.

»Bei dir geht das vielleicht rasch, so schlampig, wie du mit deinen Sachen umgehst«, funkte meine Mutter in meine Überlegungen hinein und räumte mit lautem Geklapper den Frühstückstisch ab. Ich hatte nur meine Tasse und meinen Teller in die Spüle gestellt.

Ich seufzte. »Ich helfe dir, ich erledige das mit dem Kühlschrank und transportiere unsere Lebensmittel nach nebenan.«

»Gut«, sagte sie und machte sich im Zimmer zu schaffen, während ich Milch, Butter, Brot und die Eier in eine Tüte packte. Die Eier zum Schluss, denn meine Mutter hatte mich schon als Kind ermahnt, das »Schwere zuerst« einzupacken.

Gerade wollte ich die Tür zum Kühlschrank schließen, als ich in einem Fach ganz unten Paprika und Tomaten entdeckte. Ich räumte das Fach aus, sah in den Küchenschränken nach, fand noch eine Packung Reis und legte auch sie in die Tüte. Alles auf die Eier, die paar Meter würden sie das schon überleben.

Als ich das erledigt hatte und meine Mutter weiterhin mit ihren Sachen beschäftigt war, setzte ich mich wieder auf den Balkon und malte mir den ersten Urlaubstag aus.

Erst sonnen, und mittags konnten wir uns an einer Imbissbude an der Strandpromenade eine Kleinigkeit holen, vielleicht frittierten Fisch mit Mayo, wir waren schließlich an der See. Backfisch mit Meerblick, Pommes aus einer raschelnden Papiertüte. Dazu ein kleines Bier. Obwohl, lieber nicht, macht so dösig im Kopf.

»Mama, essen wir mittags Fisch an der Promenade?«, rief ich ins Zimmer.

»Nein, ich koche uns lieber eine Kleinigkeit«, hörte ich sie prompt sagen. »In der Mittagshitze ist es am Strand viel zu heiß, außerdem ist die Sonne dann schlecht für die Haut und macht Falten. Das ist wissenschaftlich erwiesen.«

»Hmmm. Ich hätte aber gern einen Backfisch. Wir sind doch am Meer!«

»Wir müssen aber die Einkäufe aufbrauchen.«

»Wieso aufbrauchen? Wir sind doch noch nicht mal vierundzwanzig Stunden da, Mama.«

Andererseits, so überlegte ich: Warum eigentlich nicht? Ein Nickerchen konnte nicht schaden. Von mir aus auch im Hotelzimmer. In meinem eigenen Hotelzimmer. Laut sagte ich: »Ich könnte nach dem Essen aber an den Strand zurückgehen, während du wartest, bis die Sonne nicht mehr so intensiv ist, Mama.« Viel besser! Ein Schläfchen am Meer.

»Ich spül noch ab, dann können wir umziehen und zum Strand, bevor es zu heiß wird«, antwortete meine Mutter unbestimmt.

Kurz darauf bezogen wir unser neues Zimmer, es sah genauso aus wie das alte (wieso nannte man es eigentlich Honeymoon-Suite?), nur dass es hier zusätzlich ein zweites Zimmer gab, allerdings ohne Fernseher. Na, da blühte mir abends wohl doch das ZDF-Herzkino. Zum Glück hatte mir Thomas sein iPad geliehen, es hatte sogar einen mobilen Internetzugang. »Damit du auch am Strand surfen kannst«, hatte er betont, vermutlich aus schlechtem Gewissen. Geschah ihm ganz recht.

»Hier gibt es sogar einen Föhn im Bad«, rief meine Mutter begeistert. Dabei benutzten wir beide nie einen. Meine Mutter wegen ihrer dünnen Haare und ich, weil mir das zu lange dauerte. Ich ließ meine Haare lieber an der Luft trocknen.

Endlich hatten wir die Zimmer bezogen – und nun konnte uns nichts mehr aufhalten. Wir gingen zu den Fahrrädern, die ich bereits morgens in Fahrtrichtung positioniert hatte.

Meine Mutter freute sich über ihr Einkaufskörbchen, um das ich den Hausmeister extra gebeten hatte. Lächelnd verstaute sie ihre Strandtasche dort hinein, und ich klopfte mir selbst auf die Schulter.

»Fahr los, ich radle hinterher«, schlug meine Mutter vor.

Wir nahmen den Weg am Deich entlang. Die Ostsee kräuselte sich jetzt in einem Babyblau, hellgrüner Sandhafer neigte sich in einer leichten Brise, die Sonne schickte einen hellen Steg über das Wasser, und ich war bestens gelaunt. Ich freute mich auf ein paar faule Stunden und sah mich nach meiner Mutter um. Auch sie wirkte ausgesprochen zufrieden, nein, mehr als das: richtig glücklich. Aufrecht saß sie auf dem Rad und blickte auf die See. Plötzlich musste ich scharf bremsen, denn vor lauter Umgucken wäre ich beinahe in eine Deichbefestigung rechts von mir gefahren.

»Pass auf, wo du hinfährst, Mädschi!«, rief meine Mutter, nichts anderes hatte ich erwartet.

Der Fahrradweg mündete nach ein paar hundert Metern direkt in den Strand. Noch war nicht viel los, obwohl es auf elf zuging. Nur drei Familien hatten bisher ihr Lager aufgeschlagen und ihre Strandkörbe Richtung Vormittagssonne gedreht.

Ich stieg ab und schob das Rad durch den Sand.

»Wie wäre es mit einem Strandkorb, Mama?«

»Ob sich das lohnt? Wir bleiben doch gar nicht den ganzen Tag hier.«

»Aber was wir haben, haben wir. Dann können wir auch nachmittags noch drin sitzen.«

»Also, ich weiß nicht.«

»Wäre das nicht ein guter Sonnenschutz?« Ich probierte es mit dieser Strategie. Für mich gehörte zum Ostsee-Urlaub ein Strandkorb, und wer wusste, ob der Wind weiterhin so milde blies. Nicht dass er auf einmal ungebührlich und rücksichtslos an der Hochsteckfrisur meiner Mutter zerrte.

»Er schützt auch gut bei Wind«, taktierte ich weiter. »Kostet nur zehn Euro.«

»Zehn Euro? Das lohnt sich wirklich nur, wenn wir den ganzen Tag am Strand verbringen wollen. Aber das haben wir ja nicht vor.«

Meine Mutter kehrte dem Strandkorbverleih den Rücken zu und schob entschlossen das Fahrrad durch den Sand.

»Dann nicht«, murmelte ich.

Jetzt mussten wir aber einen Platz zu finden, der vor der Sonne schützte. Leider hatte ich keinen Sonnenschirm dabei. Prompt sagte meine Mutter: »Ich bin eine echte Blondine, keine gefärbte, und habe eine empfindliche Haut, wie dein Bruder übrigens auch.«

»Aber der ist doch keine Blondine!«, antwortete ich.

»Er bekam aber schon als Kind viel leichter einen Sonnenbrand als du.« Meine Mutter wühlte nun in ihrer Strandtasche. »Wo habe ich denn jetzt die Sonnencreme? Ich hab sie doch eingepackt …«

»Wahrscheinlich im Hotel vergessen.« Meine Mutter vergaß

so allerhand. Zum Beispiel, dass weder mein Bruder noch ich Schwarzwälder-Kirsch- oder Spekulatius-Zimt-Eis mochten, sondern nur die Sorte »Schokolade«. Ungerührt dessen servierte sie jedes Weihnachten eine neue Geschmacksverirrung. Einmal hatte ich entsetzt auf die Schüssel mit Bratapfel-Lebkuchen-Eis geblickt, dann neckte ich sie: »Mama, möchtest du nicht mal den Alzheimertest machen, den mit der Uhr, so wie die Hörbiger in diesem Film? Haben wir zusammen letztes Ostern gesehen, falls du dich daran erinnerst?«

Unbeirrt hatte sie erwidert: »Ich hab kein Alzheimer! Verlier du mal lieber nicht jedes Jahr deinen Geldbeutel aus Schlamperei und Schusseligkeit, und deinen Personalausweis und die Haustürschlüssel! Was das immer kostet!«

Eins zu null für Mutti.

Hinter dem gepflegten Küstenabschnitt mit Strandkörben und einer Imbissbude folgte ein wilder Strand. Ich mag solche Zonen, sieht es doch dort so aus, als wäre man der erste Mensch. Wobei ich zugleich registrierte: Hier konnte man nicht so gut ins Wasser gehen wie am offiziellen Strand, man musste zwischen schlüpfrigen Steinen und Seetang ins Meer staksen.

Na, hoffentlich rutscht meine Mutter nicht aus und bricht sich das Genick, dachte ich. Gleich morgen kaufe ich uns Badeschuhe. Sicher ist sicher.

Ich steuerte auf eine natürliche Kuhle zwischen hohem Dünengras zu.

»Guck mal«, rief ich. »Ein toller Platz mit Schatten, Mama!«

Und zur Imbissbude und einer hoffentlich eisgekühlten Cola war es auch nicht allzu weit.

»Da bleiben wir«, sagte meine Mutter, nachdem sie die Vertiefung ausgiebig inspiziert hatte.

Mit spitzen Fingern hob sie zwei Glasscherben auf, warf sie hinter sich, breitete ihr Badetuch aus, schlüpfte in den Badeanzug und verhüllte ihr Dekolleté mit einem Seidentuch, als Faltenpräventionsmaßnahme.

Oben ohne war jetzt tabu, aber nicht etwa aus moralisch-ästhetischen Gründen. Die Sonne.

Mal sehen, ob meine Mutter nicht doch noch nach einem Strandkorb verlangte. Prüfend reckte ich den Kopf zu dem gepflegten Strandabschnitt, der sich allmählich mit Badegästen füllte. Noch waren genügend Körbe frei.

Ich zog meinen Bikini an und drehte mich dabei von meiner Mutter weg. Warum, wusste ich selbst nicht so recht. In diesem Augenblick ging der ältere Herr von heute Morgen aus dem Bäckerladen am Meer entlang und sah just in meine Richtung, als ich barbusig dastand. Jetzt aber rasch den Brustkorb rausstrecken, damit alles straffer wirkt. Ich ärgerte mich im selben Moment über mich selbst. Was sollte das denn?

Sofort ließ ich die Schultern wieder hängen und blickte den Mann böse an. Er schaute weg, aber ich wusste nicht, ob er sich vor mir fürchtete oder ob mein Busen im Originalzustand ihn dazu veranlasste. Wie auch immer, ich schleuderte nun ein Handtuch in den Sand und ließ mich darauf nieder, einen Beutel mit einigen Sachen von mir als Kopfstütze. Statt aufs Meer fiel mein Blick auf meine Besenreiser am Oberschenkel. Ich schielte zu meiner Mutter. Sie hatte noch immer schöne Beine. Um ehrlich zu sein: Sie hatte längere und formschönere Beine als ich, mit bemerkenswert wenig Krampfadern. Hoffentlich hatte ich wenigstens das geerbt, wenn meine Beine schon so kurz waren.

Ich räkelte mich, sagte: »Hmm, herrlich hier«, und zündete mir eine Zigarette an.

»Dass du dir schon wieder eine anstecken musst«, kommentierte meine Mutter, die sonst ja wenig auf meinen Zigarettenkonsum einging.

»Tut mir leid, wenn ich die Seeluft verpeste, Mama.«

»Mir geht es mehr um deine Gesundheit.«

Dabei hasste sie den Geruch von Zigaretten. Auch ich hatte Raucher immer verabscheut. Verdarben sofort die gute Luft, überall. Bis ich eben mit vierzig selbst damit angefangen hatte, aus einer selten dämlichen Laune heraus.

Ich nahm einen tiefen Zug, blickte aufs Wasser und genoss die Ruhe.

Meine Mutter blätterte in einer *Bunte,* die sie vor dem Hotel aus dem Altpapierstapel gezogen hatte. Immerhin aber war sie nicht so alt, dass Lady Di noch lebte. Solche Exemplare hortete sie nämlich durchaus zu Hause, weil sie »nie dazu kam, sie auszulesen«.

Kürzlich allerdings hatte ich mich selbst bei einem ganz ähnlichen Gedanken ertappt und musste mich dann fast zwingen, einige Ausgaben von *Instyle* zu entsorgen. Am Ende ging das nun auch bei mir los mit dem Illustrierten-Messietum. Oje.

Ich döste ein bei Wind-, Wellen- und Zeitschriftengeraschel. Wunderbar! So musste Urlaub sein!

Das perfekte Idyll währte genau fünfzehn Minuten.

Dann vibrierte mein Handy.

Verdammt!

Ich griff in den Beutel und sah an der Nummer, dass es Onkel Heinrich sein musste. Sicher hatte er viel Zeit und noch mehr Pläne. Mit uns. Onkel Heinrich war seit Jahren nicht mehr an den Strand gegangen, das hatte mir meine Mutter erzählt, schließlich hatte er in seinem Leben an der Ostsee genügend Gelegenheit gehabt, aufs Meer zu gucken. Ganz im Gegensatz zu uns.

Ich sagte: »Der liebe Onkel Heinrich ruft gerade an!«

Meine Mutter ließ die *Bunte* sinken.

»Er will sicher wissen, was wir heute vorhaben.«

»Wir haben schon etwas vor«, erklärte ich bestimmt. »Wir sind im Urlaub, genießen Strand und Meer und nach dem Essen noch mal Meer und Strand. Und ich will ein Nachmittagsschläfchen halten. Du könntest dich morgen oder übermorgen mit ihm verabreden. Ich bring dich auch gern mit dem Auto zu ihm hin.«

Meine Mutter strich die Zeitschrift glatt. Sie hatte sie bereits zum dritten Mal durchgeblättert.

»Aber du kommst doch mit?«

»Mmmmh«, sagte ich, weil mir spontan keine Ausrede einfiel.
Meine Mutter runzelte die Stirn.

»Er will sicher, dass wir uns schon heute in Heiligenhafen bei ihm oder seiner Tochter Edeltraut zum Kaffee treffen. Er hat mich so lange nicht gesehen.«

Tatsächlich hatte Onkel Heinrich in diesem Frühjahr nach vielen Jahren, in denen sie sich nicht getroffen hatten, ganz spontan bei meiner Mutter angerufen. Er war seit zwei Jahren Witwer, und die beiden hatten sich dann offenbar fünfzig Jahre am Telefon erzählt. Anschließend gingen Briefe hin und her wie die Möwen zwischen Nord- und Ostsee, und nun stand endlich der Wiedersehensbesuch an.

»Aber nicht an unserem ersten Tag«, sagte ich. »Heute ist wunderbarstes Strandwetter. Morgen kann es völlig anders sein.«

»Du hast recht. Onkel Heinrich schön und gut, aber am Meer ist es einfach zu herrlich.« Meine Mutter studierte weiter die *Bunte.* »Ich rufe ihn am Abend zurück. Wir sind schließlich im Urlaub.«

Glück gehabt.

Es wurde noch ein wunderbar fauler Tag ohne Zwischenfälle. Nachdem wir mittags im Hotel geduscht hatten, wärmte meine Mutter die von gestern Abend übrig gebliebenen Mirácoli auf. Nach einem Schläfchen gingen wir wieder an den Strand, diesmal aber an den Abschnitt direkt vor unserem Hotel, da die Sonne nun nicht mehr so vom Himmel herunterbrannte.

Als sie nur noch zwei Handbreit über dem Horizont stand, packten wir alles zusammen und fuhren mit dem Fahrrad Richtung Heiligenhafen-City. Meine Mutter radelte übermütig voraus. Ihre Haare leuchteten golden im Licht, und ich bemerkte, dass der eine oder andere Mann ihr nachsah. Vor allem jene, die Frauen mit herunterhängenden Mundwinkeln spazieren führten und die wirkten, als sei mit ihnen gar nicht gut Kirschen essen.

Keine Wolke war am Horizont. Kitesurfer sprangen über die funkelnde Gischt, manche von ihnen schienen zu schweben. Wir hielten an und sahen ihrem Segeln auf dem Board eine Weile zu, doch dann entdeckte ich eine Strandbar in der Nähe der »wieder aufgebauten Seebrücke«, wie ein Schild verkündete. Offenbar der Stolz von Heiligenhafen.

Wir betraten die Seebrücke, meine Mutter las interessiert die Schautafeln über die Historie des Bauwerks, ich lehnte mich über die Balustrade und betrachtete die Bar und die Lounge-Möbel im hellen Sand. Von dort hatte man sicher eine großartige Sicht aufs Meer. Die Sonne machte sich gerade fertig für ihren letzten Tagesauftritt. Wenn das nicht das beste Timing und der beste Ort überhaupt war für einen Sundowner! Höchste Zeit, meine Mutter von der Brücke zu scheuchen und in eines der Lounge-Möbel hinein.

Ich beschleunigte meine Schritte. Zielstrebig steuerte ich auf die Bar zu, denn zwei Gäste standen auf. Plätze wurden frei, für uns! Die weißen Lounge-Möbel waren ansonsten voll besetzt. Die Idee, mit einem Hugo oder Aperol Sprizz in der Hand magische Momente an der Ostsee zu erleben, hatten auch andere gehabt.

Am liebsten wäre ich durch den Sand gesprintet, damit uns bloß niemand zuvorkam. Diese Sessel, dieser unvergessliche Moment mussten meiner Mutter und mir gehören!

Warum aber hatten zwei Gäste ihren Platz aufgegeben, jetzt, wo die Abendstimmung so vollkommen war, wie man sie nur selten im Leben erwischt?

Ich kniff die Augen zusammen, um im Gegenlicht besser zu sehen. Sah ganz so aus wie ein anderes Mutter-Tochter-Paar, das da gerade die Bar verließ. Allerdings ging dort die Mutter in Führung, während meine sorglos hinter mir hertrödelte, den Blick auf den Sand gerichtet. Sie suchte Muscheln. Dass sie aber auch wirklich alles sammeln musste!

»Mama, komm! Hier sind gerade zwei Sessel frei geworden!«

Die andere Mutter ging an mir vorbei und sagte zu ihrer Tochter: »Wir haben nicht Halbpension bezahlt, damit wir das Abendessen ausfallen lassen.«

Die Tochter rollte die Augen – und unsere Blicke trafen sich. Ich lächelte ihr zu, sie grinste, hob in gespielter Verzweiflung die Hände und rief: »Aber, Mama, wir hätten ruhig noch eine halbe Stunde bleiben können!«

Vergebens. Ihre Mutter ging entschlossen wie die ehemalige US-Außenministerin Madeleine Albright der Halbpension entgegen, als handle es sich dabei nicht um ein schlichtes Abendessen, sondern um eine welthistorische Konferenz.

Gut, dass wir ein Apartment all exclusive gebucht hatten, sonst würde mir jetzt auch ein muffiger Speisesaal drohen.

Ich sah mich nach meiner Mutter um. Sie war nirgendwo zu entdecken. Vermutlich stöberte sie hinter einer Düne nach weiß Gott was. Treibholz hatte es ihr auch angetan. Damit war sie zwar, ohne es zu wissen, voll im Trend, diese Treibholzmöbel sah man neuerdings überall. Nur verfiel sie hoffentlich nicht auf die Idee, das Zeug mit nach München zu schleppen.

Na, sie wird mich schon finden, dachte ich, gibt ja nur eine Bar hier.

Ich schlenderte, innerlich hibbelig, aber äußerlich betont lässig auf die freie Lounge-Ecke zu, um mir nicht anmerken zu lassen, wie versessen ich auf die Sessel war. Ich hasse es, wenn mir jemand einen Platz wegschnappt. Um ehrlich zu sein: Es macht mich rasend. Ich habe eine fast neurotische Angst davor, in Cafés und Restaurants zu kurz zu kommen.

Warum eigentlich? War meine Mutter daran schuld? Hatte sie mir nicht genügend Selbstbewusstsein vorgelebt?

Egal, wenigstens jetzt. Schnell setzen!

»Entschuldigen Sie, ist hier noch frei?«

»Aber ja«, sagte ein jovialer, perfekt gekleideter Herr in den Sechzigern mit runder Nickelbrille, ohne viele Haare und mit einer schnittigen Willi-Bogner-Outdoor-Jacke, wahrscheinlich ein Chefarzt oder so was Ähnliches. Neben ihm die mutmaßliche Chefarztgattin, adrett, sorgfältig gestylte Föhnfrisur, im Helli-Hansen-Seglerlook. Sie lächelte höflich. Mit von der Partie ein befreundetes Ehepaar, ebenso gut situiert, man trug Woolrich-Windjacken. Immobilieninvestor nebst Ehefrau, spekulierte ich. Letztere musterte mich ein wenig skeptisch, nickte aber dann ebenfalls dezent zuvorkommend. Sie hatte eine Hermès-Tasche dabei, na, die ist garantiert echt, dachte ich. Sie zog sie etwas näher zu sich heran, damit ich besser durchkam.

Während ich mich setzte, dämmerte mir, dass ich ebenso verbohrt einem guten Platz hinterherjage wie meine Mutter jedem Schnäppchen, das sie ergattern kann.

Endlich tauchte sie auf.

»Da bist du ja! Ich hab dich aus den Augen verloren!«

»Weit konnte ich nicht sein.«

»Hallo, guten Abend«, sagte meine Mutter zu den anderen Herrschaften und schenkte insbesondere der männlichen Lounge-Belegschaft ein strahlendes Lächeln. Das musste ihr erst einmal jemand nachmachen. So charmant war ich nur selten. Und flirten? Fehlanzeige. Ich wusste gar nicht mehr so recht, wie das überhaupt noch ging. War aber auch out, meine Freundinnen hatten es ebenfalls nicht drauf.

Die Damen musterten die Label-neutrale Jacke meiner Mutter mit den Leoparden-Applikationen, ihre leicht skeptischen Blicke streiften auch die Strandtasche, aus der ein Bund Strandhafer lugte. Hoffentlich wussten die nicht, dass es verboten war, das Grünzeug zu pflücken. Küstenschutz! Wie Umweltschützer sahen die Damen aber nicht aus. Ich meine, welche Greenpeace-Aktivistin trug eine Hermès-Tasche mit sich herum, noch dazu die Ausführung in Krokoleder?

»Was willst du denn trinken, Mama?«

»Was Fruchtiges! Gibt es hier einen entsprechenden Cocktail? In der Türkei hatte ich am liebsten den mit frischer Ananas, Orange und einem Schuss Rum. Marmara hieß der.«

Die Hermès-Taschen- und mutmaßliche Immobilieninvestoren-Gattin bekam eine Stirnfalte. Sicher fuhr sie nicht in die Türkei in Urlaub, sondern in die »Leading Hotels of the World«, nach Saint-Tropez oder Marbella oder wo der alternde Jetset mit Geld sonst noch so herumhing.

Was hatte die beiden Paare wohl nach Heiligenhafen verschlagen? Ein Yacht-Motorschaden? Die heimlichen Geliebten der zwei Männer?

»Den werden sie hier kaum haben, den Marmara-Cocktail, Mama«, antwortete ich. »Aber vielleicht einen Hugo, wie die Herrschaften hier?« Ich deutete auf die Getränke meiner Sitznachbarn.

»Sehr zu empfehlen«, sagte der angebliche Chefarzt galant und hielt das Glas in die Abendsonne. Sie sendete blitzend einen Abschiedsgruß, auch auf seinen kahlen Kopf.

»Was ist denn da drin?«, fragte meine Mutter den Galan und lächelte ihn erneut an.

Meine Güte, flirtete sie jetzt tatsächlich mit dem? Obwohl die Ehefrau ganz in der Nähe war?

Er öffnete den Mund, aber ich kam ihm zuvor.

»Prosecco, ein Schuss …«

»Nein«, unterbrach sie mich. »Lieber nur was mit Früchten.«

Ich griff nach der Cocktailkarte.

Der Herr schloss den Mund wieder und trank verlegen einen Schluck.

Leider erkannte ich in dem diffusen Abendlicht herzlich wenig auf der Karte. Ich wusste auch nur zu genau, warum. Seit ich kürzlich bei der Augenärztin gewesen war.

Ich reichte meiner Mutter die Cocktailkarte. »Sag mal, Mama, kannst du das lesen?«

Sie holte umständlich ihre Lesebrille aus der Strandtasche und setzte sie auf. »Natürlich!«

Eingehend studierte sie die Karte, dann gab sie sie mir zurück und sah mich besorgt an.

»Ist was mit deinen Augen?«

Ich schüttelte den Kopf. »Nein, nein. Ich bin nur weitsichtig, neuerdings.«

»Wirklich? Das geht aber früh bei dir los.«

»Ja, das gibt's«, mischte sich die Investorengattin ungefragt ein.

»Wieso, seit wann brauchst du denn diese Brille?«, fragte ich meine Mutter und tat so, als hätte ich den Kommentar aus unserer Lounge-Ecke überhört.

»Ach, da war ich weit über fünfzig. In deinem Alter hab ich noch wie ein Adler gesehen.«

»Schön für dich«, murmelte ich und seufzte.

Vor ein paar Monaten war mir das erste Mal aufgefallen, dass ich Speisekarten nur lesen konnte, wenn ich sie von mir weghielt. Die Sehkraft meiner Jugend, meines ganzen bisherigen Lebens war quasi über Nacht desertiert.

»Reine Stresserscheinung, das geht wieder vorbei«, hatte mich meine Freundin Melanie damals im Restaurant getröstet, als ich ihr mein Leid klagte.

Eine fromme Lüge. Die Augenärztin war weit weniger zartfühlend gewesen. Sie fuhr ihre Geräte auf, und während sie mir irgendwelches Zeug in die Augen tröpfelte, vernahm ich ihre unbarmherzige Diagnose: »Altersweitsichtig. Eindeutig.«

»Was, jetzt schon, mit gerade mal vierundvierzig?«, hatte ich mich empört.

»Kann in Ihrem Alter ganz schnell gehen.« Und als ich nach Luft schnappte, legte sie nach: »Ich verschreibe Ihnen am besten eine Gleitsichtbrille.«

Vor meinem inneren Auge sah ich eine Oma mit Halbmondbrille, an der eine goldene Kette baumelte.

Rasch verließ ich die Arztpraxis, verschlampte in Folge das Brillenrezept, ganz nach den Regeln Freudscher Fehlleistung und Verdrängung. Half aber nicht. Die Alterserscheinung war mir dicht auf den Fersen. Jetzt zum Beispiel.

»Dann lass dir doch eine Brille machen«, mahnte meine Mutter, und auch die beiden Damen neben uns nickten selbstgerecht. Nach dem Motto: »Jetzt hab dich nicht so, wir werden alle nicht jünger!«

Zögernd sagte ich: »Kann ich deine Brille mal haben?«

Meine Mutter nahm sie ab. Bisher hatte ich noch nie darauf geachtet, was für eine Art von Brille sie trug.

»Was schaust du denn?«

»Ob man an den Gläsern erkennen kann, dass es eine Gleit-sichtbrille ist.«

»Ach was, schon längst nicht mehr«, sagte meine Mutter und griff erneut zur Getränkekarte. Die Investorengattin schüttelte unmerklich den Kopf.

Jetzt erst fiel mir auf, dass auch sie eine Brille trug. Natürlich von Chanel.

Meine Mutter nahm mir ihre Kassenbrille wieder ab, linste in die Karte und sagte leicht vorwurfsvoll: »Aber hier gibt es doch Fruchtcocktails wie in der Türkei!«

»Alles mit Früchten ist ohne Alkohol, Mama.«

»Ein bisserl Prosecco darf aber schon drin sein!«

Ich stand auf.

»Ich werde fragen, ob sie dir einen Fruchtcocktail mit Schuss machen, zum Beispiel den hier, da ist Mango drin, Ananas, Orange. In Ordnung?«

»Ja, klingt gut.« Meine Mutter zog ihre Jacke enger um sich, weil Wind aufkam. Die Föhnfrisur der Chefarztgattin blieb da-von untangiert wie ein Wellenbrecher aus Beton.

Respekt!

»Bin gleich zurück«, sagte ich und ahnte noch nicht, wie schnell.

An der Bar gab ich meine Bestellung auf, anschließend griff ich in meine Jackentasche – und erschrak. Wo war mein Geld-beutel?

Ich suchte die Hosentaschen ab. Nichts.

»Moment«, sagte ich zum Barmann. »Bin sofort wieder da!«

Zurück bei meiner Mutter, die sich bereits angeregt mit dem Herrn, der Hugo trank, unterhielt, flüsterte ich ihr ins Ohr: »Sag mal, hast du Geld dabei? Ich finde mein Portemonnaie nicht.«

Meine Mutter fuhr mit dem Kopf herum, ihre Augen weiteten sich. »Hast du deinen Geldbeutel etwa mal wieder verloren?«

»Nein, bestimmt nur im Hotel vergessen.«

Ich beobachtete, wie der Barmann im Kühlschrank nach einem Orangensaft griff, um den Drink für meine Mutter zu mixen.

»Also, kannst du mir Geld leihen?«

Meine Mutter wühlte in ihrer Strandtasche. »Ich hab auch nur ein paar Euro mit, der Rest ist im Zimmer.«

»Scheiße!« Das Wort war mir herausgerutscht. »Ich kann doch hier nicht anschreiben lassen.«

Der Hugo-Trinker blickte amüsiert, man sah ihm an, dass er meine Mutter und mich gern auf den Cocktail eingeladen hätte. Tja. Meine Mutter hatte sich noch nie schwer damit getan, den Kavalier in einem Mann herauszukitzeln. Es lag ihr im Blut. Dabei war es ihr gar nicht wichtig, wie alt die Männer waren. Es ging ihr dabei mehr um den »Yes-I-can«-Effekt.

Vergangenes Jahr, auf dem Oktoberfest, hatte sie ein paar zwanzigjährige Italiener an unserem Tisch um den Finger gewickelt. Ihr Alter hatte sie völlig vergessen. Mir war das ein wenig peinlich gewesen, andererseits: Dieser Irrglaube, sich für jünger und besser aussehend zu halten, als man tatsächlich ist, kam mir durchaus vertraut vor. Das Talent zur Realitätsverweigerung hatte ich vermutlich ebenfalls von meiner Mutter geerbt.

Ab und an bin ich ziemlich fassungslos, wenn ich mich selbst auf Fotos betrachte: So tantig, dick und spießig sehe ich doch gar nicht aus! Meist habe ich ein völlig anderes inneres Bild von mir. An manchen Tagen liebäugele ich sogar mit der Vorstellung, Romy Schneider zu gleichen. Was natürlich an Größenwahn grenzt, aber solange ich mich gut dabei fühle, geht das ja nur mich selbst etwas an, oder etwa nicht?

Unser Sitznachbar schien immer noch zu überlegen, ob er uns einladen sollte, ließ es dann aber sein. Wer weiß, ob hinterher nicht ein Sturm in seiner Ehe aufziehen würde.

Es kam, wie es kommen musste: Wir gaben unsere schönen Plätze auf, verabschiedeten uns von den eleganten Herrschaften, und ich bestellte die Drinks wieder ab. Nur wenige Augenblicke später wurden unsere Plätze von zwei sehr hübschen und jungen

Blondinen eingenommen, der glatzköpfige Chefarzt und der Luxusimmobilien-Fuzzi strahlten nun wie die August-Mittagssonne an der Ostsee. Ich grinste.

Jetzt wünschten sich die Hermès- und Chanel-Ladys sicher, der vermeintliche Chefarzt hätte doch uns eingeladen, denn wir waren eindeutig eine verminderte Paarungskonkurrenz, verglichen mit diesem Aufgebot an Jugend und Sexyness. Leider sehe ich nämlich Romy Schneider eher kurz vor ihrem Dahinscheiden ähnlich, vor allem, wenn ich am Vortag einen über den Durst getrunken habe.

Durch den Sand stapfend, ärgerte ich mich ein wenig über mich selbst. Der perfekte Moment, und ich hatte ihn versaut.

Und meine Mutter.

Wieso hatte sie auch kein Geld dabei?

»Wir können doch was auf dem Balkon trinken«, schlug sie vor. Sie bedauerte unseren Abzug offenbar nicht. Am Ende war der Arzt nicht ihr Typ gewesen, und überhaupt flirtete sie wohl lieber offensiv, wenn keine Konkurrenz vorhanden war.

»Genau! Und auf den höchst unspektakulären See starren, der dann im Dunkeln liegt«, moserte ich, »während sich hier gerade die Sonne anschickt, mit einem spektakulären Naturschauspiel im Meer zu versinken.«

»Ah geh, morgen ist auch noch ein Tag. Jetzt sehen wir erst einmal nach, ob dein Geldbeutel auch wirklich im Hotel ist. Hoffentlich!«

Ja hoffentlich, sonst konnte ich mir wieder was anhören.

Meine Mutter hatte unsere Fahrräder erreicht.

Ich blieb stehen. Der Sonnenuntergang.

Dann eben ohne Sundowner.

»Määäädschi! Kommst du? Mir wird kalt!«

Vorbei.

Während meine Mutter noch kurz im Toilettenhäuschen in der Nähe der Strandbar verschwand, überlegte ich, woran man eigentlich merkt, dass man nicht mehr jung ist. Als meine Mutter ihren vierundvierzigsten Geburtstag feierte, kam sie mir weder sehr alt noch besonders jung vor. Sie feierte ihn nicht im Kreise von Freunden wie ich, sondern zu Hause mit meinem Vater. Damals wohnte ich noch zu Hause und büffelte fürs Abi den Zitronensäurezyklus. Manchmal waren meine Eltern zum Tanzen nach München in den Bayerischen Hof gefahren. Irgendwann, als ich längst studierte, hatte das aufgehört, und meine Mutter trat dem Theaterverein bei. Mein Vater mochte nicht mehr ausgehen, er bastelte lieber im Hobbykeller an alten Röhrenradios herum.

Ich dagegen fing zu jener Zeit an, mir in München die Nächte um die Ohren zu schlagen und mit Kommilitonen bis weit nach Mitternacht in Clubs zu gehen. In Unterschleißheim, einer Stadt nahe bei München, in der wir wohnten, gingen wir längst nicht mehr weg. Freizeitheimpartys und Billardspielen im Einkaufscenter waren was für die Jüngeren. Wir aßen dort nicht einmal mehr ein Eis. Es musste jetzt die Schwabinger Leopoldstraße sein, dort fühlten wir uns erwachsen, wenn wir in der Cocktailbar »Peaches« vor einem Coconut Kiss saßen. Aber auch das wurde uns bald zu kindisch, und wir wechselten nach gegenüber, in die verrauchte und legendäre Absturzkneipe »Schwabinger 7«.

Lange war das her. Machte mich diese Erkenntnis jetzt alt?, grübelte ich, während ich meinen Taschenspiegel aufklappte und im Licht der Straßenlaterne kritisch meine Augenfalten betrachtete.

War ich jetzt alt, weil mir zunehmend auffiel, dass Teile meines Körpers, anders als früher, wie quengelnde Kinder meine Aufmerksamkeit beanspruchten und es immer wieder Tage gab, an denen ich entweder das rechte Knie, meine Wirbelsäule oder meinen Nacken spürte und mich fragte: »Bleibt das jetzt so? Oder wird das alles noch schlimmer?«

Neulich hatte ich beim Shoppen in der Stadt sogar Schulterschmerzen bekommen vom Schleppen einer Abercrombie-&-Fitch-Einkaufstüte, dabei war die nicht einmal sonderlich schwer gewesen. In diesem Laden hatte mir sowieso kaum etwas gepasst, schließlich besaß ich nicht mehr die Körpermaße eines Teenagers.

Melanie und ich hatten die Katakomben des Ladens fast fluchtartig verlassen, und das aus einem einzigen Grund: Die Musik dort war uns eindeutig zu laut.

Du liebe Zeit, dachte ich jetzt. Wie sollte das erst in fünfundzwanzig Jahren werden, wenn ich so alt war wie meine Mutter heute? War ich nicht sogar, was das betraf, älter als meine eigene Mutter, die überhaupt nie über Rückenschmerzen klagte und ihr erstes Zahnimplantat erst mit achtundsechzig erhalten hatte, ich dagegen schon mit achtunddreißig? Und wieso gab es Leute, die zwanzig Jahre älter waren als ich und ohne große Probleme Alpengipfel erklommen? Bei der letzten Bergwanderung mit meinem Vater wäre ich fast kollabiert, während er locker bergauf strebte.

Wie sah meine Mutter sich selbst im Spiegel? Sie sah jünger aus und attraktiver als so manche gleichaltrige Frau. Sie war der Christiane-Hörbiger-Typ und hatte auch Ähnlichkeiten mit Brigitte Bardot, nur in einer jüngeren Ausgabe, denn die echte Bardot war ja zehn Jahre älter als meine Mutter.

Vielleicht, so überlegte ich weiter, ist man alt, wenn man denkt, man sieht jünger aus, als man ist, und kann noch super mithalten mit Dreißigjährigen, obwohl man nicht mal mehr deren bevorzugte Jeansmarke kennt. Vermutlich ist man auch alt, wenn die Verkäufer bei Abercrombie & Fitch, die kaum dem Teenageralter entwachsen sind, mit nachsichtigem Lächeln erklären, dass die Kasse leider oben im ersten Stock sei – und man sich unter Mobilisierung aller Kräfte hochschleppt, weil fünfzehn Minuten in diesem Laden so anstrengend sind wie ein dreitägiges Bootcamp bei den US-Marines.

Ganz sicher aber merkt man, dass man nicht mehr jung ist, wenn eine fünfundzwanzigjährige Zeitungspraktikantin über eine Interviewpartnerin wie Hannelore Elsner die Stirn runzelt und sagt: »Ist die nicht eher was für die *Apotheken Umschau*?«

Kurz vor dem Urlaub mit meiner Mutter war mir das im Büro passiert. Ich fragte die Praktikantin nach einer Sängerin meiner Generation: »Ist die für dich zu alt, um mit ihr ein Gespräch zu führen?« Ich ahnte, gleich würde sie eine Zahl nennen, von der mich selbst nur ein paar Jahre trennen. Und prompt antwortete die Praktikantin: »Na, die ist halt Ende vierzig, die würde mich nicht mehr interessieren.« Sollte ich die Fünfundzwanzigjährige aufklären, dass ich auch fast fünfundvierzig war? Ich verkniff es mir aber, weil sie es mir sicherlich ohnehin ansah. Allein schon an der Jeans, die ich trug, mit leicht ausgestelltem Bein. Eine Bootleg-Levis ist für Mittzwanzigerinnen bestimmt das Pedant zur Cordhose meines modisch verunglückten Erdkundelehrers. Mein Outfit wirkte auf Jüngere wahrscheinlich längst so befremdlich wie auf uns Teenager damals der Faltenrock von Frau Tschöpp, unserer Französischlehrerin, die tatsächlich eine Mireille-Mathieu-Frisur getragen hatte und damit jenseitig erschienen war. Damals waren wir überzeugt: Diese Frau war nie jung gewesen.

Die Verkäuferin in einem Jeansladen, den ich mit zwanzig gern besucht hatte und den ich seitdem frequentierte, klärte mich kürzlich auf, dass ein »Bootcut« nun aber wirklich von vorvorgestern sei – ich hatte danach verlangt –, und vielleicht noch bei C&A in Landshut, also in Niederbayern, zu finden sei, wenn überhaupt. Jetzt heiße ein ausgestelltes Hosenbein »Flair Leg«.

Verstimmt war ich abgezogen, ohne etwas zu kaufen, um mich dann in einer Boutique von Gerry Weber wiederzufinden, was aber Melanie wenig später mit dem Satz: »Na, da ist es aber nicht mehr weit zu Hosen mit Gummizug!« kommentierte. Sie legte mir dann nahe, mit ihr Abercrombie & Fitch aufzusuchen, quasi als Anti-Aging-Maßnahme.

Wieso, dachte ich jetzt auf einmal, liebäugle ich eigentlich nur verstohlen mit Braxx-Feel-Good-Hosen, so, wie ich als Teenager heimlich Campari getrunken hatte? Allerdings waren damals wenigstens meine besten Freundinnen mit von der Partie gewesen. Heute aber sabotierten sie mich. Immer wenn ich mit bequemen Outfits aufkreuze, werde ich zurückgepfiffen. Sie meckern dann wie früher meine Eltern, wenn ich mit einer Alkoholfahne nach Hause kam. Außerdem betonen sie sofort eifrig, dass sie echte In-Jeans tragen würden – und zwar ohne Stretch-Anteil.

Kaum mache ich ein paar Gehversuche in komfortablen Schuhen mit Fußbett, weil ich von den vermaledeiten Chucks mittlerweile ab und an Hüftschmerzen bekomme, sind sie empört, statt meine Einsicht und Weisheit zu preisen.

Ich brauchte mich gar nicht über meine Mutter zu echauffieren, wenn sie mir manchmal etwas schrullig erscheint. Hoffe ich doch selbst inständig, die Modemacher würden endlich meine weite Lieblingsjeans wiederentdecken, statt mich in der siebten Saison in Folge mit »Skinny Jeans« zu nerven (und mit lauter Musik in Concept-Stores).

Auch bei Dessous mache ich längst einen Bogen um die hippen Wäschegeschäfte. Stattdessen bevorzuge ich die Unterwäscheabteilung im Kaufhof. Falls sie dort überhaupt Musik spielen, dann meist kaum hörbar und wenigstens so etwas wie »Like A Virgin« von Madonna. Als ich den Song vernahm, wippte ich ein bisschen mit, während ich nach ein paar Pantys stöberte, nur um auf einmal festzustellen, dass alle Kundinnen, die dort nach Unterwäsche Ausschau hielten, in den Sechzigern und älter waren. Ich kaufte etwas verschämt meine Lieblingsmarke, deren Slips so robust sind, dass sie einen Atomkrieg locker überstehen, und deren Schnitt sich seit zwanzig Jahren nicht verändert hat.

Ich könnte jetzt natürlich sagen: Macht doch nichts, älter zu werden. Aber das wäre eine glatte Lüge. Ich hätte lieber die Haut einer Zwanzigjährigen, vor allem nach einer durchzechten Nacht.

Und überhaupt, jetzt musste auch ich auf die Toilette.

Der Waschraum war voller Spiegel, meine Mutter reinigte sich dort gerade die Hände. Im Neonlicht entdeckte ich eine tiefe Falte um meinen Mund, die mir völlig neu war. Ich starrte sie an und wusste sofort: Die würde ich von nun an immer sehen, da half kein Hyaluron der Welt.

Als wir wieder ins Freie traten, fragte ich meine Mutter: »Sag mal, wann hast du bemerkt, also, wann ist dir das erste Mal aufgefallen, dass du nicht mehr ganz jung bist?«

Wir schoben die Räder nebeneinanderher.

»An meinem dreißigsten Geburtstag. Da musste ich sogar weinen, weil mir klar wurde, die Zwanziger sind vorbei. Damals galt man mit dreißig als alt. Du hast mir an dem Tag Blumen geschenkt …«

»… und ich habe Vati gefragt, warum du so traurig bist.« Das erinnerte ich noch. Damals hatte ich nicht verstanden, warum meine Mutter weinte. Ich dagegen hatte mich mit dreißig noch nicht richtig erwachsen gefühlt, und dieser Irrtum hielt sogar weitere Jahre an. Ich meine, wer hätte früher mit über vierzig Kapuzenpullis getragen?

»Und schaut man irgendwann in den Spiegel«, fuhr ich fort, »und merkt völlig überrascht: Jetzt bin ich alt. Kommt so ein Tag?«

»Nein, jedenfalls war es bei mir nicht so. Aber in den letzten fünf Jahren habe ich ab und zu gedacht: der faltige Hals! Wie ein Truthahn. Aber ich fühle mich gut, und ich bin fröhlich – das ist das Wichtigste. Nur mein Hals, also, wenn das nicht wäre! Ich habe ja nicht einmal Krähenfüße um die Augen. Schau!«

Tatsächlich. Ich sah sie genau an. Das hatte ich schon lange nicht mehr gemacht. Tatsächlich hatte sie sehr wenige Falten im Gesicht.

Und bei welchem Kleidungsstil bleiben wir eigentlich irgendwann hängen, grübelte ich jetzt vor mich hin. Werde ich mich in Zukunft ewiglich wie eine Fünfunddreißigjährige kleiden und noch im Abercrombie-Kapuzenjäckchen im Altersheim einchecken? Oder sollte ich nicht endlich durchgreifen und mich tapfer als Gerry-Weber-Kundin outen, als Anhängerin bequemer Hosen mit viel Stretch-Anteil, vor allem im Bundbereich? Statt später zu behaupten, ich hätte sie über Zalando bestellt? Das ist doch unwürdig.

Wir stiegen nun auf unsere Fahrräder. Noch fünfundzwanzig Jahre trennten mich vom jetzigen Alter meiner Mutter. War das viel oder wenig?

Ich genoss den kühlen Abendwind auf der Haut. Die Sonne war längst im Meer versunken. Es ist höchste Zeit, beschloss ich, Haltung zu zeigen. Dann entdeckte ich einen hellen Stern am Himmel.

»Sieh mal, Mama, der Abendstern.«

»O ja, wie schön. Hoffentlich kann man ihn auch vom Balkon aus betrachten.« Eifrig trat sie in die Pedale.

Ich ließ mich ein wenig zurückfallen und dachte: Wäre es nicht viel besser, dem Älterwerden freundlich entgegenzugehen, es sogar mit offenen Armen zu empfangen, statt wegzulaufen?

Mit diesen Gedanken waren wir vor unserem Hotel angekommen. Ich schloss unsere Räder ab, meine Mutter war schon vorgegangen, wahrscheinlich, um unsere kleine Privatparty vorzubereiten.

Die Sterne funkelten über dem Binnensee, und ich öffnete eine Flasche Prosecco. Offenbar hatte meine Mutter sie gestern schon besorgt, aber erst heute heimlich in den Kühlschrank gestellt. Ich lächelte. Sie dachte einfach an alles.

Der Korken flog in hohem Bogen in den Schilfgürtel am See. Hoffentlich hatte ich keine Ente abgeschossen. Aber bis auf das leise Quaken, das ab und an zu hören war, blieb alles still.

»Prost«, sagte meine Mutter.

»Auf unseren Urlaub!«

»Stell den Korken auf die Flasche, sonst raucht das aus.«

»Ach, Mama, wir trinken den Prosecco doch eh aus.«

»Trotzdem!«

Wir lehnten uns an die Brüstung und schwiegen. Seltsam. Das taten wir sonst fast nie. Meist redete meine Mutter. Jetzt war mir das aber auch nicht recht, dass sie so still war.

Ich legte ihr den Arm um die Schultern und sagte: »Aufs Älter-werden!«

Sie verharrte kurz, dann warf sie mir einen Blick zu, als würde sie über etwas nachdenken. Schließlich leerte sie rasch das Glas und schenkte sich sofort nach.

»Noch älter? Bloß nicht! Alt werden ist scheiße!« Übermütig schwenkte sie die Flasche.

Ich spürte, wie auch mir der Prosecco in den Kopf stieg.

»Ich bin überhaupt nicht einverstanden mit dem Altwerden«, rief sie zum See hinüber.

»Das ist ein Statement.«

Ich musste an eine Szene aus dem Film *Evita* denken, in dem Madonna Eva Perón spielt, die ehemalige argentinische First Lady. Sie steht auf dem Balkon und singt irgendwas von »It won't be easy …« Das hier war zwar nicht halb so glamourös, gefiel mir aber viel besser. Ich kicherte.

Wann werde ich wohl so angeheitert auf einem Balkon stehen und lautstark meinen Protest gegen das Älterwerden herausrufen, wohl wissend, dass es vergeblich ist?

Meine Mutter trank das zweite Glas in einem Zug aus.

»Nächstes Jahr werde ich siebzig, und das finde ich überhaupt nicht schön.«

Eine Balkontür unter uns wurde zugeworfen. Demonstrativ. Vielleicht das Ehepaar ohne Leselampe.

»Aber du hast doch eine prima Figur«, sagte ich und verkniff mir das verräterische Wörtchen »noch«.

»Ohne jede Diät«, antwortete meine Mutter.

Genau wie ich hielt sie von Diäten gar nichts, obwohl ich mit fünfundzwanzig einmal die *Brigitte*-Diät versucht hatte. Meine Mutter hatte das nie gebraucht. Sie hatte immer eine sehr gute Figur gehabt, und ich erinnerte mich, wie sie damit einmal eine Nachbarin mundtot gemacht hatte, die mit dem Klavierunter-richt ihrer Töchter und ihrem angeheirateten Doktortitel ange-geben hatte. Frau Walzel hatte erkennbar nicht nur unter Selbst-wert-, sondern auch an Gewichtsproblemen gelitten. Meine

Mutter hatte sich die Lobeshymnen auf deren Wunderkinder eine Weile angehört und dabei in aller Seelenruhe ein zweites Tortenstück gegessen.

»Na, Sie langen aber zu«, hatte die Nachbarin plötzlich moniert.

Meine Mutter hatte genüsslich weitergekaut. Als sie fertig war, hatte sie ihren berühmten Satz abgefeuert: »Wissen Sie, ich kann essen, was ich will, ich nehme einfach nicht zu.« Frau Walzel war anzusehen gewesen, dass sie meine Mutter liebend gern gesteinigt hätte.

»In den Wechseljahren habe ich zwar ein bisschen zugenommen. Aber wirklich nur ein bisschen. Ist besser für das Gesicht. Füllt Falten.« Jetzt kicherte sie.

Ich blickte zum Himmel und sah zum Sternbild des Schützen, danach goss ich meiner Mutter und mir abermals das Glas voll, randvoll.

Wir stießen erneut an.

»Ich will noch viel erleben und ein paar Reisen machen«, erklärte meine Mutter. »Die Zeit, die kommt nicht wieder, und auf einmal, da ist es zu spät.«

»Recht hast du, Mama.«

Wir tranken unsere Gläser leer. Meine Mutter trat erneut an die Brüstung und sagte: »So ein schöner Abend.« Kurz danach: »Ich spüle noch die Gläser ab, dann gehen wir schlafen.«

Ich blieb auf dem Balkon sitzen, hörte zu, wie der Wasserhahn rauschte, erst in der Küche, dann im Bad. Ich sah in die Nacht hinaus. Jetzt zog die eine oder andere Wolke vorbei und verdeckte zeitweilig die Sterne, dann gab sie die wieder frei wie ein Zauberkünstler.

Allmählich verfärbte sich der Himmel schwarzbläulich, und ich dachte: Meine Mutter hat schon mehr erkannt als ich. Man sollte möglichst bald das tun, was man unbedingt erleben wollte. Nur, was war das? Mir fiel eine Szene aus der britischen TV-Serie *Miranda* ein. Die Komödien-Titelheldin überlegt, was sie bisher verpasst hat: Sie hatte noch nie verliebt in Paris im

Sommerregen an der Seine barfuß getanzt, nie unter einem tropischen Wasserfall gebadet. Das konnte es jetzt aber auch nicht sein.

Ich folgte meiner Mutter ins Zimmer. Sie lag schon gemütlich im Bett. Ich setzte mich auf das Sofa. »Bist du denn zufrieden mit deinem Leben, oder tut es dir leid, dass du irgendwas nicht getan hast, Mama?«, fragte ich.

Sie überlegte eine Weile. Dann antwortete sie: »Ich habe alles erreicht, was ich wollte. Eine Familie, die sich versteht und zusammenhält. Das war für mich das Wichtigste. Und was ist mit dir?«

»Wie meinst du das?«

»Na, bist du denn zufrieden mit deinem Leben?«

»Im Grunde schon. Gut, es könnte vielleicht ab und zu etwas aufregender sein, aber eigentlich gefällt es mir.« Mir fiel Melanie ein. Sie hatte erst kürzlich, als wir mit ihrem Hund im Englischen Garten unterwegs waren, gesagt: »Manchmal habe ich das Gefühl, mir könnte jeden Moment ein Ziegelstein auf den Kopf fallen, einfach, weil es mir so unverschämt gut geht.«

Wir mussten beide lachen, ich hatte manchmal ein ähnliches Empfinden.

»Ich meine, ein paar Dinge würde ich schon gern mal erleben«, fuhr ich fort. »Zum Beispiel Tee pflücken an den Hängen des Himalaya. Oder mit Indianern am Amazonas fischen. Kühe melken bei den Massai oder Brot backen bei den Tuareg in der Wüste.«

»Du liebe Güte, wo du doch sonst kaum was im Haushalt machst«, warf meine Mutter ein.

Ich grinste. »Ehrlich gesagt, möchte ich das alles auch höchstens nur ein paar Stunden tun und dann auf dem Rücken liegen und die schneebedeckte Gipfel betrachten oder einen Sternenhimmel über der Wüste. Und am liebsten würde ich mit dem Fahrrad durch Persien fahren.«

»Um Himmels willen!«, rief meine Mutter.

Ich erhob mich aus dem Sofa und ging in Richtung meines Zimmers. In der Tür zögerte ich und drehte mich noch einmal um.

»Hast du dich je geweigert, dir einzugestehen, dass etwas ein für alle Mal vorbei ist und nie wiederkommt?«

»Nein. Bis auf die Sache mit der straffen Haut. Auf die Falten könnte ich wirklich gut verzichten.«

Das fand ich gut. Vielleicht konnte sich die Generation meiner Mutter besser abfinden mit dem, was im Alter auf sie zukam. Vielleicht waren die, die ihr angehörten, noch wirklich erwachsen geworden, statt in der Dauerpubertät zu leben, wie ich es heute bei Gleichaltrigen feststellen kann. Womöglich erfolgte es aber auch ganz von selbst, dass man sich mit dem Älterwerden und Schrullig-Sein abfand. Zwar strich ich mir in einer Fernsehzeitschrift noch keine TV-Sendungen mit einem Leuchtmarker an wie meine Mutter. Aber ich richtete die Abendgestaltung mittlerweile verdächtig häufig nach dem TV-Programm aus, manchmal sogar am Samstagabend – und bei meinen Freundinnen war es nicht viel anders. Als ich vor einigen Monaten einen neuen Fernseher brauchte, sagte der Verkäufer: »In Ihrem Alter geht man ja nicht mehr auf Partys, da ist so ein Full-HD-Bildschirm eine tolle Sache.« Ich hatte blöd aus der Wäsche geschaut und erklärt, dass ich sehr wohl noch auf Partys ginge. Doch sein zweifelnder Blick sagte alles, und im Grunde hatte er verdammt recht gehabt.

Ich ertappe mich auch zunehmend dabei, Sätze zu wiederholen und oft geäußerte Ansichten zu predigen.

»Gute Nacht, Mama«, sagte ich.

»Gute Nacht, träum was Schönes.«

»Du auch.«

In meinem Zimmer zog ich mir ächzend die Schuhe aus. Gelenkiger war ich auch schon gewesen.

Ich saß auf dem Bett und verfolgte den Gedanken, wie starrsinnig ich bereits war. Gab ich denn überhaupt etwas Neues von mir? Wie offen war ich? Hatte ich nicht längst eine vorgefertigte Meinung zu allem und jedem? Wahrscheinlich kannten Freunde mein Standardrepertoire in- und auswendig, und richtig, in letzter

Zeit hatten sie öfter gesagt: »Mensch, Edith, das hast du uns schon erzählt!« Wobei mir aufgefallen war, dass sie ebenfalls einiges wiederholten. Wann hatte das angefangen?

Als ich mich ins Bett fallen ließ, warf ich eines der Zierdekissen auf den Boden. Wenn das meine Mutter sehen würde! Ich grinste und machte es mir bequem in meinem eigenen Bett. Juhu!

Dann sah ich nachdenklich an die Decke. Meine Mutter vergaß immer wieder Sätze, die sie vor ein paar Minuten gesagt hatte und kaum abgewandelt erneut von sich gab. Es fiel ihr kaum auf. Mir dagegen seit unserem gemeinsamen Urlaub umso mehr. Tat sie es, weil sie das Gefühl hatte, dass ich ihr nicht richtig zuhörte? Oder war es ein Grund, sich Sorgen zu machen?

Und was wusste ich noch alles nicht über meine Mutter?

Ich will unbedingt noch mehr über dich erfahren, Mami, dachte ich, schlief ein und träumte, ich wäre neunzig Jahre alt und damit zufrieden.

Tag 3 – Montag

»Ich war froh, als ich von zu Hause wegkam!«
Meine Mutter ruft ihre Mutter an und ist, wie immer,
hinterher mit den Nerven fertig. Über Verletzungen,
die von Generation zu Generation weitergegeben
werden, und wie dieses Erbe unsere Beziehungen
beeinflusst. Und warum es so wichtig ist, mehr
darüber herauszufinden, wie die eigene Mutter
aufgewachsen ist.

Erst gegen zehn radelten wir am Morgen in den Fischerei-
hafen, weil ich die Schlüssel für die Fahrradschlösser eine
Dreiviertelstunde lang suchte und dann unter meinem Kopfkis-
sen fand. Mir war schleierhaft, wie sie dort hingekommen waren. Meine Mutter kommentierte meine Vergesslichkeit mit der
unumstößlichen Weisheit: »Wenn du die Schlüssel immer an die
gleiche Stelle legst, dann findest du sie auch. Jeder Gegenstand
hat ein Zuhause.«

Nachdem das gesagt war, fuhren wir los. Ich hatte meine
Mutter überredet, im Hafen zu frühstücken und nicht auf dem
Balkon. Wegen der Atmosphäre. Anschließend wollten wir mit
dem Auto auf die Insel Fehmarn und meine Tante Lotte besuchen.
Sie war Onkel Heinrichs jüngere Tochter und hatte uns zum
Kaffee eingeladen. Meine Mutter hatte nach dem Aufstehen
endlich mit Onkel Heinrich telefoniert, und Tante Lotte war ge-
rade bei ihm gewesen, um zwei Makrelen abzuholen, die er am
Vortag in Heiligenhafen frisch für sie gekauft hatte.

Mein Onkel hatte schließlich – nachdem auch sie sich verabredet hatten – das Telefon an Tante Lotte weitergereicht, und die beiden unterhielten sich wie alte Bekannte, obwohl sie sich ebenfalls viele Jahre nicht mehr gesehen hatten. Ich dagegen wusste nicht viel von dieser Tante, nur dass sie vor etlichen Jahren, als Teenager noch, bei einem Besuch der norddeutschen Verwandtschaft in Tirol meiner Mutter einmal »einen Verehrer abspenstig« gemacht hatte. Sie war ein Jahr jünger als meine Mutter und mit ihr im Elternhaus meines Großvaters in Heiligenhafen aufgewachsen. Sie blieb mit ihrem Vater, Onkel Heinrich und seiner Frau in Heiligenhafen, während meine Mutter mit ihren Eltern nach Hall in Tirol zog, die Geburtsstadt meiner Großmutter. Der Vater meiner Mutter hatte in Österreich nach dem Krieg Arbeit gefunden, im Straßenbau. Er fuhr eine Teermaschine. Der Geruch von Öl und Teer erinnert meine Mutter bis heute an ihn. Sie verabscheut diesen Geruch, und ich hatte früher ihre Nerven strapaziert, wenn ich den Ölwechsel meines Motorrads auf unserer Reihenhausterrasse gemacht hatte, natürlich nie, ohne ein paar Flecken zu hinterlassen.

An diesem Montagvormittag verkauften Fischer ihre über Nacht gefangenen Schollen vom Boot aus. Auf den Holzbänken vor dem Hafenrestaurant saßen ein paar Touristen in der Morgensonne. Die hing hell am Horizont und leuchtete die Szene aus wie ein Filmscheinwerfer. Wir hatten das Lokal fast für uns allein, denn die Wochenendausflügler aus Hamburg und Schleswig-Holstein waren bereits gestern Nachmittag abgerückt.

Mit zwei Tassen Kaffee, einem Butterhörnchen für meine Mutter und einem Backfischbrötchen mit Remoulade für mich ließ ich mich auf die Bank nieder und blinzelte in die Sonne wie eine träge Katze.

Es war ein friedlicher Morgen, aber nur für mich.

Meine Mutter hatte sich noch nicht gesetzt. Ihr Kaffee dampfte neben meinem, sie stand noch am Pier und telefonierte mit ihrer

Mutter. Mit meinem Handy. Sie hatte sie nicht, wie sonst immer, am Sonntagmorgen angerufen.

»Den ersten Urlaubstag lasse ich mir nicht von meiner Mutter verderben«, hatte sie gestern mehrmals verkündet, um ihre Entscheidung des Nicht-Telefonierens zu rechtfertigen. Mehr vor sich selbst, denn mir war es herzlich egal, ob sie meine Großmutter nun anrief oder nicht. Ich ahnte, dass sie mit der wiederholten Erklärung versuchte, sich zu beruhigen, weil sie ein schlechtes Gewissen hatte. Vor allem aber fürchtete sie sich vor der Reaktion ihrer Mutter, weil sie den Anruf versäumt hatte. Als wäre sie ein ungezogenes Kind. Und das, obwohl meine Mutter fast siebzig war. Darüber konnte ich nur den Kopf schütteln. Gut, auch ich verwandelte mich manchmal in ein Kind zurück, oder zumindest in einen Teenager. Etwa, wenn meine Mutter mich besuchte und entsetzt die Hände vor meinem Kleiderschrank zusammenschlug, in dem T-Shirts, Blusen und Hosen wild durcheinanderlagen wie volltrunkene Gäste nach einer Kneipenschlägerei. »Also, in deinem Alter bügelt man die Blusen doch und hängt Hosen auf Bügel!«

»Ich hab doch fast nur Jeans, Mama«, pflegte ich dann zu antworten, weil ich darauf spekulierte, dass sie das heillose Durcheinander in meinem Kleiderschrank vergaß, um ihre Ansichten über Jeans kundzutun. Meine Mutter war keine der Frauen, die Jeans trugen, um sich ihren Töchtern anzupassen. Ich wusste das sehr zu schätzen, denn mir sind solche familiären Mode-Symbiosen nicht ganz geheuer. Da war es mir lieber, wenn meine Mutter jedes Mal, wenn sie bei mir war, meine Wohnung so kommentierte wie früher mein chaotisches Kinderzimmer.

Meine Mutter dagegen musste sich von ihrer Mutter ganz anderes anhören. Ich glaube, in den Augen meiner Großmutter hatte sie es bis heute noch nicht einmal bis zum Teenager gebracht. Sie sprach oft mit ihr wie mit einem schwer erziehbaren Kind, dabei war sie selbst höchst ungezogen. Auch jetzt bekam meine Mutter gerade, wie sie es nannte, »den Wind von vorn«.

Ich sah an ihrer Körperhaltung, dass meine Großmutter ziemlich schlechte Laune haben musste. Meine Mutter krümmte sich unwillkürlich ein wenig, als erwarte sie Schläge.

»In Heiligenhafen sind wir!«

»Mama …«, rief ich und fütterte mit Brötchenkrümeln ein paar Tauben. »Mama, es ist ein Handygespräch ins Ausland!«

Sie hatte absichtlich mein Handy benutzt und nicht eine Telefonzelle aufgesucht, quasi als Alibi, um das Gespräch kurz zu halten. Doch meine neunundachtzigjährige Großmutter kümmerte das herzlich wenig und spulte ungerührt ihr Lamento ab.

Mit Sicherheit befand sie sich in ihrem Zimmer in einem Altenheim am Fuße des Karwendelgebirges und gab die Furie. Ich musste gar nicht hören, was sie sagte, denn ich vernahm am bemühten Verteidigungston und den vergeblichen Beschwichtigungsversuchen, dass sie meine Mutter gerade mit Vorwürfen überschüttete, emotionale Granaten auf sie abfeuerte. Gäbe es ein Gesetz gegen die seelische Erpressung von Müttern bei ihren erwachsenen Töchtern: Oma wäre längst vor Gericht gelandet.

Bestimmt sagte sie gerade: »Warum hast du mich nicht mitgenommen nach Heiligenhafen? Ich wäre gern noch einmal am Meer gewesen, bevor ich sterbe. Du hockst ja nicht mutterseelenallein und blind im Altenheim!«

Sie übertrieb wie so meist schamlos. Sie sah zwar immer schlechter, sie war aber noch keineswegs erblindet. Bei unserem letzten Besuch verriet sie sich dadurch, dass sie sehr wohl ein Loch in meinem T-Shirt registriert hatte. Außerdem war sie alles andere als mutterseelenallein. Sie hatte sogar noch eine neue Freundin im Pflegeheim gefunden, was ich bewundernswert fand, und sie war, so wusste ich von einer Pflegerin, bei allen dort ausgesprochen beliebt als witzige und feine ältere Dame.

Von Einsamkeit konnte also gar keine Rede sein. Schon deshalb nicht, weil der jüngere Bruder meiner Mutter ganz in der Nähe des Heims lebt und sie jeden Morgen besucht. Was Paul aber auch nicht rettete: Sie hatte ihn erst kürzlich nach allen Regeln der Kunst wie einen kleinen Schuljungen heruntergeputzt, weil er, so fand meine Großmutter, zu wenig Bioprodukte einkaufe. Darauf legte sie großen Wert, obwohl sie die Grünen nicht leiden konnte und als »Ökofaschisten« bezeichnete. Man konnte bei ihr auch von keiner trauernden Witwe sprechen, so betonte sie nämlich gern und oft, dass sie froh sei, meinen Opa (»diesen Sozi!«) um mittlerweile zehn Jahre überlebt zu haben. Die Ehe meiner Großeltern war alles andere als harmonisch gewesen.

Meine Großmutter hatte, seit ich denken konnte, immer zwei Gesichter: In der Öffentlichkeit war sie ausgesprochen charmant und witzig, wirkte äußerst bescheiden und friedlich. Bei ihrem Sohn Paul und meiner Mutter aber verwandelte sie sich abwechselnd, je nach Stimmung, in die bemitleidenswerte, gebrechliche alte Frau oder in eine kämpferische Gouvernante. Ihr gelang sogar ab und zu das Kunststück, beides zu vereinen. Nur meine Tante Gabi, die jüngere Schwester meiner Mutter, war von ihr geradezu hofiert worden. Doch Tante Gabi war vor ein paar Jahren gestorben. Meine Großmutter hätte glücklich sein können, dass meine Mutter, ihre älteste Tochter, noch lebte, und sie war es wohl auch. Allerdings nur, weil sie ihr prima den Tag verderben konnte. Jeder Satz konnte eine Totaleskalation auslösen. Meine Mutter wusste nur nie, welcher. Eine belanglose Bemerkung über das Wetter, mit der sie die Furie versöhnlich stimmen wollte, bewirkte häufig genau das Gegenteil.

In meiner Gegenwart sprach meine Großmutter selten in dieser unberechenbaren und zurechtweisenden Weise, aber ich wusste von meiner Mutter, was sie sich anzuhören hatte: »Kannst du nur über das Wetter reden? Hast du sonst nichts im Kopf? Kein Wunder, wenn du durch diesen billigen Schund, diese Illustrierten verblödest!« Früher hatte sie die *Bravo* vor den Augen meiner Mutter in Stücke gerissen. Vielleicht war meine Mutter deshalb heute so versessen auf Magazine.

Meine Großmutter verachtete als Buchliebhaberin nicht nur Zeitschriften, sondern anscheinend auch ihre eigene Tochter – jedenfalls machte sie es meiner Mutter alles andere als einfach.

Die ging gerade mit dem Handy auf und ab, gestikulierte aufgeregt, als könne sie so ein Gespenst abwehren. Sie tat mir leid. Wie nur konnte ich meine Großmutter stoppen, die sich oft ähnlich angriffslustig benahm wie eine ausgesprochen übellaunige Hauskatze, die jemand gegen den Strich streichelte? Gab es eine Möglichkeit? Und wenn ja, welche? Selbst ein Mediator würde zweifellos resignieren. Wahrscheinlich bräuchte man für meine Großmutter eher einen dieser Experten, die mit Terroristen verhandeln.

Meine Mutter würde wohl erst zur Ruhe kommen, wenn ihre Mutter endlich einsehen würde, dass ihre Tochter nichts weiter will, als endlich Frieden schließen. Und es wäre schön, wenn Oma ihr ein liebes Wort sagen würde. Wenigstens ein einziges Mal. Ich hielt das allerdings für höchst unwahrscheinlich, ich fürchte, nicht einmal auf dem Sterbebett würde sie sich dazu hinreißen lassen.

Bei mir veranstaltete sie das Theater nie, oder es gab ihr einfach nichts. Vielleicht, weil sie spürte, dass ich sie durchschauen und zur Rede stellen würde. Ich wusste, dass sie ab und an hinter meinem Rücken über mich herzog und mir Jugendsünden, zum Beispiel meine »aufsässige Lederjackenphase«, nachtrug. Ansonsten aber freute sie sich über meine Besuche, und wir verstanden uns gut.

Meine Haltung zu meiner Großmutter war sehr ambivalent. Ich mochte sie, und in den letzten Jahren war ich zunehmend fasziniert von ihrem Witz, ihrer pointierten Wortwahl und genauen Menschenbeobachtung. Ich fand es schade, dass wir uns nicht viel öfter ausgiebiger unterhalten hatten, als sie noch besser hörte. Mit ihrer Raffinesse war es ihr aber sogar schon gelungen, mich auf ihre Seite zu ziehen, wenn auch nur kurz. Manchmal konnte ich sogar ein wenig ungeduldig mit meiner Mutter werden, wenn wir Oma im Altenheim besuchten. Einmal hatte ich ihr beigepflichtet, dass Mutter ganz schön fahrig war, obwohl ich genau wusste, dass meine Großmutter sie so nervös machte. Meist aber verteidigte ich meine Mutter und freute mich dann insgeheim, wenn meine Großmutter sich darüber ärgerte. Wenn es mir gelungen war, das Böse zu bändigen.

Meine Mutter kam nun an den sonnenbeschienenen Tisch vor dem Hafenlokal.

»Die Edith redet jetzt noch mit dir, Mama!« Sie reichte mir das Handy mit einem Seufzen. »Sag auch noch ein paar Takte zur Oma.«

Ich nahm das Handy, und meine Großmutter verwandelte sich augenblicklich vom unerträglichen Drachen in eine ironische ältere Dame.

»Gefällt's dir bei den Piefkes?«, fragte sie. »Bei diesen norddeutschen Putz-Zusseln mit ihrem ewigen Großreinemachen? Die kamen früher immer vier Mann hoch nach Tirol und haben mir die Haare vom Kopf gefressen. Rund um die Uhr stand ich in der Küche und schälte Erdäpfel, als müsste ich die sechste Armee versorgen.«

Ich lachte. Wie ich selbst war meine Großmutter nicht die Ordentlichste, und sie mokierte sich gern über Menschen, die alles blitzblank wienerten.

Meine Mutter ließ sich auf die Bank fallen, mit einem Stöhnen, in dem ihre Kränkung herauszuhören war. Meiner Großmutter war es mal wieder gelungen, ihr gründlich die Stimmung zu vermiesen.

Ich erzählte ihr, dass ich gerade *Hans und Heinz Kirch* läse, die Novelle von Theodor Fontane spiele nämlich in Heiligenhafen. Der Dichter habe sogar zeitweilig im Nebenhaus meiner Urgroßeltern gewohnt. Das gefiel meiner Großmutter. Obwohl sie als Haushälterin geschuftet und drei Kinder großgezogen hatte, war sie sehr belesen. Neuerdings aber fing sie am Telefon an, ellenlange Gedichte aufzusagen, perfekt betont und fehlerfrei. Als sie jetzt wieder mit einem Gedicht loslegen wollte, täuschte ich einen leeren Akku vor und sagte: »Oma! Jetzt müssen wir leider aufhören!«

Sie moserte: »Warum ruft ihr nicht vom Festnetz an, aber ich weiß schon, lieber hungern die Leute heutzutage eine Woche, als einmal auf ihr verdammtes Handy zu verzichten.« Sie sprach »Handy« wie »Häändi« aus. Ich gab ihr recht, verabschiedete mich dann aber bestimmt. Ganz leicht war mir das nicht gefallen, weil ich ihr angemerkt hatte, dass sie gern noch länger mit mir telefoniert hätte.

Meine Mutter saß mit gesenktem Kopf in der Sonne.

»Jetzt hast du es für diese Woche hinter dir.« Ich versuchte, sie zu trösten. Erst zögerte ich, denn ich bin bei spontanen Berührungen häufig eher unbeholfen, doch dann legte ich ungelenk die Hand auf ihre Schulter. »Du hast es wirklich nicht leicht mit deiner Mutter.«

»Sie hat mir meine ganze Kindheit versaut«, antwortete meine Mutter verärgert. »Nichts gab es!« Sie wurde lauter, wie immer, wenn sie über ihre Kindheit sprach. »Kein einziges Lob, keine Zärtlichkeit. Ich war nur das Aschenputtel. Schon wenn das Bett nicht richtig gemacht war, setzte es eine. Je älter ich werde, desto wütender werde ich. Und desto schlimmer werden die Erinnerungen an damals.«

Ich horchte auf. Was alles in ihr hochkam, wenn sie mit ihrer Mutter redete, darüber hatte sie bisher noch nie mit mir gesprochen. Das musste anders werden. Vielleicht half es ihr ein wenig. Hinter ihrer Wut musste sich ein unglaublicher Schmerz verbergen. Aber über diese Dinge konnten wir später noch reden, jetzt wollte ich erst einmal, dass sie sich wieder beruhigte und wir den Tag genossen.

»Komm, ich hol uns noch was. Einen frischen Kaffee?«

»Ach nein, ich kann den alten noch trinken. Aber vielleicht einen Fruchtsaft?«

Etwas bedrückt begab ich mich zur Theke. Gab es jetzt noch, so spät im Leben, eine Möglichkeit, die zerstörerische Dynamik zwischen meiner Mutter und ihrer Mutter aufzulösen? Und wie wichtig wäre es für meine Mutter, ihrer Mutter einmal wirklich Paroli zu bieten? Würde sie das befreien oder womöglich nur tiefer in Schuldgefühle verstricken? War es am Ende vielleicht sogar besser, wenn alles so blieb, wie es war, bis meine Großmutter starb, aus dem einfachen Grund, weil meine Mutter es gar nicht anders kannte?

Wir ziehen doch alle das Gewohnte dem Unbekannten vor. Jedenfalls meistens. Selbst oder sogar gerade wenn das, was wir kennen, Leid verursacht.

Neues zu wagen kann eine Heidenangst bereiten. Besonders wenn man nie auch nur die geringste Chance hatte, gegen eine so übermächtige und tyrannische Mutter aufzubegehren. Wie oft schon hatte ich zu meiner Mutter gesagt: »Du musst Oma eine Grenze setzen, eine rote Linie ziehen, ihr sagen: ›Jetzt reicht es, bis hierher und nicht weiter!‹« Und was geschah? Nichts. Sie ließ die Bosheiten ihrer Mutter stattdessen wieder und wieder über sich ergehen.

Das hatte mich jedes Mal geärgert, aus dem einfachen Grund, weil ich mich selbst hilflos fühlte. Ich selbst sah keinen Weg, daran etwas zu ändern. Nur zu genau wusste ich, wie schwer es ist, über den eigenen Schatten zu springen. Nicht umsonst erstarrte ich, darin nicht anders als meine Mutter, wenn mein Chef herumbrüllte, statt souverän zu antworten. So etwas musste man lernen, in ganz kleinen Schritten. Und auch ich war nicht gerade mutig, wenn ich mich stritt. Ich neigte wie meine Mutter dazu, mich bei Dritten zu beklagen. Viel besser wäre es, klipp und klar meine Meinung zu sagen. Doch die wilden Gefechte trug ich oft genug nur in meinem Kopf aus. Ob meine Mutter das auch machte? Stellte sie sich vor, wie sie ihrer Mutter so richtig den Marsch blies und dann als triumphale Siegerin vom Platz schritt?

Und da war noch etwas, was mich beschäftigte: Ahnte sie, wie anders sie heute empfinden würde, wenn ihre Mutter verständnisvoll gewesen wäre und zur Liebe fähig? Wie viel intensiver, näher und erfüllter ihre Beziehungen dann wären?

Meine Mutter lebt gern, sie ist nicht etwa traurig oder depressiv. Trotzdem aber wurde sie seit dem Tag ihrer Geburt um

Zuwendung betrogen und damit auch darum, all ihre Anlagen zu voller Liebes- und Empfindungsfähigkeit zu entwickeln.

Ich brachte meiner Mutter den gewünschten Fruchtsaft und überlegte, ob es gut war, mithin sogar besser, wenn meine Mutter weniger darüber nachsann, was ihre Eltern alles zerstört hatten. Die Gedanken daran konnten womöglich nur schwer zu ertragen sein.

Ich sah auf die Uhr. Höchste Zeit, unseren Besuch anzutreten. Auf der Strecke zum Parkplatz wiederholte meine Mutter mehrmals, wie sehr ihr ihre Mutter heute auf die Nerven gegangen sei. Ich hörte nur mit halbem Ohr hin. Mir fiel einfach nichts ein, wie ich sie hätte trösten können. Schon gar nicht nach der fünften Wiederholung. Es stieg sogar Ärger in mir auf. Wollte sie nun ernsthaft herausfinden, was sie hätte ändern können, oder sich nur ohne Punkt und Komma aufregen?

Ich stieg auf mein Fahrrad und fuhr los. Meine Mutter radelte hinter mir her und wirkte bedrückt. Als wir das Hotel fast erreicht hatten, fiel mir noch etwas anderes ein: Lange hatte ich gedacht, die Kindheit meiner Mutter hätte mit mir überhaupt nichts zu tun. Wie wir alle kannte ich den Kindheitskosmos meiner Mutter nur aus ihren Erzählungen. Und diese waren nicht sehr ausführlich gewesen. Wenige schöne Momente leuchteten aus großer Düsternis und höchster seelischer Not heraus.

Es handelte sich hierbei um zwei vollkommen getrennte Welten, von der, so glaubte ich, keine Einfluss auf die andere nehmen könne. Doch jetzt kam mir zum ersten Mal der Gedanke, dass die Kindheitserfahrungen meiner Mutter natürlich auch Einfluss auf mein Leben genommen hatten und es gut wäre, mehr darüber herauszufinden. Allein, um sich selbst besser zu verstehen.

Wir lehnten die Fahrräder an eine Laterne vor dem Hotel. Nachdem sie abgeschlossen waren, suchte ich nach dem nächsten Schlüssel in meiner Tasche, ich fand ihn sofort. Als ich die Autotüren geöffnet hatte, fragte ich meine Mutter, um sie ein wenig aufzuheitern und abzulenken, was ihre schönste Kindheitserinnerung sei, auch wenn ich die Antwort kannte.

Sie ließ sich mit einem Ächzer in den Sitz fallen, dann sagte sie: »Wenn wir sonntags im Karwendel zur Winklerhütte oder zum Gasthof St. Magdalena wanderten, dann gab es für alle ein Kracherl. Darauf habe ich mich die ganze Woche gefreut. Auf dieses eine Glas zuckriger Limonade.«

Ich lächelte.

Diese kleine Geschichte hatte für mich als Kind wie ein Märchen geklungen. Nicht weil ich mir sehnsüchtig Limo wünschte, die bekamen mein Bruder und ich eher im Überfluss. Vielmehr klang sie so weit weg wie der Reisebericht einer Polarexpedition und hatte so wenig mit meiner kindlichen Wirklichkeit zu tun wie Hänsel und Gretel, die eine böse Stiefmutter im Wald ausgesetzt hatte. Die materielle Not der Nachkriegsjahre, die bescheidenen Verhältnisse, in denen meine Eltern aufgewachsen waren, empfand ich als exotisch.

Auf Fehmarn verfuhren wir uns natürlich und kamen eine halbe Stunde zu spät. Tante Lotte lebte in einem kleinen dottergelben Haus mit hellblauen Fensterläden. Davor lag ein kleiner Teich. Sie begrüßte uns mit ausgestreckten Armen. Mit ihren braunen Augen und dunklen, sehr kurzen Haaren sah sie gar nicht aus wie eine Norddeutsche. Hätte ich es nicht besser gewusst, hätte ich sie für eine Italienerin gehalten.

Um unsere Füße strich ein dicker rot getigerter Kater.

»Ist mir vor drei Monaten zugelaufen«, sagte sie mit Blick auf ihn und berichtete dann von diversen Katzen, die sie im Laufe ihres Lebens bei sich aufgenommen hatte.

Ihr Heim war gemütlich eingerichtet, das Wohnzimmer voller Bücherregale. Die Katze folgte Tante Lotte und schärfte frech die Krallen am Sofa. Die Katzenliebhaberin nahm es gleichmütig zur Kenntnis.

Statt der üblichen Familienbilder oder Landschaftsgemälde hatte sie Fotos einiger dahingeschiedener Katzen aufgehängt und die Keramikabdrücke ihrer Pfoten. Sie hatte auch einen erwachsenen Sohn, der bei ihr lebte und eine Harley-Davidson fuhr.

»Leider ist er heute nicht da«, sagte Tante Lotte.

Das fand ich schade, denn ich hätte mich gern mit ihm über Motorräder unterhalten. »Bis zu meinem dreißigsten Lebensjahr fuhr ich auch Motorrad«, erzählte ich.

»Aber jetzt nicht mehr. Gott sei Dank!«, bemerkte meine Mutter. »Ich habe deswegen tausend Tode ausgestanden.«

Tante Lotte nickte ernst. »Hier auf der Insel passieren viele Motorradunfälle, gerade im Sommer.«

»Vielleicht fange ich aber wieder mit dem Motorradfahren an, in der Midlife-Crisis. Männer machen das doch auch«, erklärte ich.

Tante Lotte lachte. Ich spürte, dass man mit ihr über alles reden konnte, ohne sich verstellen oder die Worte auf die Waagschale legen zu müssen. Meine Mutter fragte sie nach der Chemotherapie, denn bei Tante Lotte war vor kurzem Krebs diagnostiziert worden. Sie erzählte offen, ohne irgendetwas zu beschönigen, wie schlecht sie sich jedes Mal nach der Behandlung gefühlt habe.

»Aber vielleicht helfen die Therapien, noch das eine oder andere Jahr zu erleben«, sagte sie, und dann: »Ich hätte mir lieber einen Liebhaber zulegen sollen als Krebs. Aber, ganz ehrlich: Ich hab geraucht, und ich habe jede Zigarette genossen. Ich bereue rein gar nichts, und einmal kommt Gevatter Tod so oder so reingeschneit, auch wenn alle so tun, als gäbe es ihn gar nicht mehr.« Sie lächelte. »Außerdem, was heute auch immer vergessen wird von den ganzen Gesundheitsaposteln: Man gewinnt nicht acht Jahre als junge Frau, wenn man durch Nikotinverzicht vielleicht acht Jahre länger lebt. Man ist nur acht Jahre länger alt.« Sie lachte, und damit war das Thema für sie erledigt. Sie hantierte mit Tassen und Kuchentellern, als hätte sie gerade von einem hübschen Kleid erzählt und nicht über den Tod gesprochen.

Meine Mutter nickte und erzählte nun frei von der Leber weg von dem Telefonat mit ihrer Mutter.

»So kenne ich deine Mutter«, sagte Tante Lotte mitfühlend. »Sie war wirklich nie einfach. Ich erinnere mich an einen Besuch in Tirol, da war ich noch ein Kind und habe die ganze Zeit gefroren.«

»Kalt war es immer bei uns zu Hause«, sagte meine Mutter und erzählte Tante Lotte eine Geschichte, der ich schon in meiner Kindheit mit ungläubigem Staunen zugehört hatte. »Im Winter schliefen wir Kinder in einer eiskalten Kammer, sie befand sich auf der Nordseite des Hauses. Oft war es so frostig, dass von innen die Eisblumen am Fenster wucherten und Eis an den Wänden war.« Sie führte die Tasse zum Mund, stellte sie aber wieder ab, ohne zu trinken. »Eines Abends fror ich so sehr, dass ich in die Küche schlich, wo der Ofen stand. Mein Vater saß rauchend auf der Eckbank. Ich bat ihn um eine Wärmflasche, mit dem warmen Wasser, das noch auf dem Herd stand. Aber er sah mich nur verächtlich an und sagte: ›Was hätten wir da in Russland gemacht?‹ Dann schickte er mich in die Kammer zurück. Was blieb mir anderes übrig, als ihm zu folgen?« Sie machte eine Pause und sagte dann mit ruhiger Stimme: »Ich ringelte mich, so gut es ging, wie ein Wurm zusammen und träumte von Wärme. Auch von Herzenswärme, die meine Eltern mir nie gegeben haben.«

So hatte sie darüber noch nie geredet, und ich sah meine Mutter aufmerksam an und lächelte. Sie erwiderte mein Lächeln, und für einen Moment war es ganz still im Raum.

Es war gut, wenn sie aussprach, worunter sie gelitten hatte. Aber wieso hatte mein Großvater so reagiert? Es hätte ihn keine Mühe gekostet, meiner Mutter eine Wärmflasche zu machen, doch er selbst war unerbittlich geworden. Im Zweiten Weltkrieg war er in Russland verwundet worden. Eine Schussverletzung am Bein, die nie wieder richtig verheilte. Er litt ein Leben lang unter Schmerzen, und darum, so meinte meine Mutter, wurde er auch zum Alkoholiker. Er betäubte mit Bier, das er immer nur »Granaten« nannte, vielleicht aber auch noch einen ganz anderen Schmerz. Die Härte, die er in seiner Kindheit in Heiligenhafen und später im Krieg erlebt hatte, gab er so, wie er sie erfahren hatte, an seine Kinder weiter. Er hatte es nie anders gekannt.

Für meinen Bruder Roland und mich wurde der Satz »Was hätten wir da in Russland gemacht?« zum geflügelten Wort. Wir zitierten ihn, wenn einer unserer Wünsche überraschend nicht erfüllt wurde. Keine Nutella mehr da? »Oh, was hätten wir da in Russland gemacht?«

»Ich habe leider keinen Zucker im Haus, nur Süßstoff«, sagte jetzt meine Tante, während sie uns Kaffee nachschenkte.

»Zucker? Was hätten wir da in Russland gemacht?«, sagte meine Mutter, und wir lachten. Heute war es ein Scherz, was einst unbarmherzige Wirklichkeit gewesen war.

Mit meinen Freundinnen hatte ich mit Vorliebe »Waisenkinder« gespielt, wir stellten uns vor, wie traurig es wäre, wenn man keine Eltern hätte. Meine Mutter und ihre beiden Geschwister hatten sich dagegen als Kinder oft in ihrer emotionalen Not gewünscht, ohne Eltern aufzuwachsen. Oder besser gesagt: ohne Eltern, die oft ein Terrorregime waren, eine Diktatur.

Verließen meine Großeltern das Haus, um im Ort etwas zu erledigen, nahm meine Mutter ihre beiden jüngeren Geschwister an die Hand, dann tanzten sie um den Esstisch und riefen in wildem Übermut: »Die Eltern sind weg! Die Eltern sind weg!« Für wenigstens ein paar Stunden waren sie frei, mussten sich nicht vor unberechenbaren Bedrohungen hüten.

Meine Mutter litt unter ihrem Elternhaus bis zu dem Tag, an dem sie ungeplant schwanger wurde, meinen Vater heiratete und nach München emigrierte. Damals war sie gerade neunzehn Jahre alt.

»Ich war so froh, als ich von daheim wegkam«, erzählte sie meiner Tante, die die Ohren gespitzt hatte. »Ich brachte 170 Kilometer zwischen mich und meine Mutter.« Sie seufzte. Meine

Mutter ließ eine seelische Landschaft zurück, die schwer verwüstet war. »Es war meine Rettung, selbst eine Familie zu haben. Ohne meine Mutter!« Sie nahm sich ein Stück Schokoladenkuchen.

Eine unbeschwerte Kindheit, wie ich sie hatte, war ein ferner Traum für meine Mutter gewesen. Eine ihrer ersten Erinnerungen ist bezeichnend für alle weiteren: Sie war vielleicht vier oder fünf Jahre alt, spielte leise mit ihrer Puppe, zog sie aus und an und summte selbstvergessen vor sich hin, als ihre Mutter plötzlich vom Kanapee aufsprang und sie schlug, weil sie sich gestört fühlte. Jedes Mal, wenn sie mir das erzählte, fühlte ich mich beklommen. Sie tat das nur selten. Diese Episode aus ihrem Leben gehörte nicht zu unserer familiären Anekdotensammlung. Zu schrecklich ist die Vorstellung einer so gewalttätigen Mutter.

Ich schenkte mir abermals Kaffee nach und fragte meine Mutter: »Was glaubst du, Mama, warum war Oma so unglaublich aggressiv?« Diese Frage hatte ich ihr noch nie gestellt.

»Genau das hätte ich jetzt auch fragen wollen«, warf Tante Lotte ein.

Meine Mutter zuckte die Achseln. »Was weiß ich? Vielleicht die schwere Geburt? Es stand schon der Priester vor der Tür, um ihr die Beichte abzunehmen. Wegen mir wäre sie beinahe gestorben.«

»Ich glaube, vor deiner Mutter fürchtete sich sogar der Sensenmann«, kommentierte meine Tante trocken.

Beide lachten, und Tante Lotte erzählte, dass ihre Mutter nicht so streng gewesen sei wie meine Großmutter. »Am liebsten hat sie Liebesromane gelesen, oft stundenlang. Dafür blieb dann im Haushalt vieles liegen.«

Ich staunte. So wild aufs Putzen waren meine norddeutschen Verwandten offenbar nicht, wie meine Großmutter behauptet hatte.

Dann sprachen beide Frauen über Verwandte, von denen ich in meinem ganzen Leben noch nichts gehört hatte. Ich ging in den Garten, um Ausschau nach der Katze zu halten.

Während ich zwischen den Staudenbeeten umherspazierte, suchte ich weitere Antworten auf die Frage, warum die Kindheit meiner Mutter so unglücklich gewesen war. Vielleicht waren bei meiner Großmutter Hass und Wut früh geweckt worden, und das wiederum durch die eigene Mutter. Ein endloser Reigen der Lieblosigkeit, der erst mit meiner Kindheit endete. Einmal hatte ich meine Großmutter gefragt, ob sie sich von ihrer Mutter geliebt gefühlt habe. Es war das einzige Gespräch zwischen ihr und mir gewesen, in dem wir jemals über Liebe geredet hatten. An jenem Nachmittag hatte sie mir erzählt, dass sie ihre Mutter immer als streng, kalt und fordernd empfunden habe. Obwohl sie darunter gelitten hatte, konnte sie es bei ihren eigenen Kindern nicht besser machen.

Der Kater kam plötzlich wie aus dem Nichts mit hoch erhobenem Schwanz auf mich zu und rieb seinen Kopf an meinem Schienbein. Ich bückte mich und streichelte ihn.

Um zu erkennen und zu verstehen, warum unsere Mütter so geworden sind, wie sie sind, müssen wir in deren Kindheit blicken und sogar noch viel weiter zurück in die Vergangenheit. Zu den Menschen, die längst verstorben sind, aber ihre eigenen Verletzungen weitergegeben haben wie eine Krankheit. Es ist ein unglückseliges Erbe, das selbst uns noch beeinflusst, häufig ohne, dass wir uns das klarmachen. Auf einmal verstand ich, dass es keine getrennten Welten gab, was die Kindheit meiner Mutter und meine eigene betraf. Ich hatte das bislang nur nicht so wahrnehmen können.

Ich überlegte weiter, während der Kater schnurrte: Wenn wir glücklich und erfüllt leben wollen, sollten wir uns bewusst machen, was unsere Vorfahren außer ihren Genen und ihrem Wissen noch an uns weitergegeben haben. Nicht selten verbirgt sich unglücksseliger Sprengstoff in den Gefühlserfahrungen vorheriger Generationen.

Obwohl meine Mutter meinen Bruder und mich, ganz anders als ihre Mutter, nie vernichtend kritisiert und nie geschlagen hat, konnte auch sie den Nachwirkungen des familiären Terrors nicht ganz entkommen: Mir schien, sie tat sich schwer mit dem, was entscheidend ist in der Begegnung zwischen einer Mutter und ihren Kindern: mütterliche Feinfühligkeit und damit die Gabe, auf die Bedürfnisse eines Kindes nach Trost und Schutz einzugehen. Trotzdem oder gerade deswegen hat sich in den Sechzigerjahren eine ganze Generation Eltern bemüht, Fürsorge, die sie selbst nur selten erfahren hat, ihren Kindern zu schenken. An ihnen gutzumachen, was diese Eltern sich als Kind aus ganzem Herzen ersehnt haben, aber kaum jemals bekamen.

Viele haben ihre Kinder mit materiellem Wohlstand überhäuft, weil es ungleich schwerer ist, Nähe, Empathie und Liebe weiterzugeben, wenn man all das nicht ausreichend erlebt hat. Meine Freundinnen hatten alle, genau wie ich, die Kinderzimmer voller Spielzeug. Doch heute, als Erwachsene, sind viele ihrer Beziehungen ausgesprochen brüchig, und sie benehmen sich, wenn man genauer hinsieht, in Beziehungen keineswegs besonders einfühlsam. Meine Freundin Daniela zum Beispiel (ihre Mutter ist sehr egomanisch) hat nur Verachtung übrig für Männer, die sich für sie interessieren, für sie ist jeder gefühlvolle Mann ein »langweiliger Schluffi«. Und so gerät sie seit Jahren mit traumwandlerischer Sicherheit immer wieder an Männer, die nach dem ersten Liebeshoch eine ganze Menge an ihr auszusetzen haben und sie schließlich für eine andere Frau verlassen. Anja, eine Kollegin mit einer Mutter, die sich immer als Opfer fühlt, dreht dagegen den Spieß einfach um. Sie lässt kaum ein gutes Haar an ihrem Freund. Sie warf ihm einmal sogar vor, als er sie im Büro abholte, er sei grottenschlecht angezogen. Und er widersprach ihr nicht einmal.

Aber wie könnte es auch anders sein? Es musste sich wohl so entwickeln, es konnte sich nun einmal nicht eine ganze Generation auf die Couch legen. Und wer weiß, ob das meiner Mutter überhaupt geholfen hätte – oder heute noch etwas bringen würde.

Der Getigerte ließ sich weiterhin von mir streicheln, als hätte er einiges nachzuholen. Ich erinnerte mich daran, dass ich über das Thema schon einmal mit meiner Freundin Martina geredet hatte. Wir spazierten in München an der Isar, sprachen über unsere Mütter, und ich fragte sie: »Glaubst du, unsere Mütter brauchen eine Psychotherapie um ihre Kindheitsverletzungen zu bewältigen?«

Martina war gerade von einem Besuch bei ihren Eltern zurückgekehrt, ein zweitägiges Familientreffen hatte sie vollkommen genervt. Gleich bei unserer Begrüßung sagte sie wütend: »Meine Mutter sieht mich einfach nicht. Sie kapiert nicht, was mir wichtig ist, und sie will es auch gar nicht wissen!« In Martinas Familie gab es ebenso eine ewige Kette von Missverständnissen, Sticheleien und Kränkungen.

Auf meine Frage antwortete sie: »Ich glaube, eine Therapie ist zwecklos. Abgesehen davon, dass meine Mutter mich für verrückt erklären würde, wenn ich ihr das vorschlüge. Und weißt du was? Alles, was wir an unseren Müttern so schwer ertragen, ist für sie selbst aber so etwas wie ein alter, verrotteter Stab, der eine Pflanze aufrecht hält. Nimmst du meiner Mutter ihre Rechthaberei weg, ja, was bleibt dann noch von ihr übrig?« Martina hatte bitter gelacht und einen Stein ins Wasser geschleudert.

»Kann gut sein, dass du recht hast«, hatte ich erwidert. »Aber wäre es nicht einen Versuch wert, unseren Müttern zu zeigen, wie sie mit ihrer Vergangenheit besser klarkommen könnten? Sind wir dazu nicht sogar irgendwie verpflichtet?«

»Na, ich weiß nicht«, meinte Martina achselzuckend. »Sicher, wir sind die erste Generation, die einiges über diesen ganzen Psychokram weiß. Natürlich ist meine Mutter ein echter Kontrollfreak und will dauernd bestimmen, wie was gemacht werden soll, weil ihre Bedürfnisse nach Bindung, nach echter Verbindung total ignoriert wurden.« Sie seufzte. »Das zu wissen nützt mir aber nichts, wenn ich bei ihr zu Besuch bin und sie mich morgens um acht aus dem Bett klopft, weil das Frühstück sonntags gemeinsam eingenommen werden muss. Denn sie muss ja danach den Sonntagsbraten machen. Und wehe, irgendwer bringt ihre Pläne durcheinander!«

Dann hatte Martina ihre Mutter parodiert und wir hatten uns vor Lachen gebogen. Als wir uns wieder beruhigt hatten, sagte meine Freundin nachdenklich: »Tja, wie sollen unsere Mütter sich eigentlich jemals mit ihren Müttern aussöhnen, wenn ihnen gar nicht bewusst ist, was da im Hintergrund abläuft? Oder mit uns, ihren Töchtern?«

»Vielleicht hilft es beim nächsten Besuch«, überlegte ich laut, »wenn du dir vorstellst, wie klein und hilflos deine Mutter selbst einmal war. Und was sie alles hinnehmen musste. Wie viel ihr gefehlt hat.«

»Und dann gebe ich ihr das Fläschchen, oder was? Weil ihre Mami so gemein war?«, sagte Martina spitz.

Sehr viel schlauer waren wir danach auch nicht gewesen. Und doch – von ihrem folgenden Besuch bei den Eltern war Martina mit besserer Laune zurückgekommen.

»Ich hab einfach alles getan, was sie wollte«, erzählte sie. »Frühstück um acht, Familienspaziergang um zwei, Tee um fünf Uhr. Das hat meine Mutter total aus der Fassung gebracht. War ziemlich lustig.«

Ich streckte mich, mein Rücken tat vom gebückten Streicheln weh. Ich setzte mich auf eine Bank, die im Garten stand, und sofort sprang der Kater auf meinen Schoß. Ich kraulte ihn zwischen den Ohren, und er schnurrte zufrieden. Ich lehnte mich zurück und schloss die Augen. Schwalben flogen hörbar vorüber mit ihrem typischen »Srii-Srii« und verliehen dem Nachmittag eine friedliche Stimmung.

Ich merkte, wie ich müde wurde. Dringend brauchte ich einen weiteren Kaffee, aber ein bisschen wollte ich noch auf der Bank sitzen bleiben. Die Katze legte sich auf meine Oberschenkel.

Ich dachte an Martina und ihre Skepsis, ob unseren Müttern überhaupt zu helfen war. Konnten wir als Töchter denn wirklich gar nichts tun? Oder gab es doch Wege, um die Beziehung zwischen uns und unseren Müttern enger zu machen und zumindest ab und an Verbundenheit zu spüren, statt sich immer nur aneinander abzuarbeiten oder vorbeizureden?

Können wir Töchter unsere Mütter trösten und vielleicht bei ihnen ein klein wenig von dem nachholen, was ihre Eltern versäumt haben? Und was würde das bei uns auslösen? Würde es uns helfen, uns besser zu verstehen? Dafür sorgen, dass wir erfülltere Partnerschaften führen können?

Und wünschte sich meine Mutter etwas von mir? Wieder tauchte der Gedanke auf: Sollte ich sie vor ihrer eigenen Mutter stärker beschützen? Sie darin bestärken, mutiger zu werden im Umgang mit ihr?

Wie konnte das gelingen? Ich war kein Psychotherapeut. Doch vielleicht musste ich das auch gar nicht sein. Vielleicht half es schon, sie zu unterstützen. Natürlich konnte all das nur annähernd gelingen, aber war es nicht einfach gut, sich einmal auf den Weg zu machen?

Die Katze sah irgendetwas, was nur Katzen sehen können. Sie sprang auf den Boden und spazierte Richtung Teich.

Ich sah auf die Uhr. Heute schon zum zweiten Mal, eigentlich ein Part, den ich meiner Mutter überantwortet hatte. Aber die hatte sich festgequatscht.

Als ich ins Wohnzimmer trat, kramte Tante Lotte gerade ein Fotoalbum hervor. Interessiert setzte ich mich zu den beiden Frauen. Eine gute Gelegenheit, womöglich mehr zu erfahren über meine Vorfahren.

Tante Lotte blätterte eine Seite um.

»Ist das meine Oma aus Tirol als Kind?« fragte ich. Meine Tante nickte. »Mit ihrer Schwester Paula.«

Ich nahm das Foto heraus und betrachtete die jüngere Schwester meiner Großmutter. Sie hatte dunkle Augen, dunkle Haare – soweit man das bei einem Schwarz-Weiß-Foto sagen konnte. Meine Großmutter dagegen trug einen blonden Zopf. Paula lächelte in die Kamera, ihre ältere Schwester dagegen hatte einen ernsten Gesichtausdruck, viel zu ernst für ein Kind. Mir fiel ein, was meine Großmutter über ihre Schwester einmal gesagt hatte:

»Paula haben alle geliebt und gelobt, wenn wir mit meiner Mutter spazieren gingen. Mich hat niemand beachtet.« Diese Geschichte erzählte sie oft, sie hatte nie vergessen, dass ihr die jüngere Schwester das klein wenig Anerkennung, das meine Urgroßmutter überhaupt zu vergeben hatte, weggenommen hatte. Bereits meine Urgroßmutter hatte ihre jüngere Tochter mehr geliebt als ihre Erstgeborene. Und diese Kränkung gab meine Großmutter bis heute an meine Mutter weiter, die auch die Erstgeborene war.

Ich selbst erinnere mich an meine Urgroßmutter nur als sehr alter Frau, die ihre Geburtstagspralinen nie aufgegessen, sondern aufgehoben und irgendwann weiterverschenkt hatte. Wir nannten das immer den »Wanderpokal«, wenn sie wieder bei uns ankamen.

In einer gewissen Weise schien es gut zu sein, dass all die Lieblosigkeit und Verachtung, dass all der Schmerz in Familienanekdoten überliefert wurde, darin eingeschlossen wie ein Fluch in einem Gefäß. Die Zeit nahm ihm das Gefährliche.

Tante Lotte blätterte eine weitere Seite in dem Album um. Verblüfft schaute ich auf eines der mir unbekannten Bilder. Das war meine Mutter! Ja, hatte die denn schon im Kaiserreich gelebt?

»Wer ist das? Meine Uroma aus Heiligenhafen? Also die Mutter von Mamas Vater?«

Meine Tante nickte und sagte: »Das ist Berta.« Sie löste das Foto aus dem Album und reichte es mir.

Es zeigte eine junge Frau, die aussah wie meine Mutter, als sie ungefähr in dem Alter der abgebildeten Person war. Ich drehte die Aufnahme um. Laut dem »Fotoatelier Wittmann« war es 1920 aufgenommen worden.

»Unglaublich.« Ich konnte den Blick gar nicht mehr abwenden. Ich hatte noch nie ein Bild von meiner Urgroßmutter aus Heiligenhafen gesehen und hatte auch ihren Namen gar nicht gekannt.

»Berta war auch nicht ganz ohne, nicht wahr, Heidi?«, sagte Tante Lotte.

Meine Mutter nickte. »Meine Mutter hat oft von den boshaften Launen ihrer Schwiegermutter erzählt. Meine Mutter nennt sie bis heute nur ›Die böse Berta‹. Weil sie sogar ein Geschenk mit einer Gemeinheit verbinden konnte.«

»Was hat sie angestellt?«, fragte ich.

Meine Mutter sah meine Tante an. »Oma Berta hat Lotte, als sie klein war, immer sonntags ein Schokoladenei geschenkt.«

»Daran erinnere ich mich glaube ich sogar«, sagte Lotte.

»Aber weißt du auch noch, dass ich oft daneben stand und nichts bekam?«

Lotte schüttelte den Kopf.

»Aber meine Mutter hat es nicht vergessen. Wenn ich weinte, weil ich nichts bekam, sagte Oma Berta jedes Mal zu mir: ›Du bekommst keine Süßigkeit mit deinen dicken Elefantenbeinen.‹ Sie hat ihre Schwiegertochter, deine Großmutter, nicht leiden können, und mich natürlich auch nicht.«

»Berta war ein echter Drachen«, pflichtete Tante Lotte meiner Mutter bei. »Zu mir war sie nicht so böse, aber zu allen anderen. Sie hatte eine sehr spitze Zunge und sprach meist nur Gemeinheiten aus. Darum ist deine Mutter auch heilfroh gewesen, als sie mit dir und deinem Vater nach Tirol zog, weg aus dem Haus ihrer Schwiegermutter.«

Meine Mutter steckte das Foto wieder sorgfältig ins Album zurück. Dann streckte sie trotzig ein Bein vor. »Von wegen Elefantenbeine!«

Wir lachten, und ich sah nachdenklich das Bild meiner Urgroßmutter Berta an, die als junge Frau meiner Mutter so ähnlich gesehen hatte und doch offenbar eine ziemlich bösartige Frau gewesen war. Meine Tante bemerkte, dass ich mich von dem Bild kaum losreißen konnte.

»Ich mache dir davon eine gute Kopie«, versprach sie.

Ich war sehr froh, mitgekommen zu sein. Das Foto meiner Urgroßmutter aus Norddeutschland faszinierte mich.

Es würde mich von nun an daran erinnern, dass wir, ihre Urenkel, anders als sie, die Chance haben, liebevollere und bessere

Beziehungen zu leben und andere nicht zu verurteilen oder zu verachten, so, wie Berta es getan hatte. Sicher war auch meine Urgroßmutter nicht als durch und durch boshafter Mensch geboren worden. Ich überlegte, welche unglückseligen Erfahrungen sie wohl dazu gemacht hatten. Denn selbst wenn ich es nie wissen werde, wurde mir doch eines klar an diesem Nachmittag: All diese Gespenster der Lieblosigkeit verlieren viel von ihrer Macht und ihrem zerstörerischen Einfluss auf unser Leben, wenn wir sie als solche erkennen. Und immer wieder versuchen, ihnen etwas entgegenzusetzen. Vielleicht half es schon, ein klein wenig mehr Mitgefühl und Verständnis für unsere Mütter zu entwickeln, die von diesen Gespenstern meist sehr viel intensiver verfolgt werden als wir selbst.

Um uns die Beine zu vertreten, machten wir zu dritt einen Spaziergang durch den kleinen Ort.

»Schön ist das hier auf der Insel«, sagte ich.

»Du solltest mich mal im Winter besuchen«, erwiderte meine Tante. »Dann ist es herrlich einsam auf Fehmarn. Ganz früher, bevor sie die Brücke bauten, war die Insel manchmal wochenlang vom Eis eingeschlossen.«

»Und wie kamen die Leute damit zurecht?«

»Sie hatten sich vorbereitet, Vorräte eingekocht, Fisch gepökelt. Neuerdings werden auf der Insel wieder Kurse angeboten, in denen man das lernen kann.«

»Schlau. Wer weiß, ob man ein solches Wissen nicht doch mal wieder gebrauchen kann.« Und ich fing an, von meinen Kurbeltaschenlampen zu erzählen.

Nach unserer Runde verabschiedeten wir uns von Tante Lotte. Sie winkte uns nach.

»Nett war das«, sagte meine Mutter, als wir wieder im Auto saßen.

»Ich mag Tante Lotte gern.«

»Weil sie sich auch lieber sportlich anzieht, so wie du.«

»Genau.« Ich grinste.

Während wir über die Insel fuhren, dachte ich, dass wir uns anders als unsere Mütter kleiden, uns von ihnen distanzieren wollen. Wir glauben, wir würden kaum so sein wie unsere Mütter. Und doch stimmt das nicht. Niemand hat unsere Gefühle, unsere Ängste und Sehnsüchte so stark beeinflusst wie sie, und zwar vom ersten Tag unserer Geburt an.

»Jetzt fahren wir ein weiteres Mal über die Brücke«, rief meine Mutter begeistert wie ein Kind.

Ich lächelte.

Meine Mutter hat das Fundament dafür gelegt, wie ich heute fühle. Wie ich meine Beziehungen führe. Wie ich mit Angst umgehe, mit Frustrationen, Niederlagen. Wie mutig ich bin und was ich mir zutraue. Ob ich um eine Liebesbeziehung kämpfe. Ob ich mehr an mich denke oder auch sehe, was der andere braucht. Ob ich loyal bin oder andere gegeneinander ausspiele. Ob ich anderen mit Misstrauen und Verachtung begegne oder vertrauensvoll und offen.

»Hier zieht's«, sagte meine Mutter auf einmal.

Ich drückte auf den Knopf, die Fensterscheibe schob sich höher. Danach sagte ich: »Was hätte aus uns werden können, wenn wir alle Mütter gehabt hätten, die voll liebesfähig gewesen wären?«

»Was?«, fragte meine Mutter.

Sie hatte nicht zugehört.

»Nix, Mama. Ich habe nur laut gedacht.«

»Ach so. Ich habe ganz klebrige Hände.« Sie kramte nach einem Taschentuch.

Ich schaltete einen Gang höher und überlegte, ob es mir gelingen würde, über all das, was ich in den vergangenen Stunden gedacht hatte, mit meiner Mutter zu reden? Warum konnte sie es besser machen als ihre Mutter oder ihre Schwiegermutter? Wie war es ihr gelungen, das Grauen zwar nicht in ein Gut, aber doch in ein Genügend zu verwandeln?

»Warum warst du eigentlich nie so zu Roland und mir wie deine Mutter zu dir?«, fragte ich.

»Ich fand meine Kindheit so schrecklich, ich habe mir geschworen, so etwas meine Kinder nie erleben zu lassen.«

Ich warf ihr einen Seitenblick zu und fühlte, wie mir warm ums Herz wurde. In diesem Moment empfand ich nur Dankbarkeit, Dankbarkeit dafür, dass sie dazu in der Lage gewesen war. Ich stellte es mir nicht leicht vor, schlimme Erfahrungen hinter sich zu lassen und es anders zu machen.

Das sollte ich ihr sagen, dachte ich. Ich setzte dazu an, aber irgendetwas ließ mich zögern – wobei ich dieses Zögern nicht näher bestimmen konnte.

Schließlich kamen wir zurück nach Heiligenhafen.

»Wollen wir hier zu Abend essen?«, fragte ich. »Wieder in diesem Lokal von heute Morgen? Es war doch so schön am Hafen – abgesehen von dem Telefonat mit Oma.«

»Einverstanden, ich würde gern den Bückling probieren, den sie da frisch hatten.«

Wir setzten uns auf die Bänke, die wir schon am Morgen belegt hatten. Ich holte uns frisch geräucherte Fische. Ein kleiner Ausflugsdampfer legte an, und wir beobachteten, wie die Passagiere sich in den einzelnen Souvenirläden verstreuten.

»Nachher schauen wir uns dort auch mal um«, sagte meine Mutter. »Vielleicht finden wir was für Papa.«

Unsere Hüften berührten sich. Unmerklich waren wir zusammengerückt. So dicht saßen wir sonst nie nebeneinander. Es fühlte sich ungewohnt an, aber nicht unangenehm. Meine Mutter trank eine Apfelsaftschorle. Ich nahm einen Schluck von meinem Bier, stellte das Glas wieder ab und sagte: »Mama, meine Kindheit war schön. Danke! Du hast das Beste gegeben.«

Ich sah, wie sich ihre Augen kurz mit Tränen füllten. Meine Mutter weint selten, und wenn, dann meist nur kurz und heftig. So als hätte ihr meine Großmutter selbst das Weinen abtrainiert.

Wir schauten uns an und waren uns für einen kurzen Moment so nah wie nie jemals zuvor. Dann war der Augenblick vorbei, und wir drehten beide auf und wurden so laut und lustig, dass die anderen Gäste die Köpfe nach uns umdrehten.

Nach der Rückkehr in unser neues Apartment sah meine Mutter fern, während ich in meinem Zimmer meine E-Mails checkte und im Internet surfte.

Bevor ich schlafen wollte, ging ich noch einmal kurz zu ihr hinüber, um ihr eine gute Nacht zu wünschen.

Sie las im Bett, dabei war es schon nach zehn. Sie sah auf und sagte leise: »Gute Nacht, das war ein schöner Tag!«

»Fand ich auch, Mama. Ein sehr schöner Tag.«

Tag 4 – Dienstag

»Man hat keine echten Freunde, da wirst du auch noch
draufkommen!«
Meine Mutter hat sich mit ihrer besten Freundin
überworfen, und auch ich frage mich, ob ich mit
vierundvierzig besser Schluss mache mit Menschen,
die mir auf die Nerven gehen, und warum man
überhaupt zweifelhafte Freundschaften schließt.

Ich trat vor das Hotel, um Brötchen zu holen. Meine Mutter
hatte mich gestern Abend noch gebeten, »zwei mehr als sonst«
mitzubringen. »Mit Kürbiskernen!«

Sie wollte unbedingt eine Brotzeit machen für unseren Ausflug nach Gut Weißenhaus. Dort sollte heute der Antikmarkt
stattfinden. Das Event kam wie gerufen. Ideales Mama-Enter-
tainment. Sogar das Wetter spielte mit für die mütterliche Indoor-
Aktivität.

Über Nacht war es kälter geworden. Ich sah hinauf zum Himmel und dann zum Wasser. Dicke graue Wolken ballten sich wie
gigantische Wollmäuse über dem Meer. Bestimmt würde es noch
regnen. Das war mir nur recht. Perfektes Wetter, um Biedermeier-
vitrinen, Gründerzeit-Speisezimmertische und Art-déco-Silber-
tinnef zu gucken. Sicher stellten sie dort all den Kram aus, auf
den meine Mutter abfuhr. Und während sie durch die Ausstel-
lungshalle wuselte, konnte ich am Strand der Hohwachter Bucht
in aller Seelenruhe spazieren gehen. Ich mag stürmisches Wetter,
und so freute ich mich auf eine Ostsee in Aufruhr, mit Wellen

außer Rand und Band und einem starken Wind, gegen den man anlaufen muss.

Um halb neun saßen wir startklar im Auto. Meine Mutter hatte ihre Morgentoilette im Schnelldurchlauf erledigt, sah aber tipptopp aus. Der Antikmarkt öffnete zwar erst um zehn, doch bei solchen Ereignissen war sie immer eine der Ersten. Auf Flohmärkten stöberte sie um fünf in der Früh hellwach und putzmunter mit einer Taschenlampe in Kisten nach alten Porzellanpuppen, außergewöhnlichen Vasen oder antikem Silberbesteck. Oft ahnten die Leute gar nicht, was für Schätze sie meiner Mutter überließen.

»Vielleicht haben sie dort schöne Jugendstillampen«, sagte meine Mutter, während ich den Wagen startete.

Hoffentlich schleppt sie keine Stehlampe an, dachte ich. Wie sollen wir die denn nach München bekommen?

»Aber meist sind sie viel zu teuer«, fuhr sie fort, »da die Händler auf Antikmärkten immer ausgefuchster werden. Gibt's keinen Flohmarkt in der Gegend?«

»Keine Ahnung, Mama.«

»Guck doch mal in deinem Internet nach!«

»Mach ich, wenn wir wieder im Hotel sind.«

Es fing an zu regnen. Und zu piepsen.

»Was hat der Wagen denn? Ist was kaputt? Also diese neumodischen Autos … Unserer piepst nie.«

»Mama, leg den Gurt an.«

Ich fummelte am Hebel herum, bis ich endlich die richtige Position für den Scheibenwischer fand.

Wir fuhren los, in Heiligenhafen hielt ich Ausschau nach einem Schild, das uns auf die Straße Richtung Hohwachter Bucht bringen sollte.

»Der Antikmarkt ist sicher spannend«, sagte ich. »Und du wirst die Händler dort schon runterhandeln, Mama.«

Sie antwortete nicht. Ich warf ihr einen kurzen Seitenblick zu.

»Oder?« Ich probierte es noch einmal.

Meine Mutter richtete sich plötzlich kerzengerade auf und

sagte: »Die Renate spottet immer über meine antiken Möbel. Aber mit ihr, das ist jetzt vorbei.«

Über den großen Eklat mit ihrer Freundin hatte sie mir schon am Telefon berichtet. Sie hatte mit Renate vor ein paar Wochen einen Riesenkrach gehabt.

Ich bog auf die Bundesstraße ab.

»Ihr habt noch immer keinen Kontakt?«

»Nein. Mir reicht es.«

Ich überlegte, woher meine Mutter Renate eigentlich kannte. Ich wusste es nicht.

»Wie lange bist du jetzt mit Renate befreundet? Ich meine, befreundet gewesen?«

»Moment, da muss ich überlegen … Hmm, so fünfzehn Jahre werden es sein. Wir haben uns über eine gemeinsame Bekannte kennengelernt, die Frida.«

Renate war ihre beste Freundin, und ihre einzige. Und die war jetzt weg? Ganz und gar? Für immer?

Mir wurde ein wenig mulmig. Brauchte sie die nicht irgendwie? Was, wenn ich nur eine einzige Freundin hätte und wir uns getrennt hätten, wegen unüberbrückbarer Differenzen zum Beispiel?

Es regnete stärker, der Scheibenwischer jagte über das Glas. Immerhin quietschte er nicht so komisch wie im Auto meiner Eltern.

»Fahr langsamer! Aquaplaning!«, sagte meine Mutter.

»Ja, Mama.«

Ich drosselte das Tempo.

»Und du hast jetzt wirklich keinen Kontakt mehr mit Renate?«

»Keinen.«

»Wer hat ihn denn abgebrochen?«

Es überraschte mich, wie sehr der Streit offenbar mittlerweile eskaliert war. Die beiden waren sich nicht immer ganz grün gewesen, aber bisher hatten sich ihre kleinen Unstimmigkeiten stets wieder eingerenkt.

Ursprünglich hatte meine Mutter mit Renate eine Reise geplant, eine Reise, die seit Jahren auf ihre Realisierung wartete. Denn die »liebe Renate«, wie meine Mutter in solchen Fällen spöttisch sagte, hatte jedes Mal, wenn es dazu kommen sollte, Nägel mit Köpfen zu machen und gemeinsam zu buchen, plötzlich eine Ausrede hervorgezaubert, warum es dann doch nicht ging. Einmal war sie für einen Urlaub in der Türkei zu krank gewesen, eine Kalkschulter war diagnostiziert worden.

Renate hatte aber nicht nur eine Kalkschulter, sondern auch ein künstliches Hüftgelenk, obwohl zwei Jahre jünger als meine Mutter. Nun, dafür konnte sie nichts, doch Renate ging auffällig häufig zum Arzt und kehrte davon nicht selten mit einer neu erworbenen Krankheit zurück. Sie sammelte Leiden wie andere Frauen Handtaschen.

»Nicht einmal eine Kreuzfahrt konnte sie sich vorstellen«, empörte sich meine Mutter. Sie zog aus ihrer Handtasche einen Zettel und strich ihn glatt. »Dabei gab es eine solche Leserreise von unserer Zeitung angeboten, nach Madeira. Ganz günstig!« Sie entfaltete den Zettel. »Nur 700 Euro pro Nase, zehn Tage, mit Flug und allem Pipapo.« Sie schlug mit dem Handrücken auf den Flyer. »Weißt du, was die zu mir gesagt hat, als ich ihr das gezeigt habe?«

»Hm?«

Ich setzte den Blinker, um einen Lastwagen zu überholen, der mit 40 Stundenkilometern die Straße entlangkroch. Der Regen hatte ein wenig nachgelassen.

Meine Mutter beugte sich vor. »Pass auf!«

»Die Straße ist frei, Mama.«

Ich gab Gas, und meine Mutter sah gebannt nach vorn. Erst als wir vor dem Laster wieder einscherten, ließ sie sich in den Sitz zurückfallen.

Ich schaltete das Autoradio ein, suchte einen Sender mit Klassik, fand ein Klarinettenstück und drehte es etwas lauter, weil es so gut zur grau verwaschenen, sanft geschwungenen Landschaft passte, die an uns vorbeizog. Schleswig-Holstein ist auch bei Regen schön, dachte ich. Wie die Alpen.

»Nicht so laut«, sagte meine Mutter.

Ich drehte die Klarinette leiser. Dafür wurde meine Mutter umso lauter, als sie fortfuhr, von Renates Meinung zu Kreuzfahrten zu berichten. »›Da sind doch nur alte Leute!‹, sagt die zu mir. Auf einer Kreuzfahrt! Weißt du, was ich ihr da geantwortet habe?«

»Nee.«

»›Renate, weißt du was?‹« Meine Mutter machte eine Kunstpause, und ich durfte eine Oktave Klarinette genießen. »›Wir sind doch selber alt! Ja, was glaubst du denn, Renate?‹«

Ich lachte. Das war ganz schön cool.

Meine Mutter kam in Fahrt. »Ich meine, die Renate mit ihrer Hüfte, die könnte doch froh sein. Auf so einem Rentnerschiff haben sie wirklich alles, was die braucht, Gehhilfen, Rollstühle, Ärzte! Und beim Landgang ein Extraprogramm für alle, die nicht mehr so gut gehen können. Ich wäre ja sogar bei ihr geblieben, auch wenn ich viel besser zu Fuß bin und mir nichts, dir nichts die Altstadt von Madeira erkunden könnte.« Sie schnaubte. »Das habe ich ihr aber nicht zu verstehen gegeben, weil sie dann gleich wieder eingeschnappt gewesen wäre. Der darf man sowieso gar nichts sagen, die ist sofort beleidigt. Ein echtes Sensibelchen.«

Obwohl meine Mutter sich über Renates Zipperlein stets zurückgehalten und nie triumphal ihre Gesundheit und Fitness vor sich hergetragen hatte, waren die beiden Freundinnen nach dem Kreuzfahrtgespräch in einer gewissen Missstimmung auseinandergegangen. Aber der eigentliche Freundinnen-Eklat sollte erst noch kommen.

Denn wenig später beschlossen meine Mutter und Renate dann feierlich bei einem Glas Prosecco, doch gemeinsam in die Türkei zu fliegen. Meine Mutter war hellauf begeistert gewesen von Renates überraschender Zusage nach all den vergeblichen Versuchen und überschüttete die Freundin mit einem Zugeständnis nach dem anderen.

Renate wollte nämlich keinen Steinstrand. »Da könne sie nicht gehen mit ihrer künstlichen Hüfte, so gab sie vor«, erzählte meine

Mutter mit erbostem Unterton in der Stimme. »Aber gut, ich lenkte ein.« Obwohl sie natürlich gern in ihr Lieblingshotel gefahren wäre, doch das hatte einen solchen Steinstrand.

Jetzt durfte Renate eine Unterkunft aussuchen, mit Sandstrand. Meine Mutter war bereit, dieses Opfer zu bringen, wenn Renate endlich einmal mitkam. Die Freundin hatte, anders als meine Mutter, einen Computer und hätte genügend Zeit und Gelegenheit gehabt, ein schönes Hotel mit prächtigem Sandstrand zu finden. Außerdem gab es noch das Reisebüro, in dem meine Mutter immer ihre Türkei-Urlaube buchte.

Aber alle Liebesmüh war vergeblich gewesen.

Denn kurz darauf brach Renate jenen berühmten Streit vom Zaun.

»Ich bin an dem Tag nur rasch mit dem Rad ins Einkaufszentrum zum Optiker gefahren.« Meine Mutter ließ es sich nicht nehmen, die ganze Geschichte noch einmal in epischer Breite zu berichten. Ihre einzige Lesebrille war kaputtgegangen, und das an einem Mittwoch. Ein Desaster. Ohne die Brille konnte sie die neue *Bunte* nicht lesen, wozu hatte sie schließlich ein Abonnement von mir?

Im Einkaufszentrum entdeckte sie Renate.

»Sie schlich einfach an mir vorbei«, sagte sie zornig und drehte das Autoradio mitten in einer großartigen Passage ab, damit ich ihr auch uneingeschränkt Aufmerksamkeit schenkte. Da war selbst Mozart machtlos, und ich sowieso. »Ich weiß genau, dass sie mich entdeckt hat. Sie hat nur so getan, als würde sie mich nicht sehen. Aber, hahaha, nicht mit mir!«

Renate war aus dem Reisebüro gekommen. Was aber machte sie ohne ihre Freundin Heidi im Reisebüro, wenn sie doch gemeinsam verreisen wollten? Meine Mutter folgte ihr und tippte ihr auf die Schulter. Renate zuckte zusammen und drehte sich erschrocken um.

»Hallo, warst du gerade im Reisebüro?«, fragte meine Mutter und kniff die Augen misstrauisch zusammen.

»Ich habe nur geschaut«, platzte Renate heraus und errötete

wie eine ertappte Ladendiebin. Um dann so schnell wie möglich in die Offensive zu gehen: »Also, wie du heute herumläufst …!«
Meine Mutter guckte konsterniert.

»Wie bitte?«

Renates zeigte auf die Beine meiner Mutter, anklagend wie ein iranischer Sittenwächter. »Da! Wie du deine Hose in die Socken gesteckt hast!«

Das konnte meine Mutter natürlich unmöglich auf sich sitzen lassen. Sie ging grundsätzlich nur sorgfältig gestylt aus dem Haus. Nicht wie ich auch mal ungeschminkt und »fern der Heimat«, wie sie meinen Jogginganzug-Look nannte, den ich schon mal bei einem Besuch bei meinen Eltern getragen hatte. An einem Sonntag! Wenn es aber doch einmal passierte, dass sie sich in Eile anzog, wie an jenem Vormittag, um ins Vorstadt-Einkaufszentrum zu radeln, durfte man meine Mutter nicht darauf ansprechen. Unter gar keinen Umständen.

»Also«, sagte sie. »Das habe ich nur an, weil ich schnell zum Optiker will, bevor er mittags zumacht. Ich habe mich heute Morgen nämlich auf meine Lesebrille gesetzt. Aber hör mal, das mit dem Reisebüro …«

Renate ließ nicht locker. »So läuft man doch nicht rum!«, meckerte sie weiter.

Sie konnte sich sogar über Heidis Abendhandtasche von Chanel mokieren, die war ihr ein Dorn im Auge und höchst suspekt. Die Tasche hatte meine Mutter vor zwanzig Jahren anlässlich einer Paris-Stippvisite auf einem Trödelmarkt erstanden (»Ein Schnäppchen!«) und hielt sie in höchsten Ehren. Vor allem, seit ich ihr erzählt hatte, dass Taschen, die Coco Chanel noch höchstpersönlich entworfen hat, mittlerweile im Internet bei Fashion-Victims Höchstpreise erzielen. Ich hatte tagelang recherchiert, bis ich mir sicher war, dass die Abendhandtasche ein Original war.

Doch von begehrten Vintage-Taschen hatte Renate noch nie etwas gehört, und Flohmärkte waren in ihren Augen Tummelplätze armer Leute, was ich erstaunlich fand, denn soweit ich das beurteilen konnte, ist sie knochengeizig und hätte an Flohmarktpreisen sicher ihre helle Freude. Sie ist sogar so geizig, dass sie, wenn sie meine Mutter zu sich einlädt, immer die angebrochene Packung Salzstangen vom letzten Besuch kredenzt.

Irgendwann wurde aber selbst meiner Mutter Renates Spardrang zu bunt. Sie äußerte das aber nicht direkt, sondern sie fing stattdessen an, ihrer Freundin beim Gegenbesuch den billigsten Prosecco anzubieten, den sie in ganz Unterschleißheim auftreiben konnte. Das Hochrüsten in Sachen Knauserigkeit gipfelte eines Tages in einer skurrilen Szene. Meine Mutter füllte heimlich Sonderangebotssekt vom Discounter in eine alte Veuve-Clicquot-Flasche, die sie von ihrem achtundsechzigsten Geburtstag als Souvenir aufbewahrt hatte.

Renate, durchaus wissend, wie Champagner schmeckt, moserte: »Du Heidi, der schmeckt so komisch. Und wieso ist die Flasche denn schon offen?«

»Ich hab ihn in der Küche aufgemacht«, sagte meine Mutter fröhlich, »kurz bevor du gekommen bist. Nicht dass der fliegende Korken meine antike Vitrine beschädigt.«

»Ach, du immer mit deinen alten Möbeln«, erwiderte Renate abschätzig. So nannte sie alle Antiquitäten, die meiner Mutter lieb und teuer waren. »Da sind ja schon die Toten rausgestorben«, hatte sie einmal das Bauernbett im Schlafzimmer kommentiert, das der ganze Stolz meiner Mutter war und sogar in einem Grimme-Preis-dotierten Bergbauerndrama zu sehen gewesen war. Meine Mutter war damals ganz aus dem Häuschen gewesen und hatte uns den Fernsehfilm, den mein Vater aufgezeichnet hatte, dreimal vorgeführt. Offenbar hatte der Vorbesitzer das Bett als Requisite verliehen. Doch das beeindruckte Renate wenig, sie stichelte mit Leidenschaft.

Dennoch trafen sich die beiden Frauen jede Woche. Oder vielleicht auch gerade deshalb? Denn meine Mutter war damit vertraut, dass jemand, der ihr nahestand, ständig an ihr herumkritisierte: ihre liebe Frau Mama.

Trotzdem ärgerte sie sich aber über Renate, schluckte vieles herunter, um des lieben Friedens willen. Wie bei ihrer Mutter.

Nicht aber an jenem Tag im Einkaufszentrum, als die Sache eskalierte.

Sie gab den Dialog im Auto wieder. Ich drosselte noch einmal die Geschwindigkeit, denn ich ahnte: Jetzt würde meine Mutter noch lauter werden – und ich musste mich konzentrieren. Auf den Verkehr und auf sie.

Kurz sah ich in den Rückspiegel. Hinter uns wurde die Schlange der Autos länger und länger. Wie ein Lindwurm, der sich durch die Landschaft schlängelte. Ich grinste, während meine Mutter loslegte.

»›Also, hör mal, Renate‹, habe ich ihr vor dem Einkaufszentrum gesagt. ›Ich kommentiere es doch schließlich auch nicht, dass du jahraus, jahrein immer nur Jeans trägst. Jeans. Jeans. Jeans. Sogar als wir auf der Wiesn waren, mit der Anni und der Frida. Alle trugen schöne, geschmackvolle Dirndl, nur du hattest wieder nur Jeans an. Auf der Wiesn!‹«

Ich musste lachen. Ich stellte mir vor, wie die beiden Frauen, die Renate und meine Mutter, sich vor dem Einkaufszentrum gegenübergestanden hatten wie Brunhild und Kriemhild vor dem Wormser Dom – oder wo war das gewesen in der Nibelungensage? Na egal. Hier war das Einkaufszentrum die Kulisse für einen veritablen Freundinnen-Eklat gewesen.

Statt eines wirklichen Showdowns aber räumte meine Mutter nach dieser für sie beachtlichen Gegenwehr das Feld und flüchtete zum Optiker.

Auch Renate zog ab, nach Hause, zu ihrem Mann Jochen.

»Ich weiß längst, warum sie diesen Streit angezettelt hat«, rief meine Mutter und packte ihren Kreuzfahrtzettel wieder ordentlich zusammengefaltet in die Handtasche. Um Gottes willen, schoss es mir durch den Kopf. Wahrscheinlich will meine Mutter jetzt diese Leserreise mit mir machen, wenn ihr Renate abhandengekommen ist. »Die war im Reisebüro, weil sie mit einer anderen Freundin fahren wollte!«

»Ich dachte, sie hat nur dich, Mama?«

Irrtum. Offenbar gab es noch eine andere Freundin in Renates Leben, eine Frau Dr. Altmann, mit der sie auf einmal lieber verreisen wollte.

»Oder sie wollte die auch noch mitschleppen. In unseren Urlaub! Wahrscheinlich, damit wir ›all inclusive‹ buchen, Renate aber nur mit Frühstück und wir sie dann mit Häppchen versorgen wie eine streunende Katze!« Meine Mutter schnaubte. »Ich will aber nicht, dass die mitkommt. Wir können uns gar nicht leiden, diese Frau Doktor und ich, das weiß Renate ganz genau. Ich lass mir die doch nicht ans Bein binden.«

»Wieso könnt ihr euch denn nicht leiden, die Altmann und du?«

»Die mag mich nicht.«

»Warum nicht?«

»Der bin ich zu lustig. Die hat null Humor.«

»Aha.«

Meine Mutter war der Meinung, dass es einen gewissen Typ Frauen gibt, der sie nicht leiden kann. Aus Prinzip. »Das sind diese humorlosen, unscheinbaren, dicken Weiber, die nur neidisch sind auf mich, weil ich schlank bin und besser aussehe und lustiger bin.«

Das konnte natürlich durchaus sein. Ich selbst hatte aber noch eine andere Theorie.

»Vielleicht liegt es auch daran, dass die Altmann bei dir nie zu Wort kommt?«

»Wieso, die kann doch was sagen, wenn sie will. Verbiete ich ihr das etwa? Aber die sitzt ja immer nur stumm da, beobachtet mich scheel und ist außerdem stinklangweilig.«

Nun, ich wusste, was sie meinte. Mir gingen solche Leute ebenfalls auf die Nerven. Bei Tischgesellschaften beäugte ich sie skeptisch, wenn sie nichts zu einer guten Unterhaltung beitrugen.

»Ich mag so fade Leute auch nicht«, pflichtete ich meiner Mutter bei.

Sie nickte und sah in ihrem Portemonnaie nach, wie viel Geld sie dabeihatte. Offenbar war das Thema Renate jetzt für sie erledigt.

Sie blickte auf.

»Wann sind wir denn am Antikmarkt? Kommen wir rechtzeitig an, dann, wenn er öffnet?«

»Ja, Mama, wir sind gut in der Zeit. In zwanzig Minuten müssten wir Gut Weißenhaus erreicht haben.«

Vorsichtshalber legte ich aber einen Zahn zu. Außerdem fuhr hinter mir ein männlicher Fahrer provozierend nah auf. Ich sah drohend in den Rückspiegel. Als ob das was helfen würde.

Wenige Tage nach dem Desaster im Einkaufszentrum traf meine Mutter Renates Mann auf der Hauptstraße in Unterschleißheim. Vor dem Discounter. Was sich dann begab, hatte sie mir empört am Telefon erzählt.

Er ging auf meine Mutter zu, mit finsterer Miene, und fing an, heftig zu gestikulieren. Er stupste sie sogar mehrmals an. Das störte sie nicht weiter, tat sie es doch selbst gern, wenn sie ihren Worten Nachdruck verleihen wollte, etwa bei Familienfesten. Weshalb mein Bruder und seine Frau eher ungern neben ihr saßen, »Stupsalarm« nannten sie das.

Jochen wurde aber laut und rief: »Du hast meine Frau beleidigt! Hast behauptet, dass sie sich schlecht anzieht!«

»Psst«, machte meine Mutter. »Die Leute schauen doch schon. Außerdem habe ihr nur gesagt, dass sie an mir nicht herumkritisieren soll, weil ich ihre Jeans schließlich auch nicht bemängele.«

»Wieso? Was gibt es denn an Renates Kleidung auszusetzen? Du läufst immer herum mit diesen Schlitzröcken!«, brüllte er auf einmal. Mehrere Passanten blieben stehen und sahen sich nach den beiden um.

Da platzte meiner Mutter der Kragen. Sie streckte ein Bein provokant vor und zurück wie eine Tänzerin im Moulin Rouge und ereiferte sich: »Und ob ich das tue! Da! Schau! Heute wieder! Und wenn ich in die Türkei fliege, trage ich jeden Abend einen anderen Schlitz im Kleid. Ich habe nämlich jede Menge schöner Kleider mit Sexappeal.«

Jetzt war es meiner Mutter egal, wer zuhörte, sie genoss ihren Triumph. Jochen blickte auf die Beine meiner Mutter, errötete, gab sich entrüstet, drehte sich um und floh nach Hause, um Renate zu erzählen, wie meine Mutter sich aufgeführt hätte.

Seitdem war Funkstille zwischen meiner Mutter und ihrer besten Freundin.

War sie darüber froh? Oder eher nicht, weil Renate immer noch besser war als gar keine Freundin? Gerade in ihrem Alter, wo man vielleicht nicht mehr so leicht Freundschaften schloss.

Oder ist das ein Irrtum? Kann man auch in Freundschaften stets wieder von vorn anfangen? Immerhin hatte meine Großmutter sich im Altenheim ja mit einer anderen Frau angefreundet.

»Fehlt dir die Renate?«, fragte ich meine Mutter.

»Na ja, es war schon jedes Mal ganz nett, wenn wir uns gesehen haben«, antwortete sie mit kleiner Stimme.

»Aber ich habe neulich Anni angerufen und gefragt, ob wir uns nicht mal wieder treffen könnten. Sie geht nächstes Jahr in Rente, und dann hat sie wieder mehr Zeit.« Anni war Avon-Beraterin gewesen, und meine Mutter und sie hatten sich irgendwann angefreundet. Ich war mit ihrem jüngsten Sohn in die Grundschule gegangen, wir hatten sogar einmal geknutscht mit acht oder neun. Später hatten wir uns aus den Augen verloren, weil er auf die Realschule ging und ich aufs Gymnasium.

Anni und meine Mutter wohnten im gleichen Ort.

»Das ist gut«, sagte ich. »Triff dich mit ihr.«

»Mmmh. Fahr mal langsamer, da kommt ein Schild.«

Ich schaltete einen Gang runter.

Meine Mutter las: »Gut Weißenhaus. Antikmarkt. Heute.«

»Wunderbar, und wir sind gut in der Zeit.« Ich strahlte meine Mutter an.

Wir waren eine halbe Stunde zu früh da, aber das war genau richtig für meine Mutter und ihr Sammelfieber. Sie zog, als das Gut in Sichtweite kam, den Reißverschluss ihrer Handtasche mit einem entschlossenen Ratsch zu. Gleich würde sie mit anderen den Antikmarkt stürmen wie die Amerikaner die Strände der Normandie.

»Da vorne ist ein Parkplatz«, dirigierte sie mich. Dann, nach einer Weile, fügte sie hinzu: »Soll ich Renate aus Heiligenhafen eine Karte schicken, was meinst du?«

»Ja, warum nicht.«

»Ich überleg mir das noch. Sie ärgert sich bestimmt, dass wir uns einen Urlaub gönnen, während sie vor Geiz noch tot umfallen wird und nichts mehr von der Welt sieht.«

Die Karte konnte aber auch der erste Schritt sein, wieder aufeinander zuzugehen, dachte ich. Denn was würde sein, wenn sie plötzlich gar keine Freundin mehr hatte? Natürlich, sie hatte meinen Vater, aber sie brauchte eine Freundin. Und ich konnte ihr die Freundin nun wirklich nicht ersetzen. Oder sollte ich ihr helfen, eine neue Freundin zu finden? Im Internet, bei den Silversurfern?

Ich hatte mir die Seiten für Frauen über sechzig anlässlich einer Recherche angesehen und darüber sinniert, welche der Frauen, die dort eine Freundin für gemeinsame Ausflüge suchten, sich wohl mit meiner Mutter verstehen würden. Und festgestellt, dass ich keine Ahnung hatte, wer zu ihr passen könnte.

So wenig kannte ich sie.

Wir fuhren auf den Parkplatz. Das Gut war hübsch, ein weißes Herrenhaus wie aus einem ZDF-Sonntagsfilm.

»Mama, was wäre für dich eine ideale Freundin?«

»Na, eine, die nicht langweilig ist.« Die Antwort kam wie aus der Pistole geschossen. »Die auch gern was unternimmt, mit mir in die Türkei fährt und Cocktails trinkt an der Bar. Und lustig ist! Die sich auch fesch anzieht! Stell dir mal die Renate vor am Galaabend im Hotel! Ich wette, die würde sogar da noch ihre schrecklichen Jeans tragen. Ich würde mich ja schämen!«

Ich zog die Augenbrauen hoch. Ob meine Mutter eine Freundin, die ihr so ähnlich war, wirklich mögen würde? Ich konnte mich an keine erinnern, die ihr Temperament gehabt hatte. Selbst Anni war eher zurückhaltend. Mit einem Schlitz im Kleid hatte ich sie nie gesehen. Ich hatte aber auch nicht darauf geachtet, wenn sie meine Mutter früher abgeholt hatte, um gemeinsam ins Theater zu fahren.

»Hat Renate kein Abendkleid?«

»Weiß ich nicht. Wir sind noch nie zusammen abends groß ausgegangen. Das ist ihr zu teuer. Die will ja sogar beim Griechen den Kinderteller, weil er drei Euro billiger ist. Mit Renate in die Oper und dann vielleicht noch in ein Lokal?« Meine Mutter lachte hämisch. »Undenkbar. Es sei denn, ich lade sie ein.« Sie öffnete die Fahrertür und hielt inne. »Man hat keine echten Freunde im Leben. Da wirst du auch noch draufkommen!«

»Also, ich weiß nicht, Mama.«

Ich war etwas ratlos. Wieso sollte man keine echten Freunde haben? Wahrscheinlich war sie einfach nur gekränkt. Bestimmt hing meine Mutter an Renate. Oder vermisste zumindest die Treffen mit ihr. Mein Vater verabscheute Kaffeekränzchen. Er flüchtete immer wie unsere Hauskatze, wenn Renate zu Besuch kam und meine Mutter mit jedem Gläschen Prosecco ein paar Dezibel mehr aufdrehte. Er tauchte, wie die Katze, erst wieder auf, wenn Renate leicht beschwipst abgezogen war und meine Mutter bestens gelaunt in der Küche das Abendessen machte.

Mit wem sollte sie jetzt künftig ratschen? Der Gedanke ließ mich nicht los.

Meine Mutter war inzwischen ausgestiegen und sah zur Eingangstür des Antikmarkts. Noch war nicht viel los. Das schien sie zu beruhigen.

Ich zog den Zündschlüssel ab, verließ ebenfalls das Auto und streckte mich. Mein Rücken knackte. Ich konnte mir ein Leben ohne Freundinnen nicht vorstellen. Schon gar nicht in der Zukunft. Wir träumten davon, später gemeinsam in einem Haus zu wohnen – mit und ohne Partner –, was natürlich pure Utopie war, nicht nur aus finanziellen Gründen.

Das Ganze würde schon daran scheitern, dass meine vier engsten Freundinnen sich untereinander nicht sonderlich gut leiden konnten. Sie fanden sich alle gegenseitig »schwierig«, ganz zu schweigen von den jeweiligen Freunden. Nach ein paar eher verunglückten Festen war ich aus diesem Grund dazu übergegangen, meinen Geburtstag nicht mehr gemeinsam zu feiern.

Ich selbst fand ein paar Freundinnen allerdings auch immer nerviger. Sie waren anstrengend, und manchmal ertappte ich mich tatsächlich bei dem Wunsch, sie würden in eine andere Stadt ziehen. Für immer. Gemein war das. In letzter Zeit sagte ich auch häufiger Verabredungen mit ihnen ab. Manchmal war ich ehrlich und begründete das mit einer stressigen Woche im Büro. An solchen Tagen brauchte ich dringend Zeit für mich allein und war überhaupt nicht in der Lage, ihnen zuzuhören. Mehr und mehr ertappte ich mich aber dabei, dass ich mir Ausreden ausdachte, aus Angst, meine Freundinnen sonst vor den Kopf zu stoßen oder als jemand zu gelten, auf den kein Verlass war.

Ebenso wenig konnte ich sagen, dass ich häufig erleichtert war, wenn eine von ihnen keine Zeit hatte oder kurzfristig ein Treffen absagte. Und immer öfter überlegte ich, ob ich die eine oder andere Freundschaft nicht besser aufkündigen sollte. Denn warum sollten wir uns überhaupt noch sehen, wenn fast jede Begegnung in einer pausenlosen Krisenintervention mündete?

Meine Freundin Sandra zum Beispiel verwickelte sich geradezu notorisch in Schwierigkeiten mit Kolleginnen, Vorgesetzten und Nachbarn. Sie vermutete überall Menschen, die ihr angeblich schaden wollten oder die sie nicht leiden konnten, und zog als vollendete Pessimistin und Vollzeitparanoikerin das Unglück nur so an. Fand ich.

Es war mühsam, ihr länger zuzuhören, und manchmal sehnte ich mich bereits nach dreißig Minuten auf meine heimische Couch.

Oder wünschte mir, sie würde endlich nach Hause gehen, wenn ich sie zu mir eingeladen hatte.

Und nun fragte ich mich, warum meine Mutter über all die Jahre mit Renate befreundet geblieben war, obwohl diese stichelte, recht viel jammerte und meist ausgiebig über ihre diversen Krankheiten sprach, als wären sie ungezogene, aber doch heiß geliebte Haustiere.

Im Grunde war das ganz ähnlich wie bei mir und Sandra, die sich ebenfalls ausgiebig ausließ, nur in ihrem Fall über missglückte Beziehungen, Streitereien mit diesen oder jenen und sonstige emotionale Desaster. Mir dämmerte seit einer Weile, dass ich es nicht besser machte, wenn ich ihr zuhörte. Mein Verständnis bestärkte sie nur in ihrem Selbstmitleid und der seltsamen Freude, um sich selbst zu kreisen. Ändern würde sie so nie etwas.

Ja, bin ich denn deine Gratis-Therapeutin?, hatte ich mich schon mehrfach gefragt, wenn ich von einem Treffen mit ihr nach Hause ging.

Jetzt aber, nach dem Gespräch mit meiner Mutter, wurde mir klar, dass ich durchaus von dieser Freundschaft profitierte, so wie meine Mutter von der mit Renate. Nämlich auf eine eher ungute Art. In gewisser Weise beobachtete ich nämlich Sandras immerwährende verwickelte Probleme mit einem perversen Interesse, ganz ähnlich wie Schaulustige einen katastrophalen Autounfall. Aber war das dann überhaupt Freundschaft, was uns verband? Missbrauchten wir einander vielleicht nur gegenseitig, jede die andere für ziemlich egozentrische Zwecke?

Kürzlich hatte ich mich ebenfalls mit Sandra gestritten. Ich hatte, mal wieder, ihren Geburtstag vergessen, und sie hatte mir nicht nur das übel genommen, sondern gleich noch vorgeworfen, sie nicht häufig genug sehen zu wollen. Mittlerweile traf ich sie tatsächlich nur noch alle vier bis sechs Wochen. Ich erinnerte mich an unser letztes Treffen auf dem Spielplatz. Allerdings erst gegen Abend, als es dort immer leerer wurde. Sie war seit neun

Monaten Mutter, hatte ihre Tochter bekommen, kurz bevor sie vierzig geworden war, und mied nun andere Mütter, weil sie ihr auf die Nerven gingen. Sie würden ihr zu viel »Geschiss« um ihren Nachwuchs machen. Was das betraf, waren wir uns einig, doch ich fand, anders als sie, es ganz amüsant, die Erziehungsversuche moderner Eltern zu beobachten.

»Du hast leicht reden«, sagte Sandra zu mir. »Du hast ja kein Kind, bei dir beobachtet niemand, ob du auch alles richtig machst!«

»Dann mach es doch falsch«, hatte ich flapsig geantwortet, weil das schon wieder so paranoid geklungen hatte.

An jenem frühen Abend warf Sandra mir mit weinerlicher Stimme vor, ich hätte sowieso »nie« Zeit für sie. Wir saßen auf einer Bank am Sandkasten. Ihre kleine Tochter Flora gluckste glücklich vor sich hin. Sie war ganz offensichtlich besser drauf als ihre Mutter.

Ich merkte, dass mich schon die leiernde Stimmlage von Sandra kolossal nervte. Oje. Und in diesem Augenblick gestand ich, dass ich sie tatsächlich seltener träfe als Melanie, weil diese das Leben meist von der leichten Seite nehme, so wie ich selbst.

Nervös war ich auf der Bank herumgerutscht, und weil es mir schwerfiel, zu sagen, was ich dachte, wurde ich ärgerlich und schoss prompt über das Ziel hinaus. Sandra hatte bereits ausgiebig über ihre Beziehungsschwierigkeiten referiert, mindestens eine Stunde. Eine Weile fand ich es ja interessant, aber als wir zum x-ten Mal überlegten, warum ihr Freund dieses tat und jenes nicht, platzte es jetzt aus mir heraus: »Du machst nämlich aus jeder Mücke einen Elefanten. Weißt du was? Ich will, wenn wir uns sehen, einfach nur Spaß haben und nichts von Problemen hören. Ich habe als Betriebsrätin in meinem Job genug Ärger, um den ich mich kümmern muss.«

»Willst du 'nen Orden für dein Betriebsratszeug, oder was?«, rief Sandra und setzte nach: »Was bist du denn für eine Freundin, die nicht über das reden will, was mich bedrückt?«

»Offensichtlich eine schlechte. Auf alle Fälle nicht die, die du gern hättest«, hatte ich patzig geantwortet.

Wir trennten uns an diesem Abend schneller als sonst, und anders als üblich winkte ich ihr nicht nach, nachdem sie den Kinderwagen in ihrem Auto verladen hatte.

Kaum war ich allein, atmete ich auf und war doch zugleich betrübt.

Tags darauf lieferten wir uns eine wortreiche Auseinandersetzung per E-Mail, in der ich auf den Punkt brachte, was ich empfand: »Du willst dauernd etwas. Ratschläge. Seelische Unterstützung. Ich soll mich um dein Kind kümmern, babysitten und was weiß ich noch alles. Aber was machst du eigentlich für mich?«

In der nächsten E-Mail rechneten wir uns dann vor, was jede für die andere in der letzten Zeit getan hatte. Ich bestand darauf, ganz kleinkariert, ich hätte mehr getan für sie als sie für mich. Sandra betitelte mich daraufhin per Tastendruck als »Maschinengewehr-Arschloch«.

Ich konnte ihr das gar nicht allzu übel nehmen. Ich war selbst mit schuld an der ganzen Misere. Ich hatte mein Unbehagen viel zu lange vor ihr verborgen und ihr nun überfallartig, in einer einzigen E-Mail, hingeknallt, was ich schon eine Weile mit mir herumgeschleppt hatte.

Fair war das nicht gewesen. Aber trotzdem: Eine Freundschaft, die mich so viel Kraft kostete, verdiente den Namen nicht länger.

Mit raschen Schritten ging meine Mutter zum Gut, ich zündete mir eine Zigarette an und folgte ihr. Ich fragte mich, ob ich womöglich am Helfersyndrom litt und es genoss, mich meinem pessimistischen Freundinnen überlegen zu fühlen, und darum Freundschaften aufrechterhielt, über deren Sinn ich mir zugleich den Kopf zerbrach.

Vielleicht ging es meiner Mutter mit Renate ähnlich? Vielleicht fühlte sie sich zu dem Geiz von Renate und ihren Sticheleien hingezogen, weil sie sich so in ihrer Gegenwart in dem Gefühl sonnen konnte, großzügiger zu sein, warmherziger und verständnisvoller.

Jede Freundschaft ist doch all diesen widersprüchlichen Erlebnissen ausgesetzt, erfährt Neid, Missgunst, Egoismus, aber auch Momente der Verbundenheit. Vielleicht hatte ich diese Ambivalenz bisher zu sehr unter den Teppich gekehrt und mir selbst nicht eingestehen wollen. Ich sollte, so ging mir weiter durch den Kopf, künftig öfter rechtzeitig sagen, was ich empfinde und denke, ohne gleich verletzend zu werden. Ohne mich im Stillen zu ärgern.

Die große Frage war nur: Würde das meine Freundschaft zu Sandra verbessern, oder wäre sie dann vorbei, weil wir uns am Ende schmerzlich eingestehen müssten, mehr oder weniger nur eine Zweckgemeinschaft zu sein? Oder konnten wir das sogar akzeptieren und uns künftig darauf konzentrieren, was an unserer Beziehung gut klappte? Immerhin lachten wir gern und liebten es, über Dritte zu lästern.

Ich warf meine Zigarette in einen Abfallkorb. Ein paar mehr Sammelwütige warteten nun vor dem Gut auf Einlass. Meine Mutter befand sich im Gespräch mit einer Frau, die eine beeindruckende schwarze Hochsteckfrisur trug. »Amy Winehouse um 1900«, murmelte ich.

Meine Mutter hatte nichts gehört. Sie sagte zu der Dame, die ich auf Mitte sechzig schätzte: »Sie tragen aber ein schönes Medaillon, aus den Zwanzigerjahren, oder?«

Die Dame strahlte und machte wiederum meiner Mutter ein Kompliment zu ihrer Jugendstilkette. Danach tauschten sich die beiden über Schmuck aus. Amy von anno dazumal war ausgesprochen redefreudig.

Ich grinste. Bei ihr kam sogar meine Mutter kaum zu Wort, was sie aber überhaupt nicht zu stören schien.

Jetzt öffneten sich die Tore zum Paradies. Zusammen mit der Dame enterte meine Mutter die Freitreppe zum Antikmarkt. Ihre Begleiterin redete weiter auf sie ein. Beide legten ein beachtliches Tempo vor. Die Antiquitätenhändler mussten sich heute verdammt warm anziehen. Sicherlich verbarg sich unter der imposanten Hochsteckfrisur eine ebenso erbarmungslose Feilsch-Königin wie meine Mutter. Schade nur, dass diese Frau ihrem Akzent nach wohl aus Norddeutschland stammte. Vielleicht hätten sich die beiden sonst angefreundet, zusammen Antikmärkte besucht und sich bei ausschweifenden Prosecco-Treffen auf Biedermeier-Chaiselongues ihre Sammlungen vorgeführt. Die Amy-Dame sah nämlich aus, als käme ihr kein Möbelstück ins Haus, das jünger war als Jahrgang 1929.

Rasch schritt ich den Saal ab, warf aber nur einen flüchtigen Blick auf die Tische, stattdessen bewunderte ich den Kristalllüster an der Decke.

Meine Mutter fachsimpelte gerade mit ihrer neuen Bekannten fachmännisch über einen Biedermeierschrank, bestimmt war er in ihren Augen viel zu teuer. Darin waren sich die Frauen sofort einig, das sah ich von Weitem, denn der Händler schaute ein wenig unglücklich aus der Wäsche. Ich war erleichtert: Meine Mutter amüsierte sich auch ohne mich prächtig. Ich ging zu ihr hin, verabschiedete mich für eine Stunde und machte mich auf zum Meer.

Der Strand war nur zweihundert Meter vom Gut entfernt und herrlich leer. Die Badegäste hatten an diesem regenreichen Tag sicherlich gemütliche Cafés und Restaurants gestürmt oder unternahmen Ausflüge nach Malente oder Plön.

Ich schlenderte am Wasser entlang. Der Wind blies immer wieder die Glut meiner Zigarette aus. Ich ging zu einem verlassenen Strandkorb, setzte meine Kapuze auf, zündete mir die Zigarette wieder an und sah auf die Ostsee.

Die orangefarbenen Bojen in der Bucht verschwanden und tauchten wieder auf, an einer war ein Ruderboot festgemacht, das sich im Seegang bedrohlich nach rechts und links neigte. Die Wellen schleuderten Tang, kleine Quallen und Treibholz ans Ufer wie eifrige Putzfrauen beim Großreinemachen. Ein

Neufundländer lief durch die Gischt, und eine Frau in grünen Gummistiefeln folgte ihm. Sie hob die Hand, und ich winkte zurück, zufrieden mit den Elementen, mir selbst und der ganzen Welt. So musste das urzeitliche Meer ausgesehen haben, eine wild schäumende Ursuppe, dachte ich, drückte die Zigarette aus, vergrub meine Hände in den Anorak und sog mit geschlossenen Augen die Luft ein. Ich konnte förmlich spüren, wie die See meine Gedanken durchpustete. Vielleicht war es an der Zeit, auch meine Freundschaften in Bewegung zu bringen. Nachdenklich ging ich nach einer Stunde zurück zum Gut.

Bestimmt hatte meine Mutter ein paar Puppenstubenmöbel ersteigert. Hauptsache, sie schleppte nicht einen bombastischen Wohnzimmerspiegel an, den ich dann am Hamburger und Münchner Flughafen umständlich durch die Sicherheitskontrollen schleusen musste.

Tatsächlich hatte sie nur eine Miniatur-Standuhr und einen winzigen Waschzuber für ihre Puppenstubensammlung erstanden. Den Zuber wienerte sie noch im Auto mit einem Taschentuch, dabei erzählte sie von ihrer Bekanntschaft mit der Amy-Dame, die in Hamburg wohnte und sich hervorragend mit Käthe-Kruse-Puppen auskannte.

»Sollen wir noch einen Abstecher nach Plön machen, da gibt es ein Schloss zu sehen?«, fragte ich. »Wenn wir schon mal in der Holsteinischen Schweiz sind?«

»Ach nein«, antwortete meine Mutter. »Aber wir könnten doch Heiligenhafen unsicher machen.«

»Einverstanden.«

Es hatte wieder zu regnen begonnen, und meine Mutter wollte das Heimatmuseum von Heiligenhafen und die Kirche besichtigen. Ich dagegen musste unbedingt in das örtliche Kaufhaus. Ich mag Kaufhäuser, besonders in kleinen Städten. Meine Mutter war da anderer Meinung.

»Wie konnten sie nur so einen hässlichen Klotz mitten in die Altstadt bauen?«, meckerte sie, als wir das Besichtigungsprogramm absolviert hatten und ich nun zu meinem Vergnügen kam.

In der Tat hatte man mitten in die Altstadt mit ihren schmucken Häusern aus Backstein diese Bausünde aus Beton und Stahl gesetzt.

»Die schlimmen Siebzigerjahre. Da galt alles Neue als schön und die traditionellen Häuser als überholt«, sagte ich, als ob sie das nicht selbst wüsste.

Trotzdem amüsierten wir uns prächtig in dem architektonischen Scheusal. Meine Mutter sah sich bei den Schals und Tüchern um und erstand ein Leoparden-Karree im Ausverkauf. Animal Prints waren wohl schon wieder passé.

Ich kaufte mir einen neuen Bikini und wählte entschlossen die Badehose in Größe 44. Schlanker würde ich ohnehin nicht mehr werden. Der Urlaub mit Mutti führt zu einer ganz neuen Gelassenheit mit dem Älterwerden, dachte ich, als ich damit zur Kasse ging.

Zum Abendessen bereitete meine Mutter wieder eines meiner Lieblingsgerichte aus der Kindheit zu: Schinkennudeln mit Feldsalat. Ich lud mir den Teller übervoll, schließlich passte der Bikini perfekt. Danach bot ich ihr an, alles abzuspülen, doch sie winkte ab. Sie hantierte in der kleinen Küche, das Geschirr klapperte, und ich setzte mich auf den Balkon und sah zu, wie die Regentropfen auf den See fielen.

»Gemütlich haben wir es hier«, rief ich.

Meine Mutter trat auf den Balkon und trocknete sich die Hände mit einem Geschirrtuch ab.

»Ich hab mich auch schon richtig gut eingelebt«, sagte sie.

»Soll ich uns einen Tee machen?«, fragte ich.

»Ja, gern. Und dann schreibe ich Postkarten.«

Als ich mit zwei Tassen Pfefferminztee wieder auf den Balkon kam, sah ich, wie meine Mutter gerade die Adresse von Renate auf eine der Karten schrieb, die sie im Kaufhaus erstanden hatte.

»Oh, die Renate kriegt auch eine?«

»Ja, warum nicht, ich will ja mal nicht so sein«, antwortete meine Mutter, ohne aufzublicken. »Außerdem ärgert sie sich bestimmt, wenn ich einen so schönen Urlaub habe.« Sie hob die Postkarte hoch. »Schau, sieht doch hübsch aus! Da wird sie Augen machen!« Die Karte zeigte alte Stadtansichten von Heiligenhafen.

»Sehr geschmackvoll«, pflichtete ich meiner Mutter bei.

Ich schmunzelte und war zugleich ein bisschen froh, dass meine Mutter ihre Freundin wohl doch nicht ganz abgeschrieben hatte.

»Und du unterschreibst auch! Das wurmt sie noch mehr.«

Ich lachte. »Alles wie gehabt. Meine Freundinnen werden sich auch nie ändern, und ich fürchte, ich ebenfalls nicht, Mama.«

Meine Mutter sah auf. »Ja, sollten sie das denn?«

Ich zuckte die Achseln. »Zumindest ein klein wenig. Ab und an geht mir zum Beispiel Sandra ganz schön auf den Zeiger.«

»Mmmh«, sagte meine Mutter, ohne weiter nachzufragen.

Die Zukunft, so dachte ich, wird zeigen, ob in der Beziehung zwischen einigen meiner Freundinnen und mir eine gewisse Feinjustierung möglich sein würde. Irgendwie hing ich doch auch an ihnen.

»Vielleicht entschuldigt sich die Renate ja noch«, sagte ich laut.

»Na, darauf bin ich aber gespannt«, antwortete meine Mutter und reichte mir die Karte.

Ich las:

Meine liebe Renate! Wir haben hier am Meer schon vier wunderbare Tage erlebt. Es ist der herrlichste August seit Jahrzehnten. Das Wetter ist ein Traum, wir unternehmen jeden Tag hochspannende Ausflüge (heute ein Antikmarkt, habe teuer eingekauft!) und schlemmen fangfrischen Fisch. Noch besser als bei unserem Griechen! Kurz, es ist das Paradies!

Wenn meine Mutter loslegt, dann aber richtig, dachte ich grinsend und unterzeichnete mit »Edith«. Und weil sie noch eine Ansichtskarte übrig hatte, schrieb ich Thomas eine. Ebenfalls trug ich dick auf, erzählte ihm, wie unglaublich schön es hier sei. Ich war schließlich erwachsen genug, den ersten Schritt zu machen. Auf eine SMS konnte er aber noch länger warten. Er soll ein wenig zappeln, das geschieht ihm ganz recht, dachte ich.

»Willst du was gelten, dann zeige dich selten«, sagte meine Mutter und setzte ihren Namen mit ihrer schwungvollen Schrift wiederum unter meine Karte.

Ich nickte. »Wo du recht hast, hast du recht.«

Wir nippten an unserem Tee, und ich streckte die Beine genüsslich aus.

»Hier lässt es sich aushalten, oder Mama?«

»Ja! So schön ruhig! Und morgen machen wir eine Radtour!«

Als ich müde in die Kissen sank, war es noch nicht einmal elf. Vielleicht mutierte ich allmählich zu meiner Mutter. Aber selbst das störte mich gerade nicht. Zusammen hatten wir einen weiteren wunderbaren Tag erlebt. Vielleicht sollte Sandra mal mit ihrer Mutter verreisen und sich dabei mit ihr und auf diese Weise auch ein wenig mit sich selbst aussöhnen. Aber ich wusste jetzt schon, was sie antworten würde: »Mit meiner Mutter? Damit die dann alles besser weiß? Nur über meine Leiche!«

Man muss natürlich bereit sein, genauer bei sich selbst hinzuschauen, dachte ich und schlief ein.

Tag 5 – Mittwoch

»Jetzt hör doch mal auf, Mama!«
Warum Gespräche mit der eigenen Mutter sich häufig
im Kreis drehen und am Ende eskalieren. Einige
vielleicht hilfreiche Überlegungen, um sich nicht
allzu sehr in die Haare zu bekommen.

Ich erwachte bestens gelaunt und bedauerte fast, dass der Urlaub schon zur Hälfte um war. Allerdings lockten meine eigene Wohnung, meine eigenen Pläne. Auch auf Thomas freute ich mich. Aber ich hatte einen Entschluss gefasst: Den nächsten Urlaub würde ich nicht mit ihm verbringen, sondern wieder mit meiner besten Freundin Melanie. Wer sagte denn, dass man als Paar immer zusammen verreisen musste? Melanie und ich wollten unbedingt in den Oman und einmal in der Wüste übernachten. Dazu hatte Thomas wenig Lust. Da gab es ja auch keinen Golfplatz. Also in der Wüste. Im Oman natürlich schon, aber diese Wasserverschwendung für ein paar Golffreaks. Ohne mich. Wir passten im Urlaub einfach nicht recht zusammen. Wir konnten ja gemeinsam ein weiteres Mal nach London fliegen. Obwohl ich mich noch lebhaft daran erinnerte, wie wir uns mitten auf dem Trafalgar Square angeschrien hatten, weil er darauf bestanden hatte, dass der Piccadilly Circus rechts von uns lag. Ich wusste es besser. Wir hatten uns beide getäuscht.

Ich trat auf den Balkon und räkelte mich. Über Nacht hatte es aufgeklart, die Regenwolken waren vom Ostseewind vermutlich nach Skandinavien gepustet worden. Der Himmel strahlte klar und blau, gründlich gewienert und poliert. Kleine Haufenwolken leuchteten hell und weiß wie frisch gewaschene Untersetzer auf einem Kaffeetisch. Ideales Wetter für eine Fahrradtour. Es wehte nur ein leichter Wind, und es war weder zu heiß noch zu kühl.

Im Internet hatte ich einen Radweg entdeckt, der an einem Hünengrab vorbeiführte. Das wollte ich unbedingt erkunden. Ich kann mich so sehr für Vorgeschichte begeistern wie meine Mutter für Möbel aus der Biedermeierzeit.

Sie schmierte gerade ein paar Brötchen. Heute in einer geblümten Bluse. Die Oben-ohne-Nummer hatte sich nicht mehr wiederholt. Ob das an mir lag oder einfach nur am Wetter?

»Ich geh schon einmal zu den Fahrrädern hinunter«, sagte ich, als ich wieder unser Apartment betreten hatte.

Nachdem ich das Fahrradkörbchen meiner Mutter noch einmal festgezurrt hatte, ging es los. Wir fuhren am Binnensee entlang und bogen schließlich in einen Feldweg ein. Eine gigantische Hotelanlage ließen wir rasch hinter uns. Vom Balkon im achten Stock hatte man sicher einen tollen Blick über die Wiesen und aufs Meer.

»So ein hässliches Ding! Da wohnen wir viel schöner«, lobte meine Mutter.

Wir fuhren nebeneinander, ich hatte mein Tempo gedrosselt, denn meine Mutter trat sehr gemütlich in die Pedale.

»Ja, unglaublich hässlich. Aber bringt halt Geld.«

Und wahrscheinlich war es sogar umweltfreundlicher, einen Touristenbunker hochzuziehen, statt die Wiesen und die ganze Küste mit kleinen putzigen Ferienhäuschen in »landestypischer Bauweise« zu zersiedeln. Das war ja das Schönste: Vor uns lag jetzt einfach nur Landschaft. Aber wie erklärt man das den Touristen? Alle wollen am liebsten ein malerisches Fischerhäuschen, natürlich mit WLAN und Induktionsherd.

»Hättest du gern ein Ferienhaus am Meer, Mama?«

»Na ja. Ist ganz schön weit weg von München. Und dann müsste ich auch da deinem Vater hinterherputzen. Also, ich geh lieber ins Hotel.«

Dass meine Mutter auch in unserem Apartment meist den Haushalt schmiss, schien sie nicht weiter zu stören. Wahrscheinlich, weil ich noch mit vierundvierzig in den Augen meiner Mutter das Kind geblieben war.

Der Feldweg war mit groben Steinen gepflastert. Um uns herum breitete sich auf den Wiesen ein Blütenmeer aus. Grillen zirpten ab und an, so richtig würden sie erst am späten Nachmittag loslegen.

»Ich steige ab«, sagte meine Mutter. »Das ist mir hier zu holperig.«

Ich tat es ihr gleich, und wir schoben nun die Fahrräder. So konnte man alles noch besser auf sich wirken lassen.

In der Ferne blitzte von Zeit zu Zeit das Meer als blauer Farbklecks auf. Einige Erklärungstafeln wiesen darauf hin, dass wir durch eine höchst seltene Magerwiese unterwegs waren. Genau so hatte ich mir eine Fahrradtour in Norddeutschland immer vorgestellt. Selbst schwarz-weiße Kühe grasten auf einem kleinen Hügel. Eine friedliche Szenerie wie auf einem impressionistischen Gemälde, das ideale Motiv für jeden passionierten Hobbymaler. Ich genoss den Ausblick in die Ferne, und meine Augen wanderten immer wieder zum Horizont, dorthin, wo Himmel und Meer sich trafen.

»Wärst du eigentlich lieber im Norden groß geworden, Mama, statt in den Bergen?«

»Ach, schön ist es hier schon. Aber ich glaube, die dunkelhaarigen Männer in Tirol und in Bayern sind mehr mein Fall«, antwortete sie. »Gut, bis auf Onkel Heinrich. Der hätte mir gefallen können, wenn wir nicht ins Inntal gezogen wären. Aber er war ja schon vergeben.«

Typisch meine Mutter, dachte ich. Männer waren ihr wichtiger als die Landschaft.

Ich wollte glauben, dass es bei mir anders war. Der Wind, die

Weite – und jeden Morgen zeigte das Meer ein anderes Gesicht. Seit wir hier waren, hatten seine Farben sich unermüdlich verändert, nicht einmal die Wellen glichen sich. Mal kräuselten sie sich, dann wieder liefen sie langsam am Strand aus oder die Schaumkronen spielten übermütig im Wind. Und nun duftete auch noch die Magerwiese.

Ich blieb stehen und sah mich um. Es war einfach herrlich. Hätte nicht auf einer Landschaftserhebung in der Ferne ein Windrad die Idylle gestört.

Und meine Mutter. Denn statt einfach nur das Rad zu schieben, sich umzuschauen, das frische Sommerlüftchen zu genießen und dem lieblichen Zwitschern der Feldlerche über uns zu lauschen, fing sie an, mit der bei meinem Bruder und mir gefürchteten Klage über Oma und das Erbe. Ein thematischer Dauerbrenner, denn meine Mutter sah ein Desaster am Horizont heraufziehen.

Wir schoben die Räder jetzt an einer Steigung hoch.

Sie sagte: »Ich muss mich wirklich auf die Hinterbeine stellen! Sonst überschreibt meine Mutter ihre Wohnung, die sie ja noch besitzt, einem ihrer Lieblingsenkel. Jeden Monat überweist sie Geld für alle, die studieren. Nur du und dein Bruder, ihr habt damals nichts bekommen.«

Das war natürlich nicht fair von meiner Großmutter gewesen, kümmerte mich aber Jahrzehnte nach meinem Studium und im Augenblick sowieso herzlich wenig.

»Mama, vergiss mal diesen Ärger und erfreue dich an dieser Landschaft.«

Ich wünschte mir an ihr eine Stummschaltfunktion wie bei meinem Fernseher. Alle Wendungen des familiären Erbskandals kannte ich mittlerweile in- und auswendig. Leider waren durch die gebetsmühlenartige Wiederholung meine Anteilnahme und mein Interesse gegen null geschrumpft.

Das ging mir oft so mit meiner Mutter. Wenn ihr etwas missfiel, lamentierte sie ohne Punkt und Komma und konnte jeden einzelnen Punkt hemmungslos wiederholen. Erst kürzlich war ich deswegen ausgeflippt. Sie war bei mir zu Hause zu Besuch gewesen und hatte mal wieder allerhand zu monieren gehabt. Die Vorhänge gehören mal abgestaubt! Die Zimmerlinde im Schlafzimmer ist viel zu groß, die welken Blätter machen doch nur Arbeit! Das Sofa braucht eine Schutzdecke, sonst ist es bald nicht mehr schön!

»Mama, mir gefällt es aber, so zu wohnen«, hatte ich gesagt.

»Ich mein ja nur«, antwortete sie, um gleich darauf ungerührt fortzufahren: »Dein vollgepackter Garderobenständer fällt auch bald um, so viele Jacken wie da dranhängen! Und dann fällt er in den Spiegel. Räum doch mal die Winterjacken weg, wir haben jetzt Juni. Und warum gießt du immer auf den schönen Parkettboden daneben, davon geht der doch kaputt.«

So ging es den ganzen Nachmittag. Einspruch zwecklos.

Und jetzt war sie wieder in Fahrt. Ich ärgerte mich. Es war so schön hier, aber sie hatte kaum einen Blick für die Landschaft, sah sie doch vor ihrem inneren Auge wie die Seherin Kassandra höchst unerquickliche Ereignisse voraus. Sie prophezeite großes Unbill, wenn ihre Mutter das Zeitliche segnete.

»Wer darf dann die Wohnung ausräumen, den Sperrmüll vier Stockwerke runterschleppen, ohne Aufzug?« Die Frage war rein rhetorisch gemeint, denn die Antwort gab meine Mutter selbst. »Ich, natürlich. Warum hat sie die Wohnung nicht längst aufgelöst? Sie ist seit vier Jahren im Heim!«

»Na, sie kann sich vielleicht nicht davon trennen. So ein Umzug ins Altersheim ist einfach sehr endgültig«, warf ich ein.

Meine Mutter schüttelte den Kopf. Ob über meine Großmutter oder über meine Bemerkung, wurde dabei nicht ganz klar.

Ich merkte, wie meine gute Laune allmählich den Bach runterging. Ich hätte in einer Erdspalte verschwinden können, hier und jetzt, meine Mutter hätte trotzdem weiter lamentiert: »Wenn Oma tot ist, dann muss ich alles auflösen und abwickeln. Davor graut mir jetzt schon! Und was ist der Dank dafür? Für uns bleibt jedenfalls nichts übrig, weil deine liebe Großmutter das Geld noch zu Lebzeiten mit vollen Händen verteilt. Dabei sind

Paul und ich ihre Kinder. Aber wir dürfen sie besuchen und sollen uns um sie kümmern. Wer ruft denn jede Woche bei ihr an und sitzt stundenlang in ihrem Zimmer, wenn ich in Tirol bin? Ich oder all die Erbschleicher, die nicht einmal eine Briefmarke für eine Weihnachtskarte übrig haben. Du fährst wenigstens hin und wieder zu ihr – und dann willst du noch nicht einmal Geld! Aber den Enkeln, die sich Jahr und Tag nicht blicken lassen, wirft sie alles hinterher!«

Meine Mutter hatte sich so ereifert, dass sie einen roten Kopf bekommen hatte.

»Ach, Mama.«

Vielleicht half jetzt etwas Bewegung? Ich schob das Rad etwas schneller. Dabei war ich schon außer Atem und begann zu schwitzen. Ich legte trotzdem an Tempo zu und rief: »Gleich sind wir oben!« Wenn meiner Mutter die Luft wegblieb, würde sie vielleicht kurzzeitig verstummen, und ich könnte die Natur ein wenig länger ungestört in mich aufnehmen.

Meine Mutter schnaufte. Sie war ein wenig zurückgefallen, überbrückte die Distanz aber einfach mit ihrer Stimme: »Am Ende ist wahrscheinlich rein gar nichts mehr übrig, nicht einmal für ihre Beerdigung. Und wer zahlt dann? Ich vielleicht? Die gierige Verwandtschaft bestimmt nicht!«

Es gab kein Entkommen. Meine Mutter konnte eindeutig besser als ich ein Fahrrad bergan schieben und gleichzeitig reden. Wäre vielleicht eine interessante olympische Disziplin.

Ich rang nach Luft.

Schon war meine Mutter auf gleicher Höhe mit ihrem Publikum, das leider nur aus mir bestand.

Langsam geriet ich in Rage, wie immer, wenn es so lief. Ein Dialog fand einfach nicht mehr statt, wenn sie sich aufregte. Sie hatte überhaupt kein Interesse daran, Gedanken auszutauschen oder vielleicht sogar gemeinsam nach einer Lösung für das Finanzdesaster in spe zu suchen. Nein, sie wollte jetzt einfach nur in Endlosschleife einen Vortrag halten und sich hineinsteigern in empörende Szenarien.

Meine Rolle war auf die der Stichwortgeberin beschränkt. Es genügte, wenn ich Floskeln wie »Ja, völlig unverschämt« oder »Diese Erbschleicher!« einstreute. Ich tat das jedoch so sparsam wie möglich, um den Monolog nicht weiter anzuheizen. Aber auch das war vergebliche Liebesmüh. Selbst wenn ich schwieg, brach sich die Empörung meiner Mutter Bahn. Ihre Turbo-Rede war ein Naturereignis wie eine Sturmflut und kaum zu stoppen.

Sie erinnerte mich dabei an Claudia, neben Sandra eine weitere Freundin von mir. Sie litt ebenfalls an galoppierendem Wiederholungszwang. Claudia hatte ich auch noch nie so richtig stoppen können. Nicht einmal, als ich eines Tages gereizt zu ihr meinte: »Sag, kann es sein, dass du an dieser Verbitterungsstörung leidest?«

Die hätte mir bei meiner Mutter und im Urlaub am Meer gerade noch gefehlt.

»Furchtbar«, murmelte ich.

»Eine Katastrophe ist das!«

»Mama, nicht so laut, ich höre dich«, antwortete ich gereizt. »Können wir nicht mal fünf Minuten einfach nur still sein und die Natur genießen?«

Meine Mutter schnaubte. »Ist doch wahr!«

Plötzlich war es ganz still. Wo waren denn die zwitschernden Feldlerchen hin?

Wir hatten den höchsten Punkt des Hügels erreicht und sahen uns um. Bis zu den Klippen war es nicht mehr weit.

Ich sehnte mich danach, friedlich auf der Wiese zu liegen und aufs Meer zu schauen. Und Segelbooten nachzusehen.

»So schön«, sagte meine Mutter und atmete tief ein. Erstaunlicherweise hatte sie doch einen Blick für die Landschaft übrig. Vielleicht gab es noch Hoffnung.

»Schade, dass Vati nicht da ist«, sagte sie. »Das würde ihm gefallen.«

»Ja«, antwortete ich.

Und schon ging es weiter, der Ausblick war augenblicklich vergessen.

»Dein Vater lässt sich auch nur ausnutzen! Führt diesen Hund vom Nachbarn aus und hat nicht einmal eine Flasche Wein dafür zu Weihnachten bekommen! Er ist einfach zu gutmütig, genau wie ich. Ich gehe ja auch trotz schönstem Bergwetter zu meiner Mutter ins Heim. Und was habe ich am Ende davon? Nichts! Rein gar nichts! Den Heiligenschein verleiht sie grundsätzlich allen, die sich nicht um sie kümmern!«

Jetzt hielt ich es nicht mehr aus und explodierte. Wieder hatte ich mich viel zu lange zurückgehalten, statt rechtzeitig und direkt zu sagen, was Sache war. Auch jetzt war der Zeitpunkt verpasst und ich auf 180.

»Mama!«, rief ich. »Nur weil du die ganzen Geschichten tausendmal erzählst, werden sie nicht spannender. Oder liest du etwa jahrelang dieselbe verdammte Illustrierte und jede Woche denselben Artikel in der *Bunten?*«

Ein paar Meter vor uns gingen zwei Wanderer. Sie sahen sich um. Ich war ziemlich laut geworden.

Meine Mutter zuckte zusammen und antwortete kleinlaut: »Ja, aber es stimmt doch alles.«

»Aber ich weiß das schon!«, polterte ich weiter. »Du könntest den ganzen Scheiß genauso gut den Blumen hier erzählen. Hätte den gleichen Effekt! Hast du der gierigen Verwandtschaft denn schon mal persönlich die Meinung gesagt? Sie zur Rede gestellt?«

Meine Mutter biss sich auf die Lippen und blickte auf den Boden. Dann sagte sie: »Ich bin ja schon still.« Sie klang eingeschnappt, und augenblicklich tat mir mein Ausbruch leid. Ich ärgerte mich über mich selbst. Und über meine Mutter, weil sie mich so weit gebracht hatte. Dabei konnte sie nichts dafür. Was blieb ihr denn anderes übrig, als hinter dem Rücken ihrer Mutter und der vermaldedeiten Verwandtschaft ihrem Zorn Luft zu machen?

Ich überlegte. Im Grunde hatte der ganze Wer-erbt-was-und-wer-geht-mal-wieder-leer-aus-Schlamassel gar nicht so viel mit Geld zu tun. Meine Mutter wollte in Wahrheit nichts anderes, als endlich ein Krümelchen Anerkennung von ihrer Mutter. Und weil sie das ziemlich sicher nie bekommen würde, forderte sie wenigstens einen Ersatz. Und das war ein faires Erbe.

Außerdem: War ich denn so viel besser? Ich sagte doch anderen Leuten auch nur sehr selten meine Meinung, sondern regte mich lieber genüsslich hinter ihrem Rücken über sie auf. Und ich hatte mit meiner Mutter bislang nicht darüber gesprochen, was ich bei unserem Besuch bei Tante Lotte überlegt hatte. Vielleicht sollte ich ihr einmal sagen, dass ich sehr gut verstand, warum sie sich so viele Gedanken über all die unseligen Familienangelegenheiten machte. Es waren Wunden, die einfach nicht heilen konnten und natürlich wehtaten.

»Mama?«, sagte ich leiser.

Meine Mutter hatte sich gebückt und pflückte Blumen. Sie standen bestimmt unter Naturschutz, aber ich schluckte eine entsprechende Bemerkung herunter. Stattdessen fuhr ich vorsichtig fort: »Und wenn du deiner Mutter mal sagst, was du dir von ihr wünschst?«

Sie rupfte eine Blume aus.

»Ach nee. Da käme nichts bei raus. Die macht dann erst recht weiter wie bisher, nur um mich zu provozieren.«

Wahrscheinlich stimmte das. Meine Großmutter würde sich kaum mehr ändern.

»Tut mir leid wegen eben«, sagte ich nun. Etwas weiter entfernt entdeckte ich in einer Wiese eine Bank, auf der man sicher prima über das Meer schauen konnte. »Komm, lass uns da vorne Brotzeit machen.«

Meine Mutter nickte.

Wir legten die Räder in die Wiese, und sie packte die Brötchen aus.

»Lecker«, lobte ich.

»Die Blumen müssen bald in eine Vase, sonst gehen die kaputt«, sagte meine Mutter, sichtlich um ein neues Thema bemüht.

Meinen Ausbruch bedauerte ich immer noch.

»Mama, es ist nicht so, dass ich deinen Kummer nicht verstehe. Oma spielt alle gegeneinander aus.« Meine Mutter schwieg, wickelte ein Brötchen aus und reichte es mir. »Weißt du, ich fühle mich nur irgendwie überflüssig, wenn du diese ewigen Monologe hältst. Und außerdem macht es mich wütend, weil ich ja auch nichts tun kann, damit du zu deinem Recht kommst.«

Während ich das sagte, erkannte ich, dass mich genau das so frustrierte und so wütend machte. Ich wollte etwas ändern. Ich wollte etwas zum Besseren wenden. Einfluss nehmen. Aber das würde mir kaum gelingen, und ich wusste es. Ich konnte nicht mehr tun, als ihr zuzuhören. Und ihr ab und an sagen, wann es mir zu viel wurde. Aber ohne gleich zu explodieren.

»Vielleicht gelangt Oma noch zu einer anderen Einstellung. Wer weiß.«

»Ja, wer weiß.« Meine Mutter zeigte aufs Meer. »Schau, ein Segelschiff!« Sie lächelte. Irgendetwas hatte sich gewandelt. Vielleicht hatte meine Mutter verstanden, warum ich so wütend geworden war. Natürlich würde sie die alte Leier trotzdem bald wiederholen. Aber jetzt, in diesem Moment, war es gut damit. Immerhin, dachte ich. »Siehst du es?«

»Ja! Oh, ein Dreimaster!«

»Da, ich hab ein Fernglas dabei.«

Sie reichte mir ein kleines Fernglas, und dann saßen wir einfach nur nebeneinander und beobachteten abwechselnd mit dem Feldstecher das Schiff und aßen unsere Brötchen.

Als wir mit dem Essen fertig waren, suchten wir uns einen Baum und legten uns darunter. Meine Mutter lehnte am Stamm und las eine Illustrierte, die sie im Hotel gefunden hatte. Ich versank in der Lektüre der *Buddenbrooks*. Da geht es auch dauernd ums Geld, dachte ich und schmunzelte. Ist nur schicker und spannender bei einer Lübecker Kaufmannsfamilie als bei uns. Meine Kolleginnen sehen sich im Fernsehen auch lieber *Downtown Abbey* an als eine Reality-Soap über ihre eigene Familie.

Ich legte das Buch zur Seite und beobachtete einen Käfer im Gras. Schade eigentlich. Vielleicht steckte in all diesen Familienärgernissen Stoff für eine Menge guter Romane …

»Du, Mama?«

»Hm?« Meine Mutter hatte inzwischen einen Pullover hinter sich geklemmt. Sie hatte es sich richtig gemütlich gemacht. Ihr Kopf ruhte auf dem Reisekissen, das ich für diesen Zweck extra mitgenommen hatte. Wenigstens das, wenn ich sonst schon so garstig zu ihr gewesen war.

»Warum schreibst du deinen ganzen Ärger über Oma und die Sache mit dem Erben nicht mal von der Seele? Vielleicht hilft das.«

Meine Mutter ließ die *Gala* sinken und rückte ihre Brille zurecht. »Ja, warum eigentlich nicht? Ich kaufe mir gleich morgen im Supermarkt ein kleines Heft und setze mich dran.«

»Prima, Mama.« Ich war zufrieden. Schreiben als Therapie, das war doch was.

Meine Mutter blätterte ein paar Seiten um. Ich döste ein wenig.

»Mädschi?«

Ich schreckte hoch.

»Über unseren Urlaub schreibe ich auch was.«

»Was?«

»Na, ich schreibe auf, wie es mir mit dir gefällt!« Sie lächelte schelmisch. »Ich weiß auch schon einen Titel: ›Zwei Möwen im Strandkorb.‹ Und drunter steht: ›Mutter und Tochter verreisen an die Ostsee.‹ Wie findest du das?«

»Ja, wenn du meinst?« Ich runzelte die Stirn. So hatte ich das mit dem therapeutischen Schreiben eigentlich nicht gemeint. Wer weiß, was meine Mutter bei diesem Thema notierte? »Meine Tochter brüllte mich auf einer Wiese an, die unter Naturschutz stand.«

Sie warf mir über die Zeitschrift hinweg einen Blick zu, den ich nicht recht deuten konnte. Dann lächelte sie und las in aller Seelenruhe weiter.

Ich schloss erneut die Augen. »Zwei Möwen im Strandkorb.« Na, bisher hatten wir noch in keinem gesessen! Und überhaupt, was war mit dem Hünengrab?

Ich zögerte eine Weile, dann sagte ich: »Mama?«

»Mmmmh?«

»Magst du nachher auf dem Rückweg schon vorfahren? Ich würde ganz gern schauen, ob ich das Hünengrab nicht doch finde. Bisher ist es mir jedenfalls nicht aufgefallen.«

»Klar«, antwortete sie knapp. »Ich kenne den Weg zurück.«

An ihrem Tonfall hörte ich, dass sie abermals gekränkt war. Auweia. Dabei interessierte sie sich herzlich wenig für Archäologie.

»Ich hole dann noch Hackfleisch aus dem Supermarkt. Du magst doch gefüllte Paprikaschoten zum Abendessen, oder?«, fragte sie.

»O ja«, antwortete ich überschwänglich und hoffte, das würde sie versöhnlich stimmen. Zudem war ich gerührt. Gefüllte Paprikaschoten mochte ich selbst im Sommer. »Natürlich können wir auch gemeinsam das Hünengrab suchen«, lenkte ich ein. »Aber ich glaube, da gibt es nicht viel zu sehen.«

Meine Mutter hatte sich erhoben und überprüfte den Fahrradkorb. Das war jetzt auch nicht der richtige Satz gewesen. Jetzt glaubte sie bestimmt erst recht, ich wollte sie nicht dabeihaben.

»Andererseits«, schob ich hinterher, »ist es vielleicht ganz spannend …«

Sie stieg auf ihr Rad auf. »Nein, mach du nur, aber komm nicht so spät.« Mit diesen Worten fuhr sie davon.

Langsam rollte sie den Berg hinab. Sie bremste mit den Beinen. Ich sah ihr nach, bis sie nur noch ein kleiner Punkt war.

Kurz danach machte ich mich auf, das Hünengrab zu suchen, obwohl ich nun doch bereute, nicht mit meiner Mutter gemeinsam zurückgefahren zu sein. Ich hatte es doch nicht so gemeint! Dann packte mich aber der Forscherdrang und beruhigte mein schlechtes Gewissen.

Nach einigem Suchen fand ich das Grab, obwohl es nicht mehr war als ein dicht bewachsener Erdwall und kein einziges Schild darauf hingewiesen hatte. Ob noch Gebeine darin lagen aus der Zeit der Kelten? Oder war alles in einem Museum ausgestellt? Sonderlich spektakulär war das Ganze, ehrlich gesagt, nicht. Schließlich machte ich mich auf den Rückweg. Ich fühlte mich noch immer ein wenig schuldig, außerdem wollte ich meine Mutter nicht mit dem Essen warten lassen.

Als ich wenig später in unser Apartment trat, saß meine Mutter auf dem Balkon und schrieb eifrig in ein rotes DIN-A3-Heft. In der Küche köchelten die Paprikaschoten einladend vor sich hin.

»Riecht lecker, Mama!«

Sie sah kurz auf und deutete auf ein hellblaues Büchlein in demselben Format wie ihres. »Das ist deins.«

»Mama, ich schreib doch mit dem Laptop.«

»Solltest aber lieber so ein Heftchen nehmen. Wenn dein Laptop kaputtgeht, ist der Roman weg.«

»Was für ein Roman?«

»Na, denk dir doch was aus! Über unsere Reise, zum Beispiel.«

»Da kann man doch keinen Roman daraus gestalten.«

»Dann schreib einen Krimi. Hast du doch schon mal gemacht.«

»Ja, aber dazu brauche ich Ruhe …«

»Und die hast du nicht, wenn deine Mutter in der Nähe ist.«

»Nein, Mama, ich meine nur … Also, das mit vorhin tut mir wirklich leid.«

»Ist schon gut. Komm, lass uns essen.« Sie schloss ihr Büchlein, legte es auf den Stuhl und ging in den Küchenbereich.

Mir fiel ein Stein vom Herzen. Zum Glück war sie nicht nachtragend.

Neugierig warf ich einen Blick auf das rote Buch. »Zwei Möwen im Strandkorb« stand obendrauf. Sie meinte es ernst.

Ich griff danach und blätterte darin herum. Sie hatte mit ihren Aufzeichnungen schon angefangen. Meine Augen blieben an einer Zeile hängen: »All die Jahre vorher hatte ich meine

Tochter gefragt: ›Magst nicht mal mit mir in die Türkei verreisen?‹« Das konnte nicht sein. So genau merkte sie sich das alles? Was wohl noch? Ich wollte das gar nicht wissen.

Ich schlug das Heft zu und legte es wieder auf seinen Platz.

Meine Mutter kam in diesem Moment mit zwei dampfenden Tellern zurück. Nachdem sie diese abgestellt hatte, räumte sie das Büchlein nach drinnen, auf den Tisch vor dem Sofa.

»Darf ich das später mal lesen, Mama?«, fragte ich.

»Klar, Mädschi. Nach dem Urlaub, irgendwann. Bis dahin halte ich alles fest, was wir erleben.«

Besser, ich benahm mich von jetzt an wirklich vorbildlich. Am Ende fand meine Mutter einen Verlag, die Bücher von älteren Frauen gingen schließlich wie geschnitten Brot. Ich dachte an Dora Heldt und Hera Lind. Na gut, vielleicht waren die noch nicht so alt wie meine Mutter, aber älter als ich allemal. Am Ende landete meine Mutter einen Bestseller, weil sie ausführlich beschrieb, wie ihre Tochter sie im Urlaub malträtierte und ankeifte – und wie stand ich denn dann da?

Immerhin hatten wir noch zwei Urlaubstage vor uns, und der letzte Eindruck war es doch, der zählte, oder?

Am Abend sahen wir uns gemeinsam eine Dokumentation über Geburten an. Ich schaute kaum hin und erging mich in Vorstellungen, wie meine Mutter auf der Frankfurter Buchmesse ihr Erstlingswerk für begeisterte Leserinnen signierte, während ich an ihre Anhängerinnen Kaffee und Prosecco ausschenkte. Interessant. Als Konkurrentin hatte ich meine Mutter noch nie betrachtet. Das war mir erspart geblieben. Ganz anders meine Freundin Lena. Sie war Journalistin wie ihre Mutter und litt heimlich unter deren Erfolgen. Einmal hatte sie mir anvertraut, dass sie sich dauernd an ihr messe.

Ich hätte nichts dagegen, überlegte ich, als ich im Bett lag, wenn meine Mutter mit einem Bestseller berühmt und reich werden würde. Dann täten die Verwandten schön blöd gucken. Mit diesem Gedanken schlief ich ein.

Tag 6 – Donnerstag

»Natürlich bleiben wir noch zum Kaffee!«
Ich besuche mit meiner Mutter Verwandte, lasse ein
stundenlanges Tratsch-Retreat über mich ergehen und
erfahre ein paar Geheimnisse aus meiner Familie.
Über die unbekannten Seiten der eigenen Eltern und
was wir von ihren Ehen vielleicht für unsere eigene
Partnerschaft lernen können.

Mein Blick fiel gleich auf das rote DIN-A3-Büchlein, als ich
morgens das Zimmer meiner Mutter betrat. Es lag noch immer auf dem Tisch vor dem Sofa, daneben standen die gestern
auf der Wiese gepflückten Blumen, adrett arrangiert in einem
Glas, weil meine Mutter im Hotel keine Vase hatte auftreiben
können. Sie duschte gerade.

Ich sah mir das Heft genauer an. Meine Mutter hatte einen
Aufkleber darauf gepappt – wo sie den wieder aufgetrieben
hatte? Alle Briefe, die sie mir geschickt hatte, seit ich ausgezogen war, hatte sie mit Katzen, Hunden oder anderen putzigen
Tieren verziert, so als wäre ich noch immer zehn Jahre alt. Aber
irgendwie mochte ich das. Wahrscheinlich fing ich bald selbst
damit an. Nur – an wen sollte ich solche Briefe schicken? An
Thomas? Der würde blöd gucken, bekäme er Kätzchenpost.

Auf dem Einband des kleinen Buches klebte ein Nilpferd, es
lungerte faul zwischen zwei Palmen in einer Hängematte und
hörte Radio. Das wirkte harmlos, beruhigte mich aber nicht besonders. Denn als ich das Heft aufschlug, weil ich einfach nicht

anders konnte, fiel mein Blick auf folgende Zeilen: »Die alternde Diva, klack, klack, klack, in High Heels voraus, die Tochter im Graulook hinterher, begleitet von ihrem Kleinrucksack, bestückt mit Schleppi (Laptop oder Tablet oder wie das Ding heißt), Handy und Fluppen.«

»Mädschi?«

Schnell schlug ich das Buch wieder zu.

»Ja, Mama?«, rief ich betont fröhlich. Meine Schnüffelei machte mich verlegen, und ich verzog mich in mein Zimmer.

»Wir könnten doch im Strandkorb frühstücken, was meinst du?«

»Gute Idee! Um die Zeit ist auch bestimmt noch einer frei.«

»Ich mache ein Frühstückspicknick! Später treffen wir dann die bucklige Verwandtschaft.«

Ich gab keine Antwort, sondern betrachtete mich selbstkritisch im bodenlangen Spiegel, der in meinem kleinen Raum hing. Was meinte meine Mutter mit Graulook? Sah ich wirklich so langweilig aus? Nur weil ich gern Leinenhosen in klassischen Farben trug?

»Graulook!«, sagte ich leicht empört zu mir selbst. Die Hose war schließlich dunkelblau. »Sexy geht vielleicht anders.« Aber ich empfand mein Outfit als erotisches Understatement. Wovon meine Mutter natürlich rein gar nichts hielt. Die Puristen unter den Modemachern konnten noch so vehement alle paar Jahre »Less is more!« predigen, sie hatte den unverrückbaren Standpunkt: »Less is irre langweilig, warum soll das irgendjemandem gefallen?«

Ich zupfte an meiner Hose herum. Na, für den Verwandtenbesuch war sie gerade richtig.

Meine Mutter machte, nachdem sie fertig geduscht und angezogen war, in Blitzgeschwindigkeit zwei »Vom-Vortag-aber-die-sind-noch-gut«-Frühstücksbrötchen, ich goss Tee in die Thermoskanne, und kurz darauf fanden wir uns vor dem Strandkorbverleih gegenüber unserem Hotel ein.

Perfektes Timing. Die Strandkorbvermieterin hatte gerade ihr Büdchen aufgeschlossen. Sie hatte dichte, schulterlange braune Haare, sehr akkurat geschnitten. Kurz sah sie auf von einer Liste mit Zahlen und Namen, als wir uns ihr näherten. Sie hatte ausgeprägte Schlupflider, die ihren Augen einen schläfrigen und zugleich lauernden Ausdruck verliehen. Ich fürchtete mich ein wenig vor ihnen, als könnte sie mich damit zum Verschwinden bringen.

»Moin, moin!«, sagte ich freundlich und setzte mein strahlendstes Lächeln auf. Ich wollte für meine Mutter einen besonders schönen Strandkorb an vorderster Front.

Die Vermieterin schaute wieder auf, wobei sie mich von unten anblickte. Unwillkürlich musste ich an eine Figur in einem Stephen-King-Roman denken. Wie hieß noch diese Frau, die einen Schriftsteller gefangen hält und ihm mit einer Axt einen Fuß amputiert, um ihn am Weglaufen zu hindern?

»Grüß Gott«, antwortete die Stephen-King-Frau knapp. So als wolle sie signalisieren, dass sie genau wisse, woher ich kam. Aus Bayern, oje. »Wie kann ich helfen?«

»Wir hätten für heute gern einen Strandkorb. Am liebsten ganz vorne, am Meer«, rief meine Mutter von hinten und sah mir über die Schulter.

Die Stephen-King-Erscheinung musterte nun meine Mutter, dann ihr Schlüsselbord. Nach genauer Betrachtung wandte sie sich uns zu: »Direkt am Wasser sind alle vermietet, bedaure.« Dabei guckte sie streng. Gleich würde sie ihre Axt unter dem Stuhl hervorziehen.

»Ist denn überhaupt noch einer frei?« Ich hörte einen leichten Anflug von Panik in meiner Stimme. Da wollten wir mal einen Strandkorb mieten, und dann gab es am Ende gar keinen mehr.

Sie nahm einen Schlüssel vom Bord. »Nummer 707 ist noch frei, heute ist das der einzige Korb. Macht zehn Euro.«

»Zehn Euro für einen Vormittag?« Meine Mutter schaute sie entrüstet an.

»Nein, für den ganzen Tag. Ein Vormittag kostet fünf Euro.«

Meine Mutter griff nun nach dem Schlüssel, der an einer knallroten Miniatur-Boje hing.

»Geh schon mal vor, ich komm gleich, ich kauf mir noch eine Cola«, sagte ich.

»Ist gut. Aber beeil dich!«

Als meine Mutter außer Hörweite war, legte ich einen Zehn-Euro-Schein auf den Tresen und sagte: »Ich nehm den ganzen Tag.«

Die Strandkorbvermieterin nahm den Schein ungerührt entgegen, was mich ärgerte. Ein bisschen Dankbarkeit hätte sie schon zeigen können. Wahrscheinlich mochte sie keine Bayern, weil die als Touri-Tsunami im Sommer die schöne Ostseeküste überrollten.

»Mädschi, ich finde unseren Korb nicht«, erklang es vom Strand.

Ich bewegte mich auf dem Deich vorwärts und sah meine Mutter aufgeregt zwischen den Strandkörben hin und her laufen wie eine Henne auf einem Misthaufen, auf der eifrigen Suche nach Regenwürmern. Ich kniff die Augen zusammen und ließ den Blick über die Körbe schweifen, die keineswegs in Reih und Glied standen, sondern so, wie ihre Mieter sie am Vorabend zurückgelassen hatten. Die jeweilige Nummer war nicht immer zu erkennen.

Zwischen mehreren brandneuen, rot- und blau-weiß gestreiften Körben entdeckte ich schließlich die 707. Einst war der Strandkorb gelb gewesen, doch die Farbe war längst verblasst. Ein Veteran des Meeres, von Wind und Wetter gezeichnet. Wie nett, dachte ich. Das Teil war bestimmt schon zwanzig Jahre alt, wer weiß, was es alles schon erlebt hatte.

Ich stapfte durch den Sand zu unserem Korb und rief: »Hier ist er, Mama!«

Als sie den Weg zu mir und 707 gefunden hatte, stellte sie das Frühstückskörbchen im Sand ab, stemmte die Hände in die

Hüften und sagte empört: »Was, dieses Sperrmüllmöbel? Der ist ja ganz zerfetzt und verblichen! Ich habe doch nicht extra meinen feschesten Badeanzug anzogen, damit ich dann in diesem Gerümpel sitze. Der sieht ja aus, als hätte er tausend Ostseestürme erlebt. In den können sich die alten Fregatten niederlassen.«

Temperamentvoll verpasste sie dem armen Korb einen kleinen Tritt. »Und überhaupt: Ich will keinen gelben, ich will, dass die Sitze und die Markise rot-weiß sind, wie die Fahne von Österreich. Das macht auf Fotos mehr her und passt auch viel besser zu meinem smaragdgrünen Badeanzug!« Entschlossen ging sie zu dem Strandkorb nebenan und rüttelte daran. »Der wäre schön!«

Bevor womöglich das Äußerste geschah, versuchte ich, sie zu beschwichtigen: »Mama, warte. Ich frag noch mal nach, ob nicht doch einer von den hübscheren Körben frei ist. Wenigstens für den Vormittag.«

»Ja, bitte, ich warte hier!«

Durch den Sand stapfte ich zurück zum Deich, oben angekommen, sah ich mich noch einmal um. Meine Mutter stand vor dem zerfledderten Strandkorb, die Arme verschränkt. Das tat sie stets, wenn ihr etwas ganz und gar nicht passte. So hatte sie sich auch hingestellt, als ich mir mit fünfzehn die Haare hatte blau färben wollen, weil meine damals beste Freundin gerade ihre Punkphase gehabt hatte. »Dafür gibst du dein Taschengeld nicht aus!«, rief sie. Ich hatte es natürlich trotzdem getan, nur um die Haare dann selbst scheußlich zu finden. Was ich ihr aber bis heute nicht verraten hatte.

Bei der Strandkorbvermieterin war nichts zu machen. »Wir haben Hochsaison«, erklärte sie und hob bedauernd die Hände.

»Aber vielleicht gibt am Nachmittag jemand den Schlüssel früher zurück, kommen Sie doch um drei oder vier noch einmal.« Ihre Axt schien sie vergessen zu haben.

Ich stapfte zurück.

»Also«, erklärte ich meiner Mutter, die immer noch einen Flunsch zog wie ein kleines Mädchen, das ihr versprochenes Eis nicht bekommen hat. »Heute Vormittag gibt es nur diesen Korb, aber vielleicht haben wir morgen mehr Glück, dann machen wir auch die Fotos.«

»Wenn es nicht anders geht, na gut. Wir können natürlich jemanden fragen, ob wir uns für einige Aufnahmen in einen der schicken Strandkörbe hineinsetzen dürfen.«

Mir war alles recht, ich wollte jetzt frühstücken. Es war doch einerlei, wie der Korb aussah, Hauptsache, wir hatten einen freien Blick aufs Meer.

Meine Mutter wickelte die Brötchen aus, während ich die Ostsee betrachtete. Sie war tiefblau. Das Wasser kräuselte sich leicht, als ob der Wind die See neckte.

Ich zog meine Espadrilles aus und spielte mit den Zehen im Sand. Er war bereits von der Sonne angewärmt und fühlte sich wie frische Bäckerbrötchen an.

»Ach, wie schön«, seufzte meine Mutter und sagte im gleichen Atemzug: »Hier ist ein Taschentuch für deine Hände.«

»Immer auf alles vorbereitet«, neckte ich meine Mutter. »Selbst bei einer Naturkatastrophe hättest du ein Taschentuch zur Hand.«

»Hmmm.«

Geistesabwesend kramte sie aus ihrer Tasche eine ihrer geliebten Zeitschriften hervor. Ich blätterte in den *Buddenbrooks*.

»Wie findest du das, Mama, pass auf, hier beschreibt Thomas Mann die Ostsee.«

»Was?« Sie war gerade in eine Ratgeberseite vertieft.

»Die Vormittage am Strande«, las ich laut. »Dieses zärtliche und träumerische Spielen mit dem weichen Sande, der nicht beschmutzt …« Ich sah auf. »Typisch Thomas Mann, so ein Pedant. Aber hier, das klingt gut. Hör mal! … dieses mühe- und schmerzlose Schweifen der Augen über die grüne und blaue Unendlichkeit …«

»Hier steht, dass die Lunge von Rauchern oft älter ist, biologisch gesehen, als der Rest des Körpers. Man kann das bei einem Test checken …«

Meine Mutter schob ihre Lesebrille zurecht.

Ich murmelte: »Ja, ja.«

Still lasen wir weiter, jede für sich.

Zwischendrin stand ich auf, ging ans Meer und sah zu, wie die anbrandenden Wellen meinen Fußabdruck überspülten, bis er verschwunden war. Das Ufer war mit Tang und Muscheln bedeckt, die aufgewühlte See hatte sie ausgespuckt und ihre Bewohner ungerührt der Augustsonne geopfert. Ich warf ein paar Muscheln zurück ins Wasser und sah sehnsüchtig aufs Meer, so wie der kleine Hanno Buddenbrook, der in jenem Kapitel, aus dem ich gerade vorgelesen hatte, nach den Sommerferien auf gar keinen Fall zurück in die Stadt und die Schule will.

Aber er hatte ebenso Pech wie ich.

Denn wir saßen noch nicht lange am Strand, als meine Mutter auf ihre Armbanduhr sah und rief: »Was, schon so spät? Wir müssen los!«

Der seit Langem geplante und immer wieder verschobene Verwandtschaftsbesuch stand an. Bisher hatte ich es jeden Tag geschafft, meine Mutter zu überreden, den Besuch erst für den nächsten, besser noch übernächsten Tag anzuvisieren. Denn leider wollte sie unbedingt, dass ich mitkam. Vielleicht, um den Verwandten mit mütterlichem Stolz die Tochter zu präsentieren. Ich dagegen war darauf wenig erpicht. Natürlich war ich neugierig, besonders auf Onkel Heinrich, in den sie einmal verliebt gewesen war. Aber das Meer fand ich bei Weitem verlockender.

»Adieu, bis später«, sagte ich wehmütig zur Ostsee. Doch ich war fest entschlossen, mich am vorletzten Tag unseres Urlaubs von meiner allerbesten Seite zu zeigen – und Buße zu tun. Ich tat Buße, indem ich einen wundervollen Tag am Meer sausen ließ. Na ja, dachte ich. Vielleicht dauert es nicht so lange. Oder ich fahre meine Mutter hin und mache mich dann, nach einer gewissen Zeit, mit einer Ausrede davon.

Nur mit welcher?

Im Apartment zog meine Mutter ein schickes hellgrünes Kostüm an, das ihre Augen besonders gut zur Geltung brachte, fingerte an ihrer Frisur herum und besserte sorgfältig ihren Lippenstift nach, als ginge es zu einem Rendezvous.

»Da hilft kein Botox, da hilft nur ein perfektes Make-up«, erklärte sie. »Schließlich hat mich Onkel Heinrich seit Ewigkeiten nicht gesehen. Als wir uns das letzte Mal begegneten, waren noch Petticoats modern.«

Du liebe Zeit, dachte ich und wechselte zur Feier des Tages meine blaue Leinenhose gegen eine schwarze. Ausnahmsweise war sie sogar gebügelt. Dazu trug ich ein weißes T-Shirt und einen weißen Sommerblazer. Weiß, nicht grau! Gleichzeitig fiel mir ein, dass ich vergessen hatte, meine Mutter in einem der schöneren Strandkörbe zu fotografieren. Vielleicht hatte sie aber schon einen gewissen Schlendrian von mir angenommen. Gab es auch die umgekehrte Variante, dass sich Mütter im Urlaub ihren Töchtern annäherten?

Auf dem kurzen Weg nach Heiligenhafen ignorierte ich die Geschwindigkeitsbeschränkung. Wir waren spät dran, und meine Mutter hatte als Treffpunkt mit der Verwandtschaft den öffentlichen Parkplatz am Binnensee ausgemacht. Von dort aus war ein Spaziergang zu Tante Edeltraut geplant, sie wohnte von allen am nächsten.

»Nicht so schnell«, rief meine Mutter, als ich auf den Parkplatz einbog.

Die Verwandten waren pünktlicher, sie warteten auf uns. Zwei ältere Damen in legeren Outfits und ein noch älterer Herr in einem feinen Anzug. Sie reckten ihre Hälse und hielten nach uns Ausschau wie aufgescheuchte Erdmännchen. Die eine der älteren Frauen hatte ich inzwischen kennengelernt, es war Tante Lotte.

»Gott, sind die schon da? Jetzt kann ich nicht mal meinen Lippenstift nachziehen.« Meine Mutter kicherte nervös.

Sofort nach dem Anhalten riss sie die Autotür auf und stürzte auf den älteren Herrn zu. Der trug Grau, nicht ich, bitte beachten, Frau Mutter, dachte ich.

»Mensch, Onkelchen, wie geht's dir?« Sie umarmte ihn und küsste ihn dreimal auf die Wange.

Das Onkelchen errötete und sah gleich deutlich jünger aus als fast neunzig.

»Min Deern, da bist du ja.«

Er drückte meine Mutter an sich, als wollte er sie nie wieder loslassen. Musste er aber, denn jetzt war Tante Edeltraut dran. Ich lächelte, denn sie hatte – ganz offensichtlich wie ich – wenig übrig für bunte Kleidung, Animal-Print-Accessoires oder hohe Schuhe übrig. Ihre langen Beine steckten in praktischen grauen Stoffhosen und bequemen Halbschuhen, dazu trug sie eine lila-farbene Outdoor-Jacke, ein weißes T-Shirt und einen sport-lichen Kurzhaarschnitt. Sie wirkte durch und durch praktisch.

»Du bist also die Edith!« Sie sah zwischen meiner Mutter und mir hin und her, während sie uns umarmte. »Wie ähnlich ihr euch seht, das gibt's ja nicht!«

Wie meinte sie das denn jetzt?

Danach wurde Tante Lotte begrüßt, ich freute mich sehr, sie wiederzusehen. Sie hatte eine blaue Mappe dabei und schlug sie auf.

»Guck mal.« Sie hatte prompt schon Kopien machen lassen von dem Foto meiner Urgroßmutter und überreichte sie mir fei-erlich. »Vielleicht willst du noch ein bisschen Ahnenforschung betreiben. Ein spannendes Hobby.«

Ich nickte und strahlte sie an. »Vielen Dank, Tante Lotte. Das Foto von Uroma stelle ich auf meine Kommode im Wohnzim-mer. Zur Oma. Wenn sie das wüsste, na, da wäre was los.«

»Oh ja«, sagte Tante Lotte.

»Ihr seht euch wirklich ähnlich«, wiederholte Tante Edel-traut. Dann griff sie in eine Plastiktüte und holte eine Flasche Sekt und Plastikbecher hervor.

Routiniert baute sie die Becher auf der Motorhaube ihres Autos auf und schenkte ein. Wir stießen an, meine Mutter rief: »Auf unser Wiedersehen nach all den Jahren! Und Onkelchen Heinrich!« Der strahlte wieder über beide Ohren.

Leicht angeheitert, setzten wir uns in Bewegung, nachdem der letzte Tropfen geleert und die ausgetrunkene Sektflasche und die benutzten Plastikbecher wieder in der Tüte verstaut waren. Meine Mutter marschierte voran mit den Worten: »Am Marktplatz die Straße hoch, über das Steinpflaster, dann in der Nähe der Kirche in die Mühlenstraße.« Dort befand sich ihr Elternhaus, als sie noch in Heiligenhafen lebte. Bei unserer Kirchenbesichtigung vor einigen Tagen hatte sie mir gesagt, dass wir dem ganz nah seien, sie würde es mir aber gern erst im Beisein der Verwandten zeigen wollen. »Das ist mir lieber«, hatte sie bemerkt. »Irgendwie schöner.« Ihren Wunsch hatte ich respektiert und deshalb meine Neugierde unterdrückt. Nun war ich sehr gespannt, zu sehen, wo ein Teil meiner Familie herstammte.

»Da haben deine Großeltern gewohnt, in einer winzigen Wohnung mit Kohlenherd«, erklärte mir Tante Edeltraut, als wir vor dem Haus standen. Jetzt war darin ein Friseursalon.

Ich fotografierte meine Mutter vor ihrem Elternhaus, dann betrachtete ich ein wenig ergriffen die alten runden Steine im Trottoir. Hier hatte meine Mutter ihre ersten Schritte gemacht.

Einige Passanten gingen lächelnd vorbei. Meine Mutter und ich unterhielten uns wohl nicht gerade leise, denn ein älterer Herr blieb stehen und sagte: »Das klingt hier ja wie Bayern 3.« Meine Mutter spricht zwar Tiroler Dialekt, aber für die hiesigen Ohren mussten wir beide klingen wie ein bayerischer Komödienstadel.

Onkel Heinrich beendete schließlich die Ortsbegehung mit Nostalgieprogramm. Er klatschte in die Hände und rief: »Drei Uhr, auf zum Kaffee!« Das klang, als wären die Kaffeezeiten hier so wenig verhandelbar wie Ebbe und Flut.

Nach wenigen Laufminuten betraten wir ein Mehrparteienhaus aus rotem Backstein. Meine Mutter wollte die Schuhe ausziehen.

»Och nööö, lass das doch«, rief Tante Edeltraut.

So behielt ich auch meine Espadrilles an, in der Hoffnung, nicht allzu viel Sand einzuschleppen.

Die Wohnung war tipptopp aufgeräumt, und in der guten Stube stand schon das Kaffeegedeck parat.

»Ihr habt so ein Glück mit dem Wetter«, sagte Tante Edeltraut. »Vergangenes Jahr hat es Mitte August nur geregnet.«

Schade, dass wir uns nicht am Strand getroffen hatten, dachte ich. Aber dafür hätte man wohl bereits im vergangenen Jahrhundert Körbe mieten müssen. Bis wir hier wieder herauskamen, war der Strandtag vermutlich vorbei.

Tante Edeltraut verteilte Kuchen. Kritisch beäugte ich das große Stück auf meinem Teller. Ein Dosenpfirsich sah drohend zurück. Leider konnte die ältere Tochter von Onkel Heinrich nicht wissen, dass ich Fruchtkuchen verabscheue.

»Kaffee?«, fragte sie und goss mir ein, ohne eine Antwort abzuwarten.

Dann plauderte man, wie gehabt, über einige Verwandte, die ich nicht kannte. Ich hörte nur mit halbem Ohr hin, stattdessen betrachtete ich die Bücher in der Schrankwand. *Angélique*-Ausgaben durften in dieser Generation nicht fehlen. Ob unsere *Harry-Potter*-Bände nachfolgenden Generationen auch ein leichtes Kopfschütteln abringen werden?

»Deine Mutter war total dagegen, dass du den Münchner heiratest«, erzählte Tante Edeltraut gerade und platzierte ein neues Kuchenstück auf meinem Teller. Sie konnte ja nicht wissen, dass ich das erste nur so schnell verschlungen hatte, um es nicht mehr beäugen zu müssen. Danach stand sie auf, kramte in einer Schublade und kam mit ein paar alten Briefen zurück. Ich erkannte die typische Sütterlin-Schrift meiner Großmutter auf den Kuverts.

»Pass auf, hier steht: ›Dieser Karl-Heinz macht auf großstädtisch und feine Manieren und will damit die Heidi rumkriegen.‹«

Ich lachte. Vielleicht wurde der Nachmittag doch noch spannend. Mein Vater als feiner Pinkel und Angeber? Das war mir neu. Aber vielleicht hatte er wirklich dick aufgetragen, um meine Mutter für sich zu gewinnen.

»Heinz hat eben seinen schönsten Anzug angezogen, wenn er mich zum Tanzen abholte«, verteidigte meine Mutter meinen Vater vor meiner Großmutter, obwohl die gar nicht anwesend war. »Meiner Mutter war sowieso nie einer recht. Einmal hat sie einen Verehrer von mir im Hof geohrfeigt. Was hab ich mich da geschämt.«

»Na, die standen aber auch Schlange bei dir, die Männer.« Tante Edeltraut schmunzelte. »Du hattest sogar noch Verehrer, als du schon längst verheiratet warst!«

Meine Mutter lächelte verschmitzt. »Natürlich. Bei schönen Frauen soll das vorkommen.«

»Wirklich, wen denn?«, platzte ich heraus, aber niemand ging darauf ein.

Stattdessen sagte Tante Edeltraut zu meiner Mutter: »Als wir mal zu Besuch bei euch in München waren, stand plötzlich einer deiner Verehrer vor der Tür, mit einem Strauß roter Rosen.«

»Was?«, fragte ich. »Davon habe ich noch nie etwas gehört.«

Meine Mutter wurde ein klein wenig rot, und ich überlegte, ob es Zeit wurde, vom Thema abzulenken. Das wurde nun vielleicht doch etwas zu gewagt. Denn das ging ja eigentlich nur meine Mutter etwas an und, wenn überhaupt, noch meinen Vater.

Ich öffnete den Mund, aber meine Mutter kam mir zuvor. Sie räusperte sich. »Das war immer völlig harmlos. Und an *den* Verehrer erinnere ich mich gar nicht mehr.« Sie warf ein Stück Würfelzucker in den Kaffee, mit einer Vehemenz, als gelte es, eine verdächtige Tatwaffe ganz tief in einem See verschwinden zu lassen. »Edeltraut, bist du tatsächlich sicher, dass einer bei mir mit Rosen aufkreuzte? Ich glaube, das verwechselst du jetzt aber.« An ihrem Tonfall hörte ich, dass sie flunkerte.

Ich fragte mich, ob sie bei mir auch so ein zielsicheres Radar für Schwindeleien hatte. Etwa, wenn ich sagte, ich könne nur kurz telefonieren, weil ich gleich losmüsse? Wussten wir vielleicht beide, wann wir uns etwas vorspielten, rührten aber nicht daran, aus Höflichkeit, aus Gutmütigkeit, auch aus der tieferen Einsicht heraus, dass nicht alles immer auf den Tisch musste?

Gespannt beugte ich mich vor. Kannte Tante Edeltraut noch mehr solcher Anekdoten aus dem Leben meiner Eltern?

Meine Mutter lenkte jetzt aber von sich ab und zog Onkel Heinrich, der zufrieden neben ihr saß, spaßeshalber am Ohr: »Na, Heinrich, warst du deiner Frau denn immer treu?«

»Natürlich«, antwortete er wie aus der Pistole geschossen. Tante Lotte lachte. »Auch damals, als dich Arbeitskollegen in die Kiki-Bar mitnahmen?« An uns gewandt, erklärte sie: »Die Kiki-Bar ist ein einschlägiges Etablissement in Heiligenhafen!«

Onkel Heinrich wehrte vehement ab. »Nur bei Heidi wäre ich vielleicht schwach geworden, aber ich hatte ja mein Irmchen.«

»Langweilig wurde euch aber bestimmt nicht, bei sechs Kindern«, sagte meine Mutter.

Selbst die Porzellanfiguren auf den Häkeldecken spitzten die Ohren.

»Nö«, erzählte Onkel Heinrich freimütig. »Damals gab es ja noch nicht die Pille.«

»Und Kondome kaufte man unter der Ladentheke beim Friseur.« Das wusste meine Mutter.

Tante Edeltraut und Tante Lotte nickten zur Bestätigung.

Onkel Heinrich strich sich ein paar Kuchenkrümel von der Hose und gab zum Besten: »Die wurden mehrmals verwendet. Ausgewaschen und zum Trocknen über Besenstiele gezogen.«

»Im Ernst?«, warf ich ein.

»Mit der ehelichen Treue war es aber trotz schwieriger Verhütung nicht überall gut bestellt«, meinte meine Mutter.

»Na, bei euch Süddeutschen sind die Sitten vielleicht auch lockerer als hier«, sagte Tante Lotte.

»Das glaube ich nicht, das scheint nur so. Es ist überall das Gleiche. Ob im hohen Norden oder bei uns zu Hause. Also, in unserer Reihenhaussiedlung gab es jedenfalls so manche Liebelei.« Meine Mutter nahm sich noch ein Stück Kuchen. »Der ist wirklich lecker.«

Jetzt wollte ich mehr wissen.

»Wo gab es bei uns in der Siedlung Liebeleien?«

»Na, die Maier von der 69 hatte zum Beispiel ein paar Jahre was mit dem Schmidthuber von 110.«

»Die hatten was miteinander?«, fragte ich verblüfft.

Ich erinnerte mich noch sehr gut an Frau Maier. Sie hatte keine Kinder, dafür aber einen beeindruckend großen Busen. Mindestens einmal pro Woche tauchte sie auf dem Spielplatz auf und brüllte: »Nach sieben ist Ruhe, verdammt noch mal! Sonst gehe ich zu euren Eltern!« Die Drohung hatte sie nie wahr gemacht, auch nicht, als wir ihr Klingelstreiche spielten. Ich grinste. Die Ärmste! Vielleicht hatten wir ihre heimlichen Schäferstündchen gestört, ohne es zu wissen.

Ihr Liebhaber, Herr Schmidthuber, hatte noch als Erwachsener bei seiner steinalten Mutter und ihrem dicken schwarzen Cockerspaniel gewohnt, den wir Kinder manchmal ausführen durften.

»Und der Schmidthuber war ein heimlicher Hausfreund …? So sah der gar nicht aus.«

»Der Gottmeier aber doch auch nicht!« Gottmeier war der Vater meiner ersten Freundin Suse gewesen, diese Familie wohnte im Eckhaus gegenüber. »Einmal ist mir der bei einem Sommerfest bis ins Bad gefolgt. Ich wollte duschen, da stand er plötzlich im Raum!«

Ich starrte meine Mutter an. »Kann nicht sein?!«

»Doch, so war es. Aber nicht, was du jetzt denken könntest. Oder ihr alle hier. Ich habe ihn hochkant rausgeworfen. War nicht mein Typ.« Voller Verve nahm sich meine Mutter gleich ein weiteres Kuchenstück.

Ich staunte. Welche heimlichen Liebeleien hatte es noch gegeben? Verbindungen, die für uns Kinder so unsichtbar gewesen waren wie unterirdische Bäche? Während wir uns bei den Siedlungsfesten mit Negerküssen, die damals noch so genannt werden durften, vollstopften, hatten sich die Erwachsenen den einen oder anderen Fehltritt gegönnt. Danach hatten sie die Kinder ins Bett gebracht, als wäre nichts passiert.

Und meine Mutter? Hatte sie in der Küche gestanden, die Tomatensauce für gefüllte Paprika umgerührt und dabei an einen Verehrer gedacht, während Roland und ich uns am heimischen Küchentisch um Donald-Duck-Hefte stritten? Und wie vielen Müttern war es genauso ergangen? Vermutlich waren sich die Eltern meiner Schulfreundinnen auch nicht immer treu gewesen oder hatten zumindest von einem kleinen Abenteuer geträumt, während sie ihrem Nachwuchs bei den Hausaufgaben halfen.

Auf einmal erschienen mir alle Eltern, die ich als Kind kennengelernt hatte, in einem völlig neuen Licht. Faszinierend, dachte ich und leckte meinen Löffel ab.

Als Kind wäre ich natürlich entsetzt gewesen, hätte ich das mitbekommen. Damals schien es mir undenkbar, es könnte noch eine andere Person im Leben meiner Eltern geben. Mein Vater und eine heimliche Geliebte, meine Mutter und ein Lover – die Welt wäre untergegangen.

Zum zehnjährigen Hochzeitstag meiner Eltern hatte ich ein Bild von ihnen gemalt, in krakeliger Kinderschrift hatte ich darunter geschrieben: »In ewiger Liebe.«

»Meinst du, Papa war immer treu?«, fragte ich leichthin, innerlich klopfte mein Herz.

Statt darauf zu antworten, sagte meine Mutter: »Wir haben nächstes Jahr fünfzigsten Hochzeitstag.« Sie seufzte. »Fünfzig Jahre!«

»Ist eine lange Zeit«, bemerkte Tante Edeltraut, die gebannt dem Gespräch gelauscht hatte. Sie schien nicht gerade eine Frau zu sein, die um jeden Mann einen Bogen machte. Sie senkte nun die Stimme: »Ich hatte mit vierzig mal einen Verehrer, er war ein Nachbar von Lotte, weißt du noch, Schwesterherz?«

»Und ob, der Uwe. Strohdumm war der.« Tante Lotte zog Tante Edeltraut auf. »Wegen dem hatten wir sogar Streit.«

»Ah was!« Tante Edeltraut lächelte verträumt. »Mit Uwe bin ich nur ab und an auf dem Motorrad ans Meer gefahren.« Sie zwinkerte mir zu. »Alles ganz harmlos. Ich war ja verheiratet.«

»Was?«, rief Onkel Heinrich, aber seine Empörung war ganz offensichtlich gespielt.

»Und dein Mann?«, fragte ich. Ich wusste nur, dass Tante Edeltraut früh Witwe geworden war.

Sie winkte ab. »Wer weiß, was der so gemacht hat. Hans war viel unterwegs, ob der es immer so genau genommen hat? Da bin ich mir heute nicht so sicher.«

Sie stand auf und holte einen weiteren Sekt, diesmal aus dem Kühlschrank in der Küche.

»Genau, sicher konnten wir uns nie sein«, bekräftigte meine Mutter Tante Edeltraut.

Ich dachte: Wie sie alle von »Verehrern« gesprochen haben, wie aus einer fernen Welt. Mir gefiel das, auch dass sie nur Andeutungen gemacht hatten. Mir erschien das in diesem Moment so viel klüger, als jedes grelle Detail in Bekennerlaune ans Tageslicht zu zerren, wie das heute oft üblich ist.

Als hätte ich mit meinen Gedanken das Stichwort gegeben, warf Tante Lotte in die Runde: »Nun lasst uns mal das Thema wechseln. Wir sind doch alle keine Unschuldsengel!«

Tante Edeltraut trat wieder ins Wohnzimmer und ließ den Sektkorken knallen.

»Aber nur ein Glas«, sagte meine Mutter. »Die Edith muss noch fahren. Es ist ja auch schon halb fünf!«

»Ihr könnt ruhig zum Abendbrot bleiben.«

»Täten wir gern, Edeltraut, aber wir haben leider schon im Alten Salzspeicher reserviert, um halb sieben, nicht wahr, Edith?«

Nun schwindelte meine Mutter schon wieder, gemeinsam mit mir.

»Ja, da wollte ich unbedingt hin«, erklärte ich.

Den Restaurantbesuch hatten wir uns noch beim Umziehen ausgedacht, weil wir nicht ewig und drei Tage im Wohnzimmer meiner Tante hocken wollten. Und wirklich gelogen hatten wir auch nicht, denn wir wollten dort tatsächlich zu Abend essen, nur hatten wir keine Reservierung.

Zwei Gläser Sekt und zwei Stunden später parkte ich am Alten Salzspeicher unterhalb der Kirche von Heiligenhafen. Es war ein Lokal, wie wir es beide gern mochten: ein Ziegel-Fachwerkbau, der liebevoll renoviert worden war.

Als wir das Restaurant betraten, sah sich meine Mutter aufmerksam um. »Schön ist es hier«, sagte sie. »All die alten Tische und Lampen! Was meinst du, lass uns dort hinten hinsetzen, sieht gemütlich aus.«

Wir ließen uns an einem Ecktisch nieder. Ich kramte mein Feuerzeug aus der Tasche und zündete das Teelicht auf dem Tisch an. In dem Gebäude war es recht schummrig, obwohl draußen noch die Sonne schien.

Meine Mutter setzte ihre Lesebrille auf und studierte die Karte. »Hier gibt es griechisches Essen. Hätte ich nicht erwartet.«

Ich warf auch einen Blick in die Karte, dann wählte ich das erste Gericht, das mir gefiel. Das hatte ich mir mittlerweile von meiner Mutter abgeschaut. Sie zauderte nie lange, wenn sie eine Speisekarte studierte, sondern griff gleich zu. Eine sehr gute Methode. Sparte Zeit und Nerven. Ich lehnte mich zurück.

Meine Mutter sagte: »Mach die Karte zu, sonst kommt der Ober nie.«

Folgsam legte ich beide Speisekarten an die Tischkante.

»Sag mal, Mama …«

»Ja?« Sie hatte sich weggedreht und sah sich ein Stillleben mit Obst an, das an der Wand hing. »Hübsch, das passt gut zum Raum.«

»Was war das eigentlich für ein Rosen-Verehrer, von dem die Tante Edeltraut erzählt hat? Gab es den nun, oder gab es den nicht?«

Meine Mutter betrachtete noch immer das gemalte Obst, dann sagte sie: »Natürlich gab es den, aber das wollte ich heute nicht breittreten.« Sie lachte. »Ach die Edeltraut! Die hat damals vielleicht geguckt, als der plötzlich bei mir aufkreuzte.«

»Woher kanntest du den denn?« Wo traf meine Mutter Verehrer? Sie war nicht berufstätig, und das Internet gab es damals noch nicht.

Sie drehte sich zu mir um und griff nach einem Salzstreuer, der aus den Anfangszeiten des Salzspeichers zu stammen schien. »Dass sie da nicht Angst haben, dass er gestohlen wird?«, murmelte sie und sah aus dem Fenster, bevor sie sich wieder mir zuwandte. »Ach, der Verehrer. Franz hieß der. Den hab ich damals beim Einkaufen getroffen, im Coop. Pausenlos hat der mich mit Komplimenten überschüttet.«

»Franz hieß der?«, fragte ich. »Wie der Franz von der Sissi?«

»Ja, genau. Kam sogar aus Österreich, aus Salzburg. Und falls du es genau wissen willst, er war nicht verheiratet, er war ledig.«

»Und dann?«, fragte ich und rutschte auf der Bank näher zu meiner Mutter. »Wie ging's weiter? Also nach seiner Charmeoffensive im Supermarkt?«

»Er hat mich auf einen Ausflug mit seinem Auto eingeladen.« Meine Mutter sah dem Ober nach, der mit vollen Tellern zum Nebentisch ging. »Das sieht gut aus. Wär schön, wenn der Kellner auch mal zu uns kommen würde, damit wir bestellen können.«

Ich sah sie von der Seite an. Franz also hatte der geheimnisvolle Unbekannte in ihrem Leben geheißen. Wie viele Franzens es wohl gegeben hatte? Ich überlegte, ob ich nachfragen sollte, zögerte dann aber. Ging mich das überhaupt etwas an? Trotzdem wollte ich mehr wissen.

»Wo seid ihr denn hingefahren?«

»Zu einer Ruderregatta.« Meine Mutter setzte ihre Lesebrille wieder auf und schlug abermals die Karte auf. »Erst wollte ich ja ein Steak, aber ich glaube, ich nehme doch lieber den herzhaften Pfannkuchen mit Speck, Käse und Champignons. Salat inklusive.«

Das war etwas Neues – meine Mutter revidierte ihre Entscheidung. Ich tat es ihr nach, was bei mir aber nichts Ungewöhnliches war.

»Ich auch«, sagte ich.

Danach schwieg ich nachdenklich. Durfte ich weiter nachfragen oder war das ein Teil ihres Lebens, der nur ihr allein gehörte? Hatte man als erwachsene Tochter überhaupt das Recht, die eigene Mutter zu solchen Gefühlserfahrungen zu befragen?

»Nun guck nicht so! Dein Vater war bestimmt auch nicht immer unschuldig.« Meine Mutter hatte eine Miene aufgesetzt wie eine Kriminalbeamtin, die einem falschen Alibi auf der Schliche war.

»Nein?«

Ich konnte mir meinen Vater auf amourösen Abwegen überhaupt nicht vorstellen, er wirkte immer so bodenständig und seriös, und sagte das auch.

Meine Mutter lachte. »Die harmlos wirkenden Männer sind die schlimmsten, das wirst du auch noch merken.«

»Das weiß ich schon.« Ich dachte an meinen Ex.

Inzwischen konnten wir unsere Bestellung aufgeben, und kurz darauf brachte der Kellner ein Glas Rotwein für meine Mutter und für mich eine Cola.

»Seit wann magst du denn Rotwein?«

»Ist gut fürs Herz und die roten Blutkörperchen.« Meine Mutter war heute offenbar für einige Überraschungen gut. »Jetzt pass mal auf! Dein lieber Herr Vater hatte da diese Arbeitskollegin, diese Frau Kelm! Mit der hatte er sich verdächtig gut verstanden. War so eine langweilige Person mit Haaren wie von Ratten abgebissen.« Sie verzog das Gesicht. »Was er an der gefunden hat, ich versteh es bis heute nicht.«

»Vielleicht, weil sie das Gegenteil von dir war?«, schlug ich vor.

Meine Mutter überhörte den Einwand und schüttelte verständnislos den Kopf. »Meine Verehrer waren alle attraktiv. Wenn schon, denn schon. Einmal hatte dein Vater sogar die Frechheit, diese unscheinbare Person zu uns nach Hause zum Abendessen einzuladen. Und dann hat er noch herumgemeckert, ich hätte nicht gut gekocht.« Meine Mutter schnaubte empört. »Da war hinterher was los! Da habe ich ihm aber den Marsch geblasen. Wir haben uns so gestritten, dass die Fetzen flogen.« Sie nahm einen großen Schluck Wein. »Bringt dieses Flitscherl einfach mit.«

Ich erinnerte mich an diesen Streit. Es musste 1974 oder 1975 gewesen sein, und ich war damals zu Tode erschrocken. Meine Eltern hatten sich im Schlafzimmer angeschrien. Das war vorher nie vorgekommen, und auch hinterher erinnere ich mich an keinen Ehestreit, der mich so beschäftigte. Ich weiß noch, wie ich im Treppenhaus stand, lauschte und fürchtete, meine Eltern könnten sich trennen.

Unser Essen wurde serviert, und wir probierten die Pfannkuchen.

»Herrlich salzig, tut gut nach dem ganzen Kuchen«, sagte meine Mutter.

»Und wie ging's dann weiter mit dieser Kelm?«

Sie zuckte mit den Achseln. »Was weiß ich. Mitgebracht hat er die jedenfalls nie mehr. Da hätte ich ihn auch rausgeschmissen. Da hätte er ein paar Hosen und Krawatten einpacken können, und dann Adios.« Ihre Augen funkelten.

Offenbar war es schlimmer gewesen, dass mein Vater »das Flitscherl« nach Hause gebracht hatte, als der vermeintliche Fehltritt selbst. Wie anders die Generation meiner Eltern doch mit der ewigen Frage nach Treue und Untreue umgegangen war als meine Generation.

»Heute trennt man sich sofort, wenn in der Liebe die Luft raus ist. Immer auf der Suche nach der nächsten Gefühlssensation«, überlegte ich laut.

»Ja, das kommt mir auch so vor.«

Ich nahm einen Schluck Cola.

»Wolltest du Papa nie verlassen?«

Meine Mutter sah mich verständnislos an.

»Warum denn? Wir mochten uns doch.«

»Ja, aber hattest du dich in all den Jahren nie in einen anderen Mann verliebt?«

»Natürlich haben mir auch andere schöne Augen gemacht, aber da ging es nur um den Spaß am Flirten. Das musste dein

Vater doch nicht mitkriegen. Und getrennt hätte ich mich nie. Der Franz zum Beispiel, der fuhr einen Porsche und war ein rechter Hallodri. Für die Ehe oder als Vater war er vollkommen untauglich.«

»Aber wenn du gearbeitet und finanziell auf eigenen Beinen gestanden hättest, wäre es dann möglich gewesen, dass du Vati irgendwann mal verlassen hättest?«

»Pfff …« Meine Mutter überlegte eine Weile, dann schüttelte sie den Kopf. »Nein. Wenn man Kinder hat, macht man das nicht leichtfertig.« Sie spießte einen Champignon auf und hielt die Gabel in der Hand. »Das hätte ich euch Kindern nie angetan. Euer Vater war ein guter Vater, und er war und ist auch ein guter Mann, bis heute. Von ein paar Marotten vielleicht einmal abgesehen. Aber man lernt, darüber hinwegzusehen. Anders geht es auch gar nicht. Außerdem, warum soll man denn gleich alles infrage stellen? Es kommt doch nichts Besseres nach.«

»Hm, stimmt vielleicht.« Unschlüssig betrachtete ich meinen Pfannkuchen, den ich bislang kaum zur Hälfte gegessen hatte.

»So anders ist das andere dann auch nicht, im Grunde bleibt alles beim Alten. Da kann man noch so viele Männer ausprobieren.« Meine Mutter führte die Gabel zum Mund.

Wir aßen still, jede hing ihren Gedanken nach.

»Im Grunde war das gut.« Ich schob meinen Teller weg. Den ganzen Pfannkuchen schaffte ich nicht.

»Was meinst du damit jetzt?«

»Jeder hatte seinen Spaß, ohne dass ihr sofort alles auf den Prüfstand gestellt habt. Abwechslung, ein Flirt, aber nicht gleich das ganz große Drama.«

»Na ja, das mit der Kelm war nicht ohne … Schmeckt's dir nicht?«

»Doch, ist lecker, ich bin nur satt.« Und plötzlich gestand ich: »Ich habe Christian einmal betrogen.« Christian war mein Ex. Der Vorgänger von Thomas. Wir waren sieben Jahre zusammen gewesen, und meine Mutter hatte immer gehofft, wir würden heiraten. Aber daraus wurde nichts.

»Wie bitte?« Meine Mutter legte die Gabel zur Seite. »Er hatte doch eine andere. Obwohl du so glücklich mit ihm warst.«

»Schön war es wohl, aber nach sieben Jahren war die Luft raus.« Ich zögerte, denn diese Version der Geschichte hatte ich ihr bislang nie gebeichtet. »Nehmen wir noch einen Nachtisch, Mama?«

Sie schüttelte den Kopf. »Lieber ein Weinchen.« Sie sah mich erwartungsvoll an.

Na, was soll's, dachte ich. Jetzt kann ich es auch erzählen. Schließlich habe ich heute bisher unbekannte Seiten an meinen Eltern entdeckt.

»In Wahrheit habe ich damals Christian als Erste betrogen.«

Warum hatte ich meiner Mutter das damals eigentlich nicht erzählt?, fragte ich mich jetzt.

»Wie kam das?«

Ich holte tief Luft. »Auf einer Party lief mir Thomas über den Weg, und wir sind gleich bei ihm gelandet. Das ging ganz schnell, wir fanden uns vom ersten Moment an sympathisch. Christian hat das dann über zwei Ecken herausbekommen. Als Reaktion darauf fing er etwas mit einer anderen an. Aber nicht, weil er das unbedingt wollte. Es war mehr die Rachenummer. Das glaube ich jedenfalls.«

»Warum hast du denn das nie erzählt?«

»Weiß nicht. Vielleicht, weil du Christian so mochtest. Er war ja sehr lieb. Aber irgendwie auch langweilig. Den Seitensprung hätte ich ihm nie zugetraut.« Im Stillen dachte ich: Und vielleicht habe ich nie die Wahrheit gesagt, weil es mich beeindruckt hatte, wie treu meine Eltern sich scheinbar all die Jahre gewesen waren. Ich hatte nicht zugeben wollen, dass mir das nicht gelungen war. Und wahrscheinlich nie gelingen würde, jedenfalls nicht über fünfzig Jahre. Aber nun hatte sich etwas geändert. Wahrscheinlich waren sie sich gar nicht so treu gewesen, wie ich immer glaubte, und hatten die eine oder andere Affäre gehabt. Irgendwie erleichterte mich dieser Gedanke.

Meine Eltern hatten ihr Bedürfnis nach Lebendigkeit, nach

Abwechslung, nach Aufregung ausgelebt, nur eben ganz anders als meine Generation. Um einiges diskreter. Womöglich war das verlogener, aber wer wollte darüber urteilen, was klüger war?

Mir gefiel der Gedanke, dass sie ein Leben gehabt hatten, bevor ich geboren wurde, und dass es einiges gab, das mit uns Kindern so gar nichts zu tun gehabt hatte. War denn unsere serielle Monogamie so viel besser als die Ehen der Elterngeneration, als man eher unauffällig für ein wenig Abwechslung gesorgt hatte? Heimlichkeiten schützen den anderen schließlich auch vor Schmerz und Enttäuschung.

»Ihr habt aber dennoch gut zusammengepasst«, meinte meine Mutter jetzt.

Nicht, dass sie das nicht schon tausendmal gesagt hatte. Mit Christian hatte sie sich besser verstanden als mit Thomas. Und mit ihm war ich auch in einem Alter zusammen gewesen, in der andere Frauen eine Familie gründen. Wahrscheinlich trauerte sie ihm nach, weil er für sie der Vater ihrer Enkelkinder gewesen wäre. Während ich mir das nun gar nicht mehr vorstellen konnte. Also, sowohl Christian als Vater als auch Kinder allgemein.

Ich sagte: »Wenn ich mir vorstelle, mir heute womöglich mit Christian das Sorgerecht teilen zu müssen, nein danke.« Nach einer kleinen Pause schob ich nach: »Der ist jetzt übrigens mit einer unglaublich dummen Kuh zusammen.«

Sie legte ihre Hand beschwichtigend auf meine. »Das weiß ich doch! Thomas ist genauso gut für dich. Hoffentlich hält das.«

Ich fuhr mit dem Finger über den Rand meines Glases. »Mama, Beziehungen werden doch heute nicht mehr für die Ewigkeit eingegangen.«

Ich trank einen Schluck von meiner Cola. Meine Mutter hatte eine vollkommen andere Beziehungs-Zeitrechnung als ich. Meine längste Partnerschaft hatte sieben Jahre gedauert. Das war immerhin mehr, als einige meiner Freunde vorweisen konnten.

»Du, sag mal, Mama – waren solche Heimlichkeiten nicht anstrengend?«

»Manchmal schon. Und dein Vater war auch eifersüchtig. Einmal ist er mir bis in die Stadt nachgefahren und hat mich beschattet.« Meine Mutter lachte. »Dabei war ich wirklich nur im Theaterverein.«

»Papa als Othello? Kaum zu glauben. Und wenn ihr offen darüber geredet hättet, so nach dem Motto: ›Jeder darf mal‹?«

Sie schüttelte den Kopf. »Ich glaube nicht, dass eine offene Ehe klappt. Einer wird immer verletzt. Ich meine, diese Kelm, das hätte ich nicht akzeptiert. Nie. So wusste ich auch nicht, ob er wirklich was mit der hatte. Dein Vater streitet es nämlich ab. Bis heute. Eisern! Dass ich nicht lache!« Sie stellte ihr Glas mit einem Ruck ab. »Aber mir ist es lieber so. Der andere sollte so wenig erfahren wie möglich. Diese ganzen Hippie-Sachen, die haben auch nicht funktioniert, oder? Ich meine, ich war nicht in der Hippie-Bewegung, ich war Mutter und Hausfrau, aber man weiß ja, dass die Flower-Power-Leute am Ende auch nicht glücklich wurden mit ihren offenen Beziehungen. Bis auf Rainer Langhans womöglich.« Sie kicherte.

»Vielleicht hast du recht«, sagte ich. Vielleicht war eine stillschweigende Übereinkunft, einander nicht immer treu sein zu können und darüber hinwegzusehen und Fehltritte so gut es ging zu ignorieren, sogar ziemlich clever. Das pragmatische Ehemodell der Nachkriegszeit schien mir auf einmal nicht so schlecht gewesen zu sein, wie wir Jüngeren gern arrogant annahmen. Wir selbst jagten doch in Wahrheit ruhelos der Romantik und den ganz großen Gefühlen hinterher, obwohl wir längst wissen müssten, dass das in einer Langzeitbeziehung ein vergebliches Unterfangen war.

Heute konnte man natürlich auch anders leben und sich eingestehen, dass man in jeder Beziehung irgendwann jemand anderen begehrt oder sich sogar in denjenigen verliebt, selbst wenn man mit der eigenen Partnerschaft zufrieden ist. Aber: Bekommen wir das auch hin? Sind wir bereit für so viel Offenheit und

Einsicht? Dafür müssten wir dann ebenso bereit sein, Schmerz und Eifersucht und alles damit Einhergehende auszuhalten und durchzustehen. Aber würde das wirklich mehr Kraft kosten als Heimlichkeiten?

Alles spannende Fragen.

Ich nahm mir vor, zu Hause mit meinen Freundinnen einmal über die Sache mit der Treue und der Untreue zu reden. Und mit Thomas. Wir waren zwar noch keine zehn Jahre zusammen, wie meine Eltern damals, als sie womöglich mit anderen Partnern geliebäugelt hatten. Wir waren auch noch zu weit von einer Hochzeit entfernt, um zu überlegen, ob der Pfarrer mit der Treueformel »… bis dass der Tod euch scheidet« den unverheirateten Hochzeitsgästen einen veritablen Schrecken einjagen sollte. Wir wussten nicht einmal, ob wir heiraten wollten, geschweige denn, ob kirchlich oder nicht, auch wenn das bei einigen aus unserem Umfeld auf einmal wieder groß in Mode war, ich meine, bei jenen, die das überhaupt noch durften und nicht bereits bei Ehe Nummer zwei oder drei angelangt waren.

Andererseits passte das Ehemodell meiner Eltern auch nicht zu uns. Heimlichkeiten in der Beziehung waren bei uns absolut verpönt, galten als verdrucks und unreif. Aber jetzt und hier, mit meiner Mutter, war ich mir nicht mehr so sicher, ob das überhaupt stimmte. Meine Eltern hatten die ewige Frage, ob der Mensch überhaupt für die Monogamie gemacht ist, auf ganz persönliche Weise beantwortet.

»Hast du eigentlich Thomas mal angerufen, seitdem wir am Meer sind?«, fragte meine Mutter plötzlich.

»Äh, nein.«

Sie stieß mich in die Seite. »Zier dich nicht! Der freut sich bestimmt.«

»Der kann doch gut eine Woche auskommen, ohne dass er meine Stimme hört. Thomas amüsiert sich bestimmt prächtig beim Golfen.« Das »O« zog ich spöttisch in die Länge.

»Ach was! Der wartet bestimmt auf deinen Anruf. Jetzt mach schon!«

Ich kramte mein Handy hervor. »Also gut. Aber bestimmt geht er nicht dran? Der hat sein iDings doch dauernd im Flugmodus.«

»Wollen wir wetten?«

Ich sah zweifelnd auf mein Handy.

»Um eine Flasche Prosecco?«

Ich nickte und drückte die Nummer von Thomas. »Jetzt wollen wir doch mal sehen, wer den Prosecco spendieren muss.«

Was war zu hören: »Dieser Teilnehmer ist vorübergehend … please call again later.«

»Und?« Meine Mutter sah mich gespannt an.

»Ist nicht da. Am Ende hat er beim Golfen eine aufgerissen.«

»Ach geh!«

»Ich hab jedenfalls den Prosecco gewonnen.«

»Und er sieht, dass du angerufen hast. Manchmal hilft es, wenn man nicht so störrisch ist.«

Wem sagst du das?, dachte ich und hob das Glas, in dem noch ein winziger Rest von meiner Cola war. »Prost, Mama! Auf das Reihenhausmodell und die Treue anno vierundsiebzig!«

»Was?«

»Egal. Auf dich und Papa. Möge eure Ehe für immer halten.«

»Ja, was denn sonst? Jetzt such ich mir keinen Neuen mehr.«

Wir stießen an und fuhren dann in bester Stimmung zum Hotel zurück. Die Sonne stand tief am Horizont und tauchte alles in ein rötliches, fast unwirkliches Licht. Ich klappte meine Sonnenblende herunter.

»Stell dir vor, Mädschi, wie viele Millionen Jahre die Sonne schon auf das Meer scheint.«

»Unglaublich lange. Die war schon da, als die ersten Amöben die geschlechtliche Vermehrung entdeckten.« Ich bremste und ließ vor der Kiki-Bar, in der Onkel Heinrich seinem Irmchen angeblich tapfer die Treue gehalten hatte, ein Paar über den Zebrastreifen. »Und mit der geschlechtlichen Vermehrung kam dann die Untreue in die Welt.«

Meine Mutter sah aus dem Seitenfenster weiterhin aufs Meer,

auch ich riskierte einen kurzen Blick. Die Wellen funkelten wie flüssiges Gold.

»Welches Tier wohl als Erstes mit der Eifersucht zu kämpfen hatte?«, sinnierte ich.

»Die Fische bestimmt nicht.«

»Die Saurier? Sind Echsen misstrauisch, was ihre Partner anbelangt?«

»Vielleicht die Echsen-Männchen?«

»Das erste Liebesdrama der Weltgeschichte haben bestimmt die Säugetiere aufgeführt. Wobei, wer weiß schon, ob Krokodile nicht auch empathisch sind? Immerhin sollen sie sehr zärtliche Mütter sein.«

Ich parkte neben einem Land Rover mit Hamburger Kennzeichen.

»Nur noch wenige Tage, dann sind wir um die Zeit schon am Flughafen, womöglich sogar in der Luft.«

Ich spürte einen kleinen Stich, als meine Mutter das sagte.

»Schade eigentlich«, erwiderte ich.

Das stimmte. Obwohl es mich selbst überraschte. Als wir auf dem Hamburger Flughafen standen und meine Mutter verschwunden war, weil sie nach ihren zurückgelassenen Zeitungen suchte, hätte ich nicht geglaubt, dass ich das einmal behaupten würde. Es war schön, mehr über meine Mutter erfahren zu haben. Auf einmal hatte ich das Gefühl, dass wir erst ganz am Anfang mit unserem neuen Austausch waren. Waren wir aber wieder zu Hause, konnte ich davon ausgehen, dass unsere neue Verbindung bald wieder abriss. Hatte der Alltag uns zurück, würde diese große Nähe, die ich zu ihr fühlte, schnell vorbei sein. Das wäre traurig.

Meine Mutter schlug vor, noch an den Strand zu gehen. Ich war überrascht über ihren Vorschlag, doch ich griff ihn freudig auf. Da ich nur Cola getrunken hatte, sagte ich: »Warte einen Moment, ich lauf nur rasch in unser Apartment hoch und hole den Wein, der noch im Kühlschrank steht, und zwei Gläser.« Im nächsten Augenblick war ich verschwunden.

Der Strandkorbverleih war natürlich längst geschlossen, und so saßen wir noch lange in unserem etwas abgetakelten Strandkorb 707 und sahen zu, wie sich der Himmel verfärbte, von einem Feuerrot in ein kräftiges Lila, das in ein samtenes, tiefes Dunkelblau überging. Meine Mutter entdeckte den Abendstern, wir betrachteten ihn still und sahen zu, wie danach ein Stern nach dem anderen am Himmel auftauchte, als würde dort oben am Firmament jemand all diese Kerzen anzünden.

Vielleicht, dachte ich versonnen, haben wir mit dem Urlaub eine Grundlage gelegt, auf die wir aufbauen können. Am Ende werden wir auch zu Hause viel öfter über Dinge reden, über die wir bisher nur selten gesprochen haben. Ich sah zum Himmel, während ich mir fest vornahm, unsere neue Verbindung zu intensivieren. Ich wusste, dass man solche Vorhaben leicht wieder vergessen konnte. Aber auch das war in Ordnung.

»Ich könnte noch ewig hier am Meer bleiben«, sagte meine Mutter.

»Ich auch Mama. Ich auch.«

Tag 7 – Freitag

»Mama, wolltest du nie anders leben?«
Beim Spaziergang im idyllischen Naturpark lässt
meine Mutter überraschend durchblicken, dass sie
die fehlenden Enkelkinder nicht sonderlich vermisst.
Über gescheiterte Pläne und warum es nicht unbedingt
unglücklich macht, wenn einiges im Leben anders
kommt, als man es sich vorgestellt hat.

Gegen neun klopfte ich bei meiner Mutter an die Tür, weil ich sie nicht herumhantieren hörte. Als sie nicht antwortete, öffnete ich leise die Tür. Sie schlief noch tief und fest. Wahrscheinlich der viele Wein von gestern, dachte ich. Offenbar verschaffte der meiner Mutter einen morgendlichen Tiefschlaf wie bei einem Teenager. Ich beschloss, sie nicht zu wecken, und holte stattdessen Brötchen. Als ich zurückkehrte, war sie wach und deckte den Frühstückstisch.

»Ich habe so herrlich geschlafen, du auch?«, fragte sie aufgeräumt.

»Mmmmh. Bin nur früher aufgewacht.«

»War wohl der Rotwein. Von dem lasse ich heute aber die Finger, sonst verschlafe ich ja den halben Urlaub.«

»Ach komm, dafür sind Ferientage da.«

»Sicher, aber wir wollen doch ins Naturschutzgebiet radeln.«

»Mama, das schaffen wir locker, das ist nicht so weit.«

Nach dem Frühstück radelten wir Richtung Heiligenhafen, bogen aber nicht auf dem Steindamm in den Ort ein, sondern fuhren weiter geradeaus auf den Graswarder. Er war, neben der Steilküste weiter nördlich, einer der schönsten Strandabschnitte an der Ostsee und ein Miniaturnaturschutzgebiet.

Irgendwo stellten wir unsere Räder ab und spazierten einen Feldweg entlang, der uns gefiel. Rechts von uns, im Schilf des Binnensees, brüteten seltene Vögel, wie eine Schautafel erklärte. Meine Mutter blieb stehen und las die Erläuterungen.

»Aha«, sagte sie.

Ich überflog die Schautafel nur flüchtig. Die Vögel, die sicherlich jeden Ornithologen zum Ausflippen gebracht hätten, interessierten mich gerade weitaus weniger als die Häuser, die nahe ans Meer gebaut worden waren, fast auf den Strand. Betonfundamente schützten sie vor der Brandung. Ich konnte mir vorstellen, dass ihre Bewohner in wilden Winterstürmen fürchten mussten, weggespült zu werden.

Wir wollten uns die Gebäude näher anschauen, schließlich blieben wir vor einem blauen Haus stehen und bewunderten die Schnitzereien am Giebel, die Pferdeköpfe darstellten.

»Da drin sitzen, während die Brandung ans Fenster schlägt, das würde ich gern mal erleben«, sagte ich. Dann entdeckte ich ein Schild. »Schau mal, Mama, hier gibt es sogar Ferienwohnungen. Hätte ich das gewusst, wir hätten uns auch da einmieten können. Wir können ja noch einmal hierherfahren.«

»Ja, das können wir. Aber wer weiß, ob wir das wirklich machen ...«

»Wieso denn nicht?«

»Weil man solche Pläne meist verschiebt.«

Meine Mutter ging voraus, um Muscheln zu sammeln.

»Wie viele willst du denn noch mitschleppen?«, rief ich ihr nach.

»Die brauche ich!«

»Wofür denn?«

»Für eine Muschelschale. Im Badezimmer.«

»Ach so«, murmelte ich und verkniff mir, ihr zu sagen, dass sie bald die ganze Nachbarschaft mit Muschelarrangements versorgen könnte. Seltsam, dieser Sammeltrieb. Aber irgendwie wirkte sie dabei so zufrieden.

Ich folgte meiner Mutter, bückte mich nach einer hübschen Muschel und gab sie ihr.

»Danke, die ist aber schön«, erklärte sie und tat sie in eine Tüte, in der sicher schon Dutzende Exemplare waren. Alle sehr ausgesucht, einen Blick für Ästhetik hatte sie, das musste man ihr lassen.

»Sag mal«, fragte ich, weil es mir auf einmal in den Sinn kam. »Was möchtest du unbedingt noch erleben?«

Sie schaute aufs Meer, ihre Antwort kam ohne langes Nachdenken: »Eine Kreuzfahrt. Mit allem Drum und Dran!«

»Sonst nichts? Hast du nicht noch einen größeren Traum?« Ich zündete mir eine Zigarette an.

»Ich möchte gesund bleiben.«

»Schon klar, aber …«

»Wenn man krank wird, ist doch alles andere nichts. Lotte zum Beispiel …«

»… hat Krebs«, beendete ich den Satz und überlegte, wohin eigentlich meine Träume verschwunden waren.

Mein rechtes Knie fing auf einmal an zu schmerzen, fast wie bestellt, und ich dachte: Vielleicht ist das eine Gnade des Älterwerdens – wenn dein Körper anfängt herumzuzicken, hast du gar keine Zeit mehr, hochfliegende Pläne zu schmieden. Du bist schon zufrieden, wenn du keine Schmerzen hast.

Ich zog an der Zigarette und inhalierte tief. Woraufhin ich prompt husten musste.

»Du solltest das Rauchen wieder sein lassen.«

»Mach ich, bald«, antwortete ich mechanisch. Noch immer fühlte ich mich ratlos. Ich musste mich doch in meinem Alter nach irgendetwas sehnen, oder nicht?

Meine Mutter suchte weiter den Boden nach Muscheln ab. »Hier ist ein ganz tolles Exemplar, schau!«, rief sie.

Ein kleines Mädchen, das mit ihrer Mutter über den Strand schlenderte, beobachtete sie und begann, ebenfalls nach Muscheln zu suchen.

Nachdem meine Mutter der Meinung war, dass sie genügend Muschelschalen beisammenhatte, verstaute sie die Plastiktüte in ihrer Handtasche und klopfte sich ihre Hände ab. Bei ihr lief bestimmt nicht der ganze Sand in die Tasche. Bei mir würde der Inhalt der Plastiktüte über kurz oder lang überall verteilt sein.

»Lass uns noch ein bisschen am Meer entlanggehen«, sagte sie.

Ich hatte nichts gegen diese Aufforderung.

Wir genossen den Blick über die See. Ab und zu trafen wir andere Spaziergänger. Wir grüßten uns, obwohl wir uns gar nicht kannten. Aber die ruhige, einsame Atmosphäre verband uns wie Wanderer im Gebirge.

Nach einer Weile, ich war wieder ins Nachdenken verfallen, fragte ich: »Mama, was waren eigentlich die Höhepunkte in deinem Leben?«

»Deine Geburt. Und die von deinem Bruder.« Etwas Wind kam auf, und sie zog ihre Jacke enger um sich. Es war sonnig, aber die morgendliche Frische war selbst noch um elf Uhr vormittags zu spüren. »Und dass ich von zu Hause wegkonnte, als ich schwanger war, und mit Vati nach München ziehen konnte. Die erste eigene Wohnung und endlich weg von meinen Eltern, das war schon enorm. Ich war so glücklich mit der kleinen Küche. Sie war ziemlich verdreckt vom Vormieter, aber ich habe sie geputzt, bis alles blitzblank war.«

Damals waren meine Eltern nach Oberschleißheim gezogen, in eine kleine Sozialwohnung. Die Parksiedlung galt als modern, ein Vorzeigebau, mit Zentralheizung und großen Fenstern. Es musste sich gut angefühlt haben, dort einzuziehen und ganz neu anzufangen.

»Hattest du mal den Wunsch, völlig anders zu leben?«

»Nein, nie. Na ja, wäre ich Fotomodell geworden … Gern hätte ich auch eine Ausbildung zur Grafikerin gemacht. Aber meine Mutter verhinderte alle meine Pläne. Ich hätte da ja junge

Männer kennenlernen können. Sie war ziemlich prüde. Doch genutzt haben ihre rigiden Maßnahmen, was meine Ausbildung betraf, auch nicht, denn deinen Vater habe ich beim Tanzen getroffen.« Sie lachte.

»Und als du älter wurdest – hattest du nie eine Midlife-Crisis gehabt? Eine Sinnkrise? Oder den Gedanken: Jetzt starte ich noch mal richtig durch?«

»Nein, ich war immer zufrieden mit dem, was war.« Sie streckte ihre Hand aus. »Komm, wir machen da Rast.« Sie setzte sich auf einen blank polierten Baumstamm, den das Meer angeschwemmt hatte. Ich ließ mich neben ihr nieder. »Vielleicht ist dir ohne Kinder aber was entgangen«, sagte sie nachdenklich. »Doch bei euch geht heute die Karriere vor. Dein Vater und ich, wir hatten so wenig Geld am Anfang – und trotzdem schafften wir zusammen eine Menge.«

»Früher war das auch einfacher, Mama. Du konntest zu Hause bleiben, das akzeptiert niemand mehr so richtig. Und …«

»Und jetzt ist es bei dir zu spät«, unterbrach sie mich und seufzte.

Grinsend erwiderte ich: »Sag das nicht! Mit 40 000 Euro und einer Kinderwunschklinik bin ich noch voll dabei.«

»Das meine ich nicht. Das ginge möglicherweise noch gerade eben, also biologisch gesehen.«

Ich musste schmunzeln. Meine Mutter traute mir ja eine Menge zu, sogar schier Unmögliches: eine natürliche Schwangerschaft mit Mitte vierzig.

»Aber ich hätte jetzt gar nicht mehr die Nerven, um auf ein Enkelkind aufzupassen«, fuhr sie fort. »Vor zehn Jahren wäre das noch anders gewesen. Ich meine, wir haben früher die Kinder mit Anfang zwanzig gekriegt. Heute fangen die Frauen erst mit Mitte dreißig allmählich an. Ob das so klug ist? Ich weiß nicht.«

Ich scharrte mit den Füßen im Sand. Daran hatte ich bisher noch nie gedacht. Dass es über die Kräfte meiner Mutter hätte gehen können, wenn ich mit über vierzig ein Kind bekommen hätte. Stets hatte ich nur befürchtet, ich selbst würde es nicht mehr besonders gut packen, selbst wenn es geklappt hätte.

Kurz nach meinem vierzigsten Geburtstag hatte ich mit dem Gedanken an ein eigenes Kind geliebäugelt. Zeitgleich mit meiner Freundin Sandra. Damals war ich gerade zwei Jahre mit Thomas zusammen gewesen. Uns hatte die Idee gefallen, Eltern zu werden. Wir hatten uns auf einmal richtig dafür begeistert. Auch den Zeitpunkt fanden wir ideal. Thomas war beruflich etabliert, ich ebenfalls. Wann, wenn nicht jetzt, sagten wir uns.

Am Wochenende lagen wir im Bett und dachten uns Namen für unser Kind aus. Ich ließ die Pille weg – und fühlte mich entschlossen und auch irgendwie verwegen, weil ich glaubte, ich würde sofort schwanger werden. Zwar hatte ich sie viele Jahre genommen, um nicht Mutter zu werden. Aber eine meiner Kolleginnen hatte gerade mit einundvierzig eine Tochter zur Welt gebracht. Ihr erstes Kind, einfach so, ohne langes Herumprobieren.

Thomas und ich glaubten tatsächlich, wenn wir ein Kind wollten, dann würden wir es auch bekommen. Doch dann geschah etwas Eigenartiges: Jedes Mal, wenn meine Tage einsetzten, war Thomas enttäuscht – und ich erleichtert. Ich freute mich, weiterhin durchschlafen oder weggehen zu können, ohne händeringend nach einem Babysitter zu suchen. Und jedes Mal, wenn wir um den Zeitpunkt meines Eisprungs Sex hatten, fragte ich mich hinterher, ob ich denn wirklich Lust hätte, unzählige Nächte durchzuwachen. »Ich bin ja auch noch da«, sagte Thomas dann immer, aber das beruhigte mich nicht wirklich.

Ich versuchte, mir vorzustellen, wie viel Spaß wir zu dritt haben würden. Zoobesuche, Grillen an der Isar, das erste Mal am Meer mit unserer kleinen Tochter oder unserem kleinen Sohn. Ich fing an, Mütter zu beobachten, die in meinem Alter waren. Mit ihren ersten grauen Haaren versuchten sie oft mühsam, fit, relaxt und glücklich zu wirken. Aber irgendwie glaubte ich ihnen dieses Schauspiel nicht. Sie waren nicht entspannt, wie denn auch, mit einem Teilzeit-, manchmal sogar Fulltime-Job, mit Kita und ihrem gnadenlosen Anspruch an sich selbst, alles goldrichtig machen zu wollen. So wollte ich nicht leben. Ich wollte, wenn ich tief in mich hineinhorchte, als Hausfrau, genau wie meine Mutter, in aller Seelenruhe mein Kind großziehen, und zwar so, wie ich selbst aufgewachsen war, ohne Frühförderung, ohne Transportdienste im SUV zwischen Schule und Reitstunde. Thomas war einverstanden gewesen, als ich ihm von meinem Wunsch erzählte, er verdiente genug für uns zwei.

Aber auch mit dieser Lösung kam ich ins Grübeln. Konnte und wollte ich so abhängig sein von einem Mann, wie es für meine Mutter selbstverständlich gewesen war? Und doch hatte auch sie sich immer verteidigen müssen, weil sie »Nur«-Hausfrau war.

Was, wenn Thomas und ich uns eines Tages trennen würden? Außerdem liebte ich meinen Beruf. Wollte ich wirklich ernsthaft zu Hause hocken, allein mit einem Kind?

Und dann die Kleinfamilie! Vater, Mutter, Kind. Ich hatte es genossen, so aufzuwachsen, denn meine Mutter hatte genügend Zeit für mich und meinen Bruder gehabt. Inzwischen hielt ich die Kleinfamilie jedoch für überholt. Spätestens, seit ich ein Interview mit einem Kinderpsychologen gemacht hatte. »Es war in der Evolution nicht vorgesehen, dass eine Mutter fast den ganzen Tag allein ist mit einem kleinen Kind«, hatte der gesagt, und diese Erkenntnis hatte mich sehr beschäftigt. Denn genau darauf würde es hinauslaufen. Die Sippe, das Dorf, all das gab es nicht mehr. Natürlich könnte ich eine neue Sippe gründen, mich mit anderen Müttern und Vätern zusammentun. Aber ich wusste auch, welche Grabenkämpfe sich Eltern mittlerweile lieferten, wenn es nur um die richtige Ernährung der Kinder bei einem stinknormalen Kindergeburtstag ging. Vegane Väter lagen im Clinch mit der Biofleisch-Grillfraktion, und wer seinem Vorschulkind ein Snickers für die Pause mitgab, wurde vermutlich von der Erzieherin einbestellt, als hätte man einen Joint eingepackt. Ganz zu schweigen von Müttern, die sich ein bilinguales Hochrüsten ihrer Sprösslinge lieferten (»Am besten wäre ja Chinesisch …«).

Oder waren das alles nur Ausreden gewesen, weil ich merkte, je länger Thomas und ich es probierten, dass mit über vierzig ein Kind ein biologischer Lottotreffer war? In dieser Zeit las ich viel in Foren, las von Frauen, die mit zunehmender Verzweiflung versuchten, seit Monaten, manche seit Jahren, schwanger zu werden. Ganz so simpel war es doch nicht.

»Es stimmt, Mama, ich habe zu lange gewartet. Ich hätte spätestens mit dreißig Kinder zur Welt bringen sollen. Damals waren die Eltern vielleicht auch noch nicht so hysterisch.«

»Aber da hast du gerade im Beruf Fuß gefasst.«

»Vielleicht hätte ich als Studentin anfangen sollen?«

»Das wäre schon gegangen. Ich hätte das Kind genommen, hättest du zur Uni gemusst oder lernen müssen.«

Ich legte meiner Mutter den Arm um die Schulter und sah aufs Meer. »Das weiß ich.«

»Na ja«, sagte sie. »Hinterher ist man immer schlauer.«

»Mmmmh.«

Als Studentin wäre es mir nicht im Traum eingefallen, Mutter zu werden. Schließlich hatte ich dafür noch alle Zeit der Welt. Dachte ich. Ich hatte sogar einen Freund, der gern Kinder gehabt hätte. Aber auch er fand, wir hätten noch alle Zeit der Welt. Drei Jahre später war die Beziehung vorbei.

»Du hättest das Kind in deinen ersten Jobjahren bekommen und dann weiterarbeiten können.« Meine Mutter wollte sich bücken, um etwas im Sand zu inspizieren, dann ließ sie es jedoch sein.

»Auch das ist richtig.« Als ich Mitte dreißig und mit Christian zusammen war, hatte meine Mutter öfter gesagt: »Jetzt wird es aber Zeit, wenn ihr noch Kinder wollt.« Damals hatte ich gelacht, weil ich mir noch immer nicht vorstellen konnte, selbst Mutter zu werden. Christian und ich hatten in den ersten Jahren unserer Beziehung eine Menge Spaß gehabt. Wir verreisten zweimal im Jahr und hatten Bekannte gemieden, die sich gerade mit Nachwuchs verwirklichten. Sie erschienen uns eigenartig, spießig.

Und dann trennten wir uns, kurz nachdem wir zusammengezogen waren. Plötzlich stritten wir uns nur noch, und ich gewann daraus die Erkenntnis, dass ich nicht gern mit einem anderen Menschen eine Wohnung teilte. Denn kam ich wochentags nach einem langen Arbeitstag nach Hause, wollte ich niemanden auf meiner Couch vorfinden, mit dem ich über das abendliche Fernsehprogramm verhandeln musste. Mit Thomas hatte ich von Anfang an vereinbart, dass jeder seine eigenen vier Wände behalten sollte. Nur in der Phase, als wir es mit dem Kind probierten, überlegten wir, in eine gemeinsame Wohnung zu ziehen. Heute glaube ich, dass ich das alles nie ganz ernst gemeint hatte. Und so lief die Uhr ab, während ich mich mit den Ambivalenzen herumschlug.

Aber vielleicht hatte mein Wankelmut auch sein Gutes gehabt. Mir fehlte ein Kind nicht, und wer weiß, dachte ich, ob ich nicht eine lausige Mutter geworden wäre? Die Geduld meiner eigenen Mutter hätte ich sicherlich nicht aufgebracht. Sie hatte von einer glücklichen Familie geträumt – und diesen Traum auch realisiert. Mein Traum aber war das nie gewesen.

»Mama, was bei anderen Frauen vielleicht noch möglich ist, bei mir ist es jedenfalls zu spät mit dem Kinderkriegen«, sagte ich. »Ich hab doch dieses Anti-Müller-Hormon testen lassen.«

»Das die Eizellenreserve anzeigt, die man noch mit über vierzig hat?« Die Lektüre der *Apotheken Umschau* lohnte sich offensichtlich. »Ja, und?«, fragte meine Mutter gespannt. Für den ganzen Zeugungs- und Geburtskram hatte sie sich schon immer brennend interessiert.

»Es war gerade noch so viel übrig wie Weinreste in Flaschen nach einem Gelage. Ich schätze, ich hab kaum mehr als zwei Eizellen, die sich bequemen würden, in den Eileiter abzuspringen.« Diese Eizellen stellte ich mir vor wie zwei mittelalte Frauen, die tapfer anfingen mit Base-Jumping oder Drachenfliegen. Heißt es nicht überall, dass es angeblich nie zu spät sei, etwas Neues und irre Mutiges auszuprobieren?

»Die Spermien werden auch nicht jünger. Ab vierzig haben die oft Chromosomenschäden. Diese uralten Väter bilden sich aber dennoch ein, ewig zeugungsfähig zu sein.«

Ich sah meine Mutter überrascht an. Darüber dachte sie nach?

»Du hast recht. So habe ich das noch nie betrachtet.«

»Bei späten Müttern macht man einen Riesenaufstand, aber was ist mit diesen Männern, die mit sechzig Kinder zeugen? Da regt sich niemand auf.«

»Wir haben es ausprobiert«, gestand ich. »Also Thomas und ich. Vor zwei Jahren.«

»Wirklich?« Meine Mutter lächelte und stieß mich an: »Und?«

»Hätte es geklappt, dann hätte ich jetzt ein einjähriges Kind und du einen einjährigen Enkel. Hat es aber nicht, und nachhelfen wollten wir nicht.«

»Hätte ich auch nicht gemacht. Entweder es klappt oder es klappt nicht. Der Körper weiß genau, ob er noch fit genug ist für eine Schwangerschaft.« Ich schluckte. Las sie so was ebenfalls in der *Apotheken Umschau*? »Na, und Rauchen macht es auch nicht gerade besser. Vielleicht hast du deswegen so spät damit angefangen. Weil du nie wirklich ein Kind wolltest.«

Ich sah meine Mutter verblüfft an. Das konnte gut sein.

»Ich bin auch ohne Enkel zufrieden.« Sie sah aufs Meer, in die Ferne. »Es gibt noch so viel zu entdecken da draußen.«

»Kann schon sein …«

»Wie geht's denn Sandra mit ihrem Kind?«, fragte sie plötzlich.

»Sie mutiert gerade zur Oberhelikopter-Mami. Hat einen Hygienefimmel. Ich muss mir dauernd die Hände desinfizieren, wenn ich mich ihrer Tochter nur auf hundert Meter nähere. Wahrscheinlich züchtet sie ein hyperallergisches Kind mit Laktoseintoleranz heran, das dann Zwangsurlaub auf dem Bauernhof machen muss, um mit ein paar guten Bakterien das Immunsystem auf Vordermann zu bringen.«

Meine Mutter lachte.

Wir verließen den Strand und gingen am Binnensee entlang, zurück zu unseren Rädern. Ab und an flog ein Vogel aus dem Schilf auf.

»Die brüten doch nicht gerade?«, fragte meine Mutter.

»Im August? Ehrlich gesagt, ich habe keine Ahnung, wann die Vögel das tun.«

»Na, wie bei uns Menschen – vor dem Winter müssen die Kleinen flügge sein.« Sie schmunzelte. Dachte sie gerade daran, wie ihre Kinder flügge geworden waren?

Von wegen.

Sie erzählte von einem Nachmittag, an dem eine andere Nachbarin, Frau Schäfer, ihr vierjähriges Enkelkind zu Besuch gehabt hatte. Das hatte, hyperaktiv, wie es war, die halbe Wohnung zerlegt, hatte wie ein kleiner Taliban jede Unterhaltung zwischen meiner Mutter und der Nachbarin in terroristischer Absicht sabotiert.

»Am Ende sagte Frau Schäfer erschöpft: ›Ich bin froh, wenn meine Tochter den Kleinen wieder abholt. Das geht über meine Kräfte.‹

»Waren wir als Kinder auch so nervig?«

»Nein. Sicher, manches verklärt man im Nachhinein, aber was ich jetzt beobachte, diese wahnwitzigen Tobsuchtsanfälle schon der Kleinsten, das war nicht so. Und wir waren keineswegs sehr streng mit euch. Meiner Ansicht nach haben die anstrengenden Kinder damit zu tun, dass die Eltern heute beide arbeiten müssen und schon die Kleinsten in den Kinderknast müssen.«

»Gut möglich. Ich glaube auch nicht, dass es den Kindern bekommt, so früh so lange von daheim weg zu sein.«

Wir waren bei unseren Rädern angelangt. Bevor meine Mutter in die Pedale trat, sagte sie: »Mir gefällt mein Leben. Wir haben ein schönes Haus. Sind gesund. Ich kann noch Reisen machen …«

»Und ihr habt den Kater.«

Der Hauskater war mittlerweile eine Art Enkelkind geworden. Meine Eltern sprachen jedenfalls manchmal von ihm, als wäre er ein Säugling. Darum musste ich auch jedes Mal anrücken, wenn sie für ein paar Tage nach Tirol fuhren. »Der mag nicht allein sein über Nacht«, sagten meine Eltern dann jedes Mal unisono.

»Aber der strawanzt doch die ganze Nacht durch euer Haus und wirft mich um fünf Uhr morgens aus dem Bett, weil er was fressen will«, protestierte ich.

Aber sie bestanden darauf, dass die Katze emotionale Bedürfnisse hatte wie ein Kind. Mittlerweile hatte ich nichts dagegen. Wenn sie mit der Katze die fehlende Enkelschar kompensierten, dann war das doch prima.

»Wenn ich ehrlich bin, Mama, dann konnte ich ein Leben lang mehr mit Katzen anfangen als mit Kindern. Vermutlich transgenerationale Vererbung«, murmelte ich, während ich mein Fahrrad an ihre Seite schob. »Bindungsphobie und so.«

»Was?«

»Ach nichts, Mama.« Vielleicht wollte ich nie wirklich Kinder, weil mir Säuglinge mit all ihren Anforderungen ein wenig unheimlich sind. Ich hatte nicht einmal einen Baby-Neid verspürt, als ich Sandra im Wochenbett besuchte. Und präsentierte eine Kollegin von mir im Büro stolz ihren Nachwuchs, lief ich auch nie mit dieser Quietsche-Baby-Guck-Stimme umher.

»Ich werde wohl in einem Haus voller Gerümpel und mit fünf Katzen enden«, sagte ich laut. Ich fand die Vorstellung, eine schrullige Alte zu werden, die nur noch mit ihren Katzen redete, gar nicht so übel. Und vielleicht gelang mir dieses Kunststück sogar zusammen mit Thomas. Wir hätten uns schon längst zwei Katzen aus dem Tierheim geholt, würden wir nicht in der Stadt wohnen und hätte ich nicht eine unüberwindbare Abneigung gegen Wohnungskatzen. Es machte mich nervös, wenn sie sehnsüchtig aus Fenstern und von vernetzten Balkonen in die Welt schauten. Vermutlich reine Projektion, weil ich mein Leben auch nicht auf einem Balkon mit Sicherheitsnetzen verbringen wollte.

Spontan schrieb ich Thomas eine SMS. »Lampedusa und Bluebell grüßen aus Heiligenhafen!« Lampedusa und Bluebell waren die Fantasiekatzen, die wir uns vor ein paar Monaten zugelegt hatten und die wir eines Tages wirklich gern hätten. Manchmal taten wir so, als lägen sie bei uns im Bett und als alberten wir mit ihnen herum.

»Dein Vater und ich wollen im September für ein paar Tage nach Tirol. Da kommst du doch zum Mutz?«, fragte meine Mutter. »Du weißt ja, über Nacht kann er nicht …«

»Ja, klar«, erklärte ich ergeben.

Als wir auf unseren Rädern saßen, fiel mir auf: Sowohl meine Mutter als auch ich hatten vor einem Leben ohne Enkelkind beziehungsweise Kind friedlich kapituliert. Ich war froh, dass wir auch darüber geredet hatten. Glücklich trat ich in die Pedale. Sicherlich würde ich später hin und wieder überlegen, was gewesen wäre, wenn … Aber das gehörte zum Leben dazu. Meine Mutter fragte sich sicher auch bis zum Jüngsten Tag, wie ihr Leben als Fotomodell oder Grafikerin verlaufen wäre.

»Künftig werde ich wohl die eine oder andere meiner Marotten pflegen wie ein quengelndes Kleinkind«, hörte ich mich sagen. Wir erreichten den Marktplatz von Heiligenhafen und sahen uns nach einem Fischlokal für ein spätes Mittagessen um. Dann gab ich meiner Mutter zu verstehen: »Es ist alles prima, so, wie es gerade ist.«

Meine Mutter nickte. Dann fischte sie ihre Plastiktüte aus der Handtasche und zählte die Muscheln durch.

Am Nachmittag legten wir uns an den Strand, und dieses Mal hatte ich Glück und konnte einen Strandkorb mit rot-weißen Streifen mieten. Wir holten unsere Fotosession nach und machten ausgiebig Bilder. Meine Mutter gab hauptsächlich das Foto-modell, doch als ich den Selbstauslöser meiner Kamera nicht in Gang setzen konnte für ein gemeinsames Urlaubsbild, verdonnerte sie zwei Rentner, uns abzulichten.

Am Abend legte sie mich noch herein, weil sie fand, wir sollten gemeinsam fernsehen. So sah ich mit ihr eine ZDF-Schnulze, während, unbemerkt von mir, ein guter Thriller auf Arte lief. Das merkte ich aber erst, als sie schon im Bad verschwunden war und ich mich noch durch die Kanäle zappte. Schließlich blieb ich an einer Dokumentation über »Social Freezing« hängen. In diesem Beitrag ging es darum, dass mittelalte Frauen wie ich bereuten, ihre kostbaren Eizellen nicht bereits mit zwanzig eingefroren zu haben, um sie dann einer Leihmutter in Tschechien einpflanzen zu lassen. Von einem Arzt, der in der Dokumentation versuchte, einen guten Eindruck zu erwecken, auf mich aber eher wirkte wie die moderne Version von Dr. Frankenstein. Ich lächelte boshaft und freute mich darauf, künftig vierundvierzigjährige Drillingsmütter auf dem Spielplatz zu beobachten, die mit aller Gewalt zu beweisen versuchten, dass die fertilitätsunterstützte Gnade der späten Geburt eine hervorragende Idee sei.

Alles astreine Kompensation von mir, dachte ich, und dann: Aber wen schert das? Mich jedenfalls nicht. Und meine Mutter blätterte mittlerweile, wie ich jetzt wusste, lieber Kreuzfahrtkataloge durch, als meine Brut davon abzuhalten, über Puppenstuben oder Kaufmannsläden kleinkindliche Apokalypsen hinwegfegen zu lassen.

Was ich mit den Kinderwagen, die noch immer im Keller meiner Eltern lagerten, dereinst einmal anfangen sollte, war allerdings eine andere Frage. Vielleicht konnte ich sie zu Katzenbettchen umfunktionieren.

Je länger ich mit meiner Mutter am Meer war, umso seltsamer wurden meine Gedanken. Was ich nicht als Nachteil empfand.

Tag 8 – Samstag

»Nun sei doch nicht so spießig.«
Meine Mutter wird krank, und ich fürchte mich vor
der Zukunft, bis ich das Glück der radikalen Akzeptanz
entdecke. Wieder gesund, preist sie plötzlich Yoga.
Meiner neuen Erkenntnis, dass Pro-Aging klüger ist
als Anti-Aging, kann sie jedoch wenig abgewinnen.
Ich entdecke, dass es gar nicht so übel ist,
wenn man wie die eigene Mutter tickt.

Es war bereits kurz vor neun, als ich ihr Zimmer betrat, aber meine Mutter hatte die Vorhänge nicht wie sonst um diese Zeit zurückgezogen. Und es war seltsam still.

»Mama?«, fragte ich leise. Ein eigenartiges Gefühl beschlich mich, eines, wie ich es noch nie gespürt hatte. Auf einmal bekam ich Angst, meine Mutter könnte krank sein. Aber das war undenkbar. Ich kannte sie, bis auf die eine oder andere Erkältung, nur putzmunter. Trotzdem: Es konnte doch auch einmal etwas sein. Ein Schlaganfall aus heiterem Himmel oder eine Hirnblutung – und was wäre dann?

Ich trat zum Bett meiner Mutter. Es war leer. Ich zog die Vorhänge auf und sah mich im Zimmer um. Die Bettdecke war zurückgeworfen. Offenbar war sie schon aufgestanden. Aber warum hatte sie kein Licht in den Raum gelassen? Unruhig ging ich zum Bad. Die Tür war zu. Sonst lehnte sie sie immer nur an. Sie schloss nie das Bad ab, im Gegensatz zu mir oder dem Rest der Familie. Warum eigentlich?, dachte ich, und dann: Als wäre das jetzt wichtig.

»Mama?«, wiederholte ich, nun etwas lauter.

Hinter der Tür hörte ich ein jämmerliches Ächzen. Ich erschrak fürchterlich. Was war los? Vor meinem inneren Auge sah ich sie hilflos am Boden liegen, mit Halbseitenlähmung.

Zaghaft klopfte ich an, zugleich versuchte ich, mich zu beruhigen: Bestimmt ist alles in Ordnung. Im nächsten Augenblick schoss mir durch den Kopf: Woher nehme ich den Glauben, dass bei den eigenen Eltern (und bei einem selbst) immer alles gut gehen wird? Um mich herum waren durchaus schon schwere Erkrankungen oder Todesfälle eingetreten.

»Mädschi?«

Endlich hörte ich ihre Stimme, dünn und schwach. Vielleicht war es doch ganz schlimm um sie bestellt. Am Ende gehörte meine Mutter zu jenen Frauen, die kurz vor dem Totalzusammenbruch noch versuchen, so zu tun, als wäre alles in Ordnung. Nur damit man sich keine Sorgen macht, obwohl jede Sekunde zählte.

»Was ist denn los?«, rief ich. Ich versuchte, nicht allzu aufgebracht zu klingen. Panik würde auch nicht weiterhelfen, wenn wirklich etwas passiert war – und wäre albern, sollte gar nichts Besonderes vorgefallen sein. Sogar ein wenig peinlich. Zugleich schämte ich mich, weil es mir unangenehm war, Angst um meine Mutter zu haben, und das war nun richtig absurd.

Ich lauschte gespannt an der Tür.

»Nichts Dramatisches, mir ist nur schlecht.«

»Musst du dich übergeben?«

»Die halbe Nacht schon. Ich hoffe, es ist jetzt alles raus.«

Ich hatte nichts mitbekommen, weil ich mit Ohropax schlief. Das Schnarchen meiner Mutter war manchmal sogar durch die Tür zwischen unseren beiden Zimmern noch zu hören gewesen.

»Soll ich dir einen Kamillentee machen?«

»Das wäre fein.«

Leider fand ich bei meinen Teereserven keinen Beutel mit Kamillentee, weshalb ich ihr zu verstehen gab: »Wir haben keinen hier, aber ich besorge welchen, halte durch!« Ich kam mir leicht dämlich vor, nachdem ich das ausgesprochen hatte. Wir befanden uns doch nicht in einem Katastrophenfilm, und sie lag glücklicherweise nicht im Sterben. Fehlte nur, ich hätte ihr zugerufen: »Du darfst nicht bewusstlos werden, bleib bei mir.«

Mit solchen unsinnigen Überlegungen im Kopf fuhr ich mit dem Rad zur Apotheke, die gleich neben dem Supermarkt lag. Hoffentlich hatte sie schon geöffnet, bestimmt gab es dort neben Kamillentee auch noch etwas anderes für einen verdorbenen Magen.

Mir fiel ein, dass ich gar nicht wusste, warum ihr schlecht war. Vom Essen gestern? Aber ich hatte doch das Gleiche wie meine Mutter gehabt, und mir ging es blendend. Vielleicht war es ein Magen-Darm-Virus, das schnell kam und genauso schnell wieder verschwand. Ein solches Virus hatte ich auch schon zweimal gehabt. (Heimlich hatte ich meine Kolleginnen in Verdacht gehabt, meiner Meinung nach hatten sie mit großer Sicherheit Viren aus der mikrobiologischen Brutstätte namens Kita ins Büro eingeschleppt und alles durchseucht.) Allerdings, wo sollte meine Mutter ein solches Virus aufgeschnappt haben? Ich hatte ja keine Probleme. Oder war ich einfach nur widerstandsfähiger, weil ich jünger war als sie?

Die Apotheke hatte noch nicht geöffnet. Ich fluchte. Dann eben Kamillentee aus dem Supermarkt, auch wenn der bestimmt nicht so gut war.

Als ich eine Packung an der Kasse bezahlt hatte, radelte ich so schnell wie möglich zu meiner Mutter zurück. Eine Spaziergängerin mit Hund scheuchte ich klingelnd zur Seite.

Meine Mutter lag im Bett, als ich ins Apartment trat.

»Geht's, Mama?«, fragte ich und setzte mich zu ihr.

Sie war sehr blass, und mir wurde ein wenig flau im Magen. Sie sah ihrer eigenen Mutter ähnlich, und ich bekam das erste Mal eine Ahnung davon, wie sie in zwanzig Jahren aussehen würde.

Wenn man die Zeit doch nur aufhalten könnte, dachte ich. Eines Tages würde ich am Bett meiner Mutter sitzen, und dann wäre es vielleicht keine Grippe mehr oder ein Blitzvirus. Irgendwann würde so ein Tag da sein, von dem an es nicht mehr besser werden würde – und wie würde ich dann damit umgehen, dass es nur noch bergab ging?

Meine Uroma in Tirol fiel mir ein, die ich im Pflegeheim als bettlägerig erlebt hatte. Wir waren damals bei ihr gewesen, einige Tanten, meine Mutter und meine Großmutter unterhielten sich lebhaft im Krankenzimmer, nur meine Uroma bekam davon nicht mehr viel mit.

Sie war nicht dement, nur sehr alt, siebenundneunzig; ich war gerade mal Mitte zwanzig. Die letzten beiden Jahre ihres Lebens hatte sie nicht mehr aufstehen können. Ich strich ihr leicht über den Kopf. Sie reagierte darauf nicht, und ich weiß noch, wie ratlos mich das gemacht hatte. Wenn meine Mutter einmal nicht mehr auf mich reagieren würde, wie würde sich das anfühlen?

Ich schob den Gedanken beiseite. Bis dahin würde noch viel Zeit vergehen. Aber ich ahnte, dass ich mich über kurz oder lang damit auseinandersetzen musste. Und vielleicht, so ging mir durch den Kopf, besser früher als später. Ich spürte: Ich wäre lieber vorbereitet darauf, als so zu tun, als würde alles immer bleiben, wie es jetzt war.

Meine Mutter schenkte mir ein Lächeln. »Es geht schon. Aber die Nacht war fürchterlich.«

»Warum hast du mich denn nicht aufgeweckt?«

»Damit du mir über der Schüssel hilfst? Das ging von selbst. Fühlt sich an wie eine Darmgrippe. Da kann man nur abwarten.«

Meine Mutter schloss die Augen und seufzte: »Ausgerechnet im Urlaub.«

»Vielleicht dauert es nicht lang, zumal wenn alles draußen ist. Denk einfach nur daran, dich zu erholen.« Ich streichelte sanft ihr Bein. »Später mache ich dir den Apfel-Hafer-Brei, den du mir immer zubereitet hast, wenn ich krank war.«

»Später, das ist gut. Jetzt mag ich nicht an Essen denken. Ich will noch ein wenig schlafen.«

»Bestimmt bist du heute Nachmittag wieder fit.« Damit wollte ich sie und mich gleich mit trösten. »Sieh das alles als einen Spuk an, der bald vorbei ist.«

Meine Mutter nickte, und ich sah, dass sie fröstelte. »Willst du eine Wärmflasche?«

»Du musst nicht extra eine für mich kaufen.«

Ich ging in mein Zimmer, wühlte in meinem Rucksack und holte eine Kinderwärmflasche mit einem Überzug heraus, auf dem ein Kätzchen abgebildet war. Triumphierend hielt ich sie hoch, als ich wieder ans Krankenbett meiner Mutter trat: »Hab ich immer dabei.« Sogar nach Jordanien hatte ich das Ding mitgeschleppt, obwohl Thomas mich ausgelacht hatte. Bis er Durchfall bekam, mit Magenkrämpfen.

»Dass du daran gedacht hast«, sagte meine Mutter und lächelte.

Ich ging ins Bad und füllte die Wärmflasche mit heißem Wasser. Früher kümmerte sich meine Mutter um mich, fiel mir dabei ein, irgendwann werde ich mich um sie kümmern. Aber würde ich das dann wirklich tun? Was, wenn sie nicht nur ein paar Tage, sondern monatelang bettlägerig wäre? Oder sogar für den Rest ihres Lebens?

Ich reichte ihr die fest verschlossene Wärmflasche. Sie legte sie sich auf den Bauch und schloss danach die Augen. Jetzt sah sie entspannter aus – und wieder mehr wie meine Mutter.

Abermals suchte ich den Supermarkt auf, kaufte dort Äpfel, Bananen und Haferflocken. Bei meiner Rückkehr schlief meine Mutter tief und fest. Ich setzte mich auf den Balkon und las. Ich wollte warten, bis sie wieder aufwachte.

Gegen Mittag schlug sie die Augen auf. Sie hatte wieder rosige Wangen und sogar ein wenig Appetit. Der Brei, den ich ihr zubereitete, schmeckte ihr sogar.

»Mama, hast du eigentlich Angst davor, irgendwann so hilflos zu sein wie Uroma?«, fragte ich, als ich ihren Teller wegräumte.

Der Zeitpunkt für eine solche Frage war wahrscheinlich denkbar schlecht gewählt, aber sie beschäftigte mich.

Meine Mutter warf mir einen kämpferischen Blick zu. »Du meine Güte, bis dahin ist noch eine Menge Zeit«, sagte sie. Und etwas leiser: »Das hoffe ich jedenfalls.«

»Ich auch.«

»Aber selbst wenn ich ein Pflegefall werden sollte, dann sorgt sich schon jemand um mich, dafür haben dein Vater und ich gespart. Das musst du nicht machen, und auch Roland nicht. Ihr seid ja berufstätig.«

»Mama, wenn du neunzig bist, bin ich längst in Rente.«

»Ja, das schon, aber …« Sie beendete den Satz nicht.

»Du willst doch nicht mit lauter Fremden im Heim leben?«

»Warum denn nicht? Die Oma macht das doch auch, und so schlecht geht es ihr dort nicht.«

»Bei der Oma ist es etwas anderes, die würde keiner von uns pflegen wollen.«

Meine Mutter nickte. »Trotzdem habe ich manchmal ein schlechtes Gewissen. Wenn ich sie nicht oft genug besuche, hetzt sie gleich die Verwandten auf und jammert, ich sei eine schlechte Tochter.«

»Das tut sie sowieso, und denk daran, sie war eine miserable Mutter. Aber was ist mit dir und Papi? Wünscht ihr euch nicht, dass ich später zu euch ziehe und mich um euch kümmere?«

»Mir würde schon reichen, wenn du oft genug vorbeikommst.« Damit war das Thema für meine Mutter erledigt. »Aber jetzt will ich ein bisschen auf dem Balkon sitzen, frische Luft tut mir bestimmt gut.«

»Soll ich dir helfen?«

»Es geht schon.« Sie schwang sich aus dem Bett. »Ich fühl mich viel besser«, fügte sie hinzu, als sie meinen erstaunten Blick bemerkte.

Doch statt auf den Balkon zu gehen, begab sie sich in die Kitchenette und klapperte dort herum, als wolle sie auf diese Weise die Gespenster der Bettlägerigkeit vertreiben.

Während ich den Rückzug zu meinem Buch antrat, fiel mir ein, dass meine Mutter mir, wenn ich auf dem Weg der Besserung war, immer Schokozwieback besorgt hatte.

»Soll ich dir Schokozwieback holen, Mama?«, rief ich in das Apartment.

»Willst du welchen? Ich mochte den noch nie!«

Aha. Auch das war mir neu.

Meine Mutter werkelte weiterhin in der Küche. Warum kam sie nicht nach draußen? Hatte sie keine Lust, darüber zu reden, was einmal sein würde, sollte sie nicht mehr für sich selbst sorgen können?

Ich sah auf meine Hand und betrachtete einen Pigmentfleck. Oder war das ein Altersfleck? Dann ließ ich die Hand sinken und dachte an meine Besuche bei meiner Großmutter. Jedes Mal, wenn ich bei ihr im Heim aufkreuzte, hatte ich das Gefühl, man hätte die Zeit dort festgefroren. Betrat man den Aufenthaltsraum und ging von diesem Ort aus mit ihr spazieren und kehrte zwei Stunden später wieder zurück, hatte sich die Szenerie kaum verändert. Die älteren Frauen saßen noch immer dort, wo sie vorher auch gesessen hatten, lasen Zeitschriften, machten Kreuzworträtsel, sahen fern oder starrten einfach nur stundenlang in die Luft. Mich hatte diese Unveränderlichkeit stets aufs Neue fasziniert. Manchmal, wenn ich mich gestresst gefühlt hatte, beneidete ich die Damen sogar dafür, dass sie unendlich viel Zeit zu haben schienen.

Das war natürlich blanker Unsinn, denn ich wusste, wie schmerzlich das Älterwerden sein konnte. Eine Freundin von mir hatte als Altenpflegerin gearbeitet, bis sie ihren Beruf entnervt und erschöpft an den Nagel hing. Sie hatte mir einige Geschichten erzählt, was geschah, wenn man ein Pflegefall wurde und das Pech hatte, dass andere ohne Rücksicht und Wertschätzung über das eigene bisschen Leben, das einem noch blieb, bestimmten.

Warum sprachen wir nie darüber, dass uns das auch passieren könnte, wenn wir über das Alter redeten? Die Unterhaltungen mit Freundinnen über unsere ferne Zukunft endeten jedes Mal mit der netten, aber vollkommen naiven Vorstellung einer fröhlichen Alters-WG. Nie berührten wir das Thema, dass eine von uns zum Pflegefall werden könnte. Es war, als würde es uns einfach nicht passieren.

Seltsam, dachte ich und sah einer Ente nach, die vom Binnensee in den Himmel aufstieg. Da hieß es immer, man solle »loslassen« lernen. Aber das war, wie vieles aus der modernen Esoterik, nur so dahingesagt. Niemand wusste so richtig, was das wirklich bedeutete. Bei der Vorstellung, wir müssten Abschied nehmen von unserer Selbstständigkeit, denn auch das wäre ja ein »Loslassen«, brannten bei uns alle Sicherungen durch, ganz besonders in meiner Generation. Ich hatte den Eindruck, dass es nichts gab, wovor uns mehr graute.

Aber warum haben wir so große Angst davor, jemand würde uns waschen und füttern? Gut, es gibt die Horrorgeschichten aus den Altersheimen, aber das ist es nicht allein. Vertrauen wir anderen Menschen nicht, weil wir so sehr auf Unabhängigkeit Wert legen? Weil uns der Gemeinsinn in Wahrheit abhandengekommen ist? Oder passen Schwäche, Kontrollverlust, Hilflosigkeit und Bedürftigkeit einfach nicht zur modernen Allmachtsfantasie und der lächerlichen Illusion, alles immer im Griff haben zu wollen?

Wir glauben, alles wäre machbar. Wenn aber eine unheilbare Krankheit und der Tod selbst demonstrieren, dass eben keineswegs alles machbar ist, dann sind wir von dieser Erkenntnis fast mehr als von dem Ereignis selbst erschüttert. Und ja, nicht nur entsetzt, sondern sogar entrüstet. So haben wir uns das nicht vorgestellt, es ist doch sonst alles möglich. Und dann stehen wir da und wissen nicht, was wir tun sollen. Da hilft keine App mehr, da hilft gar nichts mehr.

Ich atmete tief durch und sagte leise zu mir selbst: »Schlau ist das nicht.«

Sollten wir nicht rechtzeitig üben, Bedürftigkeit zuzulassen und Hilflosigkeit zu ertragen? Das wäre vielleicht eine gute

Alternative, um nicht immer nur ins Fitnessstudio zu rennen oder zu detoxen, als ginge es um Leben und Tod. Und eines wäre ab und an auch noch hilfreich: Die Erkenntnis, dass nicht alles gelingen kann und wir nicht alles bekommen können, was wir uns wünschen, wenn wir uns nur unermüdlich darum bemühen. Ich murmelte weiter: »Gar nichts steht einem zu und ist selbstverständlich. Weder Gesundheit noch ein schöner Tod.«

Nun führte ich schon Selbstgespräche wie eine dieser Frauen im Altenheim meiner Großmutter, die zu denen gehörte, die immer an die Decke starrten. Auch egal, dachte ich, und laut sagte ich: »Loslassen, loslassen, zulassen, zulassen.« Ich grinste.

Meine Mutter kam auf den Balkon.

»Nein, auflassen, wir lüften!« Mit einem Ächzer ließ sie sich auf den freien Stuhl fallen. »Jetzt wäre ein Apfelsaft recht.«

»Ich geh noch mal los und hol uns welchen.«

Ich war dankbar, dass ich etwas tun konnte. So viel zum Zulassen von Bedürftigkeit. Ich wurde ja schon nervös, wenn meine Mutter Schwäche zeigte.

Im Supermarkt, der heute zu einer Art Stammgeschäft zu werden schien, beobachtete ich, während ich an der Kasse wartete, wie eine sehr alte Frau vor mir in der Schlange ihre Einkäufe langsam in eine Tasche räumte, die am Lenker ihres Rollators hing. Sie tat sich sichtlich schwer damit, und ich fragte mich, ob sie wohl Hilfe wollte. Oder eben nicht, weil sie froh war, das alles noch selbst tun zu können. Sie blockierte die Einkaufswagen der nachfolgenden Kunden. Ein junges Paar wartete ungeduldig, bis sie den Weg wieder frei machte, traute sich aber auch nicht, sie anzusprechen. Als wären Alter und Gebrechlichkeit Krankheiten, die auf einen übersprangen, wenn man sie nicht ignorierte. Schließlich schob die alte Frau ihren Rollator weiter Richtung Ausgang, den Rücken gebeugt, den Kopf nach unten, ohne nach links und rechts zu blicken.

Auf dem Weg zurück zum Hotel überlegte ich, wie man sich

darauf vorbereiten könnte, so alt zu sein und so gebrechlich. Sollte das mit einer inneren Weisheit möglich sein? Würde man dann eher seinen Frieden damit schließen können?

Wie es wohl war, wenn der eigene Radius immer geringer und man selbst auch immer weniger wurde? Ich versuchte, es mir auszumalen, kam aber nicht sehr weit damit.

Meine Mutter trank ihr Glas in einem Zug aus, nachdem ich ihr den Apfelsaft auf dem Balkon serviert hatte. Kein Wunder, sie hatte viel Flüssigkeit verloren. Danach sagte sie: »Wir können uns gegen den Zahn der Zeit, den unerbittlichen, noch so sträuben, aber einmal packt er uns am Kragen und schüttelt uns wie ungezogene Hunde.«

Ich lachte. Nach einer Weile bemerkte ich, auf einmal ganz nachdenklich geworden: »Leicht ist das nicht. Irgendwann kann man nicht mal mehr ein Buch lesen, weil man es nicht mehr halten oder weil man nicht mehr richtig sehen kann, und Hörbücher gehen auch nicht, jedenfalls dann, wenn man nichts mehr hört.«

Meine Mutter goss sich das Glas noch einmal mit Saft voll.

»Stimmt«, erwiderte sie. »Mir macht schon die Vorstellung zu schaffen, wenn ich noch mal ans Meer möchte und ich das nur noch in Begleitung tun kann. Weil ich allein gar nicht mehr mein Gepäck tragen kann. Oder sogar einen Rollstuhl brauche.« Ich schwieg betroffen. »Wenn dann keiner mitfährt, sehe ich das Meer nie wieder. Die Oma kommt auch nur noch in die Berge, wenn wir sie abholen. Und eines Tages wird es dann so weit sein, dass sie in den Garten des Altenheims will und es nicht mehr schafft, ohne dass ihr ein Pfleger hilft. Oder ich.« Sie seufzte. »Und das geht dann noch weiter. Irgendwann kann sie vielleicht nicht mal mehr einen Arm heben und muss warten, bis ihr jemand Kopfhörer in die Ohren steckt, wenn sie ihre Lieblingsoper hören will.«

Ich sah meine Mutter an und sagte: »Das sind ja schöne Aussichten.«

Ich versuchte, mir Tage in meinem Leben vorzustellen, in denen die Welt tatsächlich immer kleiner werden würde und ich endgültig keine Träume und Pläne mehr verwirklichen könnte. Vor nicht allzu langer Zeit hatte mir meine Großmutter übermütig vorgeführt, dass sie sehr wohl noch tanzen könne. Dabei wäre sie beinahe umgefallen. Das hatte mich ein wenig erschüttert. In diesem Moment hatte ich ein klein wenig von dem begriffen, was Altsein wirklich bedeutete. Es war ein immerwährendes Abschiednehmen von so vielen Dingen, die man einmal gern getan hatte.

Am Nachmittag wollte meine Mutter mit mir spazieren gehen. Sie war ganz schön zäh.

Als wir an einer kleinen Wiese vorbeikamen, die an den Deich grenzte, turnten dort sechs Frauen und ein Mann mit einem Yogalehrer, der bestimmt fünfzehn Jahre jünger war als alle anderen und aussah wie Jesus Christus. Und zwar so, wie ihn Hollywood besetzt hätte: höchst attraktiv. Die lockigen schwarzen Haare hatte er zu einem Zopf gebunden, geschmeidig wechselte er von einer Übung in die andere. »Turnen« war bei ihm nicht der passende Ausdruck, er bewegte sich wie ein Panther. Die Teilnehmer der Yogagruppe ahmten seine Posen mehr oder weniger geschickt nach, als gäbe es einen Preis zu gewinnen, wer am gelenkigsten war und am besten in Form. Zwei Frauen um die vierzig, eine mit rötlichen, die andere mit braunen Haaren, beide in Nike-Outfits, streckten und dehnten und verrenkten sich besonders eifrig. Als wollten sie dem Alter demonstrieren, dass es bei ihnen gar nicht erst vorbeizuschauen brauchte. Es sollte weiterziehen zu all jenen, die nicht so vorbildlich und strebsam an ihrer Selbstverjüngung arbeiteten und sich sträflicherweise gehen ließen.

Irrtum, dachte ich und blieb mit meiner Mutter stehen, um ein wenig zuzusehen. Es erwischt uns alle.

Interessiert beobachteten wir den Lehrer. Bei ihm würde es vermutlich sogar fantastisch aussehen, wenn er einen Purzelbaum machte. Davon war er allerdings weit entfernt. Er erhob sich gerade elegant und doch kraftvoll in den Kopfstand.

»Das sieht ganz nett aus«, sagte meine Mutter mit Blick auf den Christus-Yogi.

»Du meinst, *der* sieht ganz nett aus.«

»Das auch. Könnten wir doch mal probieren, also Yoga.«
Ich wandte ihr den Kopf zu. »Im Ernst?«

»Warum nicht? Könnte lustig sein. Mal was Neues.«

Ich versuchte zu erraten, ob sie das wirklich so meinte oder nur in der *Apotheken Umschau* gelesen hatte: »Machen Sie Yoga. Der Geheimtipp für ewige Jugend.« Oder fand sie etwa den Lehrer so reizvoll, dass sie sich sogar zu Yoga überreden lassen würde, sie, die von Sport eigentlich gar nichts hielt?

Ich zeigte auf die beiden sehr bemühten Yogaschülerinnen in meinem Alter und sagte: »Die sind nur dabei, weil sie glauben, sie könnten mit diesen Verrenkungen die Zukunft verscheuchen wie einen streunenden Hund. Reiner Selbstbetrug und Anti-Aging-Beschwörungszauber. Da kann man wahrscheinlich genauso wie peruanische Schamanen Meerschweinchen in die Luft halten und hoffen, die eigenen Zipperlein springen auf die armen Viecher über.«

»Dennoch, schau, wie schön sie sich strecken ...«

»Sehr schön, ja.«

»Und wie toll der Lehrer das macht.«

Er beugte sich gerade nach hinten wie ein Schlangenmensch. Würde ich es versuchen, bei mir würde die Wirbelsäule splittern wie ein morscher Ast.

»Und außerdem«, legte meine Mutter nach, »kann man nicht sagen, etwas macht keinen Spaß, wenn man es gar nicht kennt.«

War ich jetzt etwa die Verbohrte? Das wollte ich nicht auf mir sitzen lassen. Natürlich konnten wir etwas Neues anfangen. Aber musste es unbedingt dieses neumodische Yoga sein? Meine Großmutter hätte dafür vermutlich nur Hohn und Spott übrig gehabt. Wahrscheinlich ärgerte ich mich ein wenig, weil ich es nicht vorgeschlagen hatte. Ich meine, normalerweise ist man als Tochter doch aufgeschlossener als die Mutter, oder?

»Also, Judo wär mir lieber«, sagte ich deshalb etwas störrisch, wohlwissend, dass ich vor ein paar Jahren in einem Judokurs nach zwei Probestunden nie wieder gesehen worden war.

Offenbar war die Stunde mit dem unwiderstehlichen Lehrer jetzt zu Ende. Die Yoga-Turner begannen mit ihrem Om. Es hallte nach wie der Klang von Glocken. Hübsch, dachte ich. Wirklich hübsch.

Die Kursteilnehmer rollten ihre Matten auf, während der Yoga-Jesus aus einer bunten Öko-Hippie-Tasche Zettel holte, mit federnden Schritten auf die Zuschauer zuging – nicht nur wir waren stehen geblieben, um uns die Übungen anzusehen – und sie verteilte. Als er bei uns war, schenkte er uns ein hinreißendes Lächeln. Täuschte ich mich oder lächelte er meine Mutter noch breiter an als mich? Sie wurde angesichts ihrer noch etwas blassen Gesichtsfarbe richtig rot, als er sagte: »Sie sind herzlich eingeladen, wir machen heute Abend ein Schnupper-Yoga, ist für Einsteiger wunderbar geeignet.« Bei dem Wort »Einsteiger« blickte er mich an. »Aber auch Fortgeschrittene werden nicht zu kurz kommen.« Dabei sah er meiner Mutter in die Augen.

Ich glotzte auf den Flyer, den er mir in die Hand gedrückt hatte. »Heute 19 Uhr: Wir begrüßen den Abendstern mit dem Sonnengruß. Schnupperstunde auf der Wiese, Yogamatten werden gestellt.«

»Wir kommen sehr gern«, sagte meine Mutter entschlossen und nahm mir den Flyer aus der Hand.

Jesus grinste noch breiter. Und was war das? Hatte er ihr eben zugezwinkert? Na, der wusste aber, wie man Kundschaft gewinnt. Das sagte ich jedoch nicht. Stattdessen gab ich wie eine alternde Gouvernante zu bedenken: »Aber du bist doch noch gar nicht ganz gesund, außerdem hast du keine Trainingshose.«

Der Yogalehrer streckte sich demonstrativ und sagte dann mit seiner samtweichen Stimme: »Yoga ist kein Sport, sondern viel mehr als das. Außerdem sind die Übungen heute Abend wirklich easy. Für jeden.« Dabei betrachtete er mich, als wäre ich ein gebrechliches altes Muttchen.

Auch wenn man auf dem Sterbebett liegt? Das lag mir auf der Zunge.

»Siehst du!«, sagte meine Mutter triumphierend.

Das war doch die Höhe! Wer war denn unpässlich gewesen? Ich oder sie? Ich öffnete den Mund, doch in diesem Moment verabschiedete sich Jesus mit einer kleinen Verbeugung und wandelte weiter unter den Schaulustigen, um noch mehr Yoga-Jünger abzufischen. Bei meiner Mutter hatte er es schon geschafft, denn sie hatte alles geplant: »Du gibst mir einfach deine Jogginghose. Du kannst in der Leinenhose, die du anhast, turnen, die ist ja eh weit und bequem.«

Ich sah an mir herunter.

»Bitte?«

»Du weißt, was ich meine. Und um heute Abend fit zu sein, lege ich mich vorher noch ein wenig hin. Bis später, ich geh zurück ins Hotel, du willst sicher noch an den Strand.«

»Soll ich nicht mit dir kommen?«

»Untersteh dich, dein Job als Pflegekraft ist beendet.«

»Dann treffen wir uns um sieben hier auf der Wiese. Die Jogginghose ist im Rucksack.«

»Danke für den Hinweis«, flötete meine Mutter.

Ich sah ihr erstaunt nach, während sie zurück zum Hotel eilte. Erst als sich alle Schaulustigen zerstreut hatten, holte ich mein Fahrrad und fuhr den Feldweg entlang, der zum Hügel mit dem schönen Aussichtspunkt führte und an dem ich mich mit meiner Mutter in die Haare bekommen hatte. Heute kam er mir sehr viel steiler vor als bei der letzten Tour vor einigen Tagen. Besonders in Form war ich nun wirklich nicht gerade.

Ich lehnte das Fahrrad an einen Baum und begab mich an den Rand der Steilküste, um besser über das Meer zu schauen. Meine Knie schmerzten. Ich seufzte und setzte mich schwerfällig ins Gras.

Vielleicht, so dachte ich, sollte man spätestens mit vierzig aufhören, mit den eigenen angeblichen Unvollkommenheiten zu hadern. Nicht fit genug, nicht mutig genug, nicht genügend auf der Höhe der Zeit – ganz zu schweigen von den anderen Defiziten, nach denen wir fahndeten. Wozu war das gut? Zu nichts. Wir sollten lieber aufpassen, nicht zu kleinkarierten Selbstoptimierern zu mutieren.

Wäre es nicht großzügiger und auch viel spaßiger, einfach mehr von dem zu tun, was man ohnehin gut kann und gern macht? Sollte man nicht lieber die besten Eigenschaften, die man hat, zu so etwas wie einer Vollendung bringen? Und sich das eine oder andere von Frauen abschauen, die das Älterwerden klasse hinbekommen haben?

Vielleicht wäre es schon ein Anfang, überhaupt nach solchen Frauen Ausschau zu halten. Nach jenen, die mit ihrem Älterwerden durchaus haderten, aber es trotzdem akzeptierten und nicht so unsinnige Sprüche sagten wie: »Ich bin zwar fünfzig, fühle mich aber wie fünfunddreißig.« Oder noch schlimmer: »Sechzig ist das neue Vierzig.« Besser konnte man sich nicht in die Tasche lügen. Meine Mutter hatte einen derartigen Spruch noch nie geäußert, und erst jetzt verstand ich, wie sinnvoll das war. Wie weise.

Ich erhob mich und blickte in die Tiefe. Wellen brachen sich an den großen Felsen, die am Meer lagen. Eine Möwe wählte einen der Steine als Rastplatz und putzte ihr Gefieder. Müsste man sich, überlegte ich weiter, dem Alter nicht ergeben wie einem Liebhaber? Womöglich war das sogar eine interessante Aufgabe, bestimmt nicht ganz einfach, aber vielleicht genauso interessant, wie einen Berg zu erklimmen. Sich einzugestehen, dass man in Wahrheit überhaupt nichts im Griff hat, kann keine leichte Übung sein, dagegen ist ein Yoga-Kopfstand eine simple Angelegenheit.

Tante Lotte fiel mir ein. Ihr war es gelungen, mit ihrem Krebs so etwas wie Frieden zu schließen, nicht ohne zu wissen, dass die Behandlungen scheitern konnten. Sie hatte gesagt: »Der Krebs hat sich einfach ungefragt bei mir eingeladen. Mal sehen, ob ich ihn wieder vor die Tür setzen kann. Aber wenn nicht, dann ist es so.«

Die Möwen, die über das Kliff flogen, wirkten im Gegenlicht wie Scherenschnitte. Ich fühlte eine innere Zufriedenheit, genau richtig für eine Yogastunde.

Gerade noch rechtzeitig kam ich zur Wiese. Meine Mutter trug tatsächlich meine adidas-Trainingshose. Ein ungewohnter Anblick, aber sie stand ihr. Besser als mir, denn ihr passte die Hose, während sie mir etwas zu lang war.

Und dann begann unsere erste gemeinsame Yogastunde. Wir waren acht Teilnehmer, alles Frauen, alle waren so alt wie ich oder älter. Die meisten hatten keine Yogaerfahrung, was mich beruhigte.

Ich ertappte mich dabei, möglichst alles richtig machen zu wollen. Meine Mutter scherte sich dagegen nicht die Bohne darum. Sie interpretierte die Asanas auf eine sehr verspielte Weise und hatte dabei ihren Spaß. Jesus schien das zu gefallen. Wahrscheinlich war er Buddhist oder so und bewertete nichts. Zwar korrigierte er meine Mutter wie die anderen Teilnehmerinnen sanft und geduldig und führte Hände oder Beine in die richtige Position, ansonsten schien er aber tolerant zu sein. Ihm kam es nicht auf die richtige Umsetzung an, sondern vor allem auf die Freude, die Yoga vermitteln sollte.

Auf einmal dämmerte mir, dass meine Mutter zu vielen Dingen, die sie macht, genau die richtige Einstellung hat. Ich sah ihr bei einer Übung zu und dachte: Wer glücklich älter werden will, sollte sich diese Unbekümmertheit bewahren. Danach fing auch ich an, mehr zu improvisieren.

Was allerdings einer Teilnehmerin missfiel. Sie hatte sich in die Schnupperstunde geschmuggelt, obwohl sie eindeutig längst höhere Yoga-Weihen erreicht hatte. Sie hatte sich in den Kreis der Neulinge wohl nur gemischt, um ihr Können öffentlich zu demonstrieren. Ungeduldig bewegte sie die Fußspitzen, als Jesus einer kurzatmigen und pummeligen Teilnehmerin noch einmal die richtige Kopfstellung erklärte. Und wie um zu zeigen, dass ihr langweilig war, ging sie plötzlich in einen fulminanten Kopfstand. Offenbar praktizierte die Frau, die etwa so alt war wie ich, rund um die Uhr Yoga. Der (blondierte) Kurzhaarschnitt war sicher bewusst gewählt, damit die Haare bei den exponierten Übungen nicht störten.

Sie bog und streckte ihren schlanken Körper, der, bis auf ein kleines Bäuchlein, das sich ihrem Training anscheinend widersetzte, kein Gramm Fett zu viel hatte. Das tat sie auf eine Weise, bei der sogar Turnerinnen des chinesischen Staatszirkus vor Neid erblasst wären. Sichtlich stolz war sie auch auf ihre definierten Oberarme, trug sie doch ein ärmelloses Shirt, damit auch jeder Muskel zur Geltung kam.

Fasziniert betrachtete ich ihr Muskelspiel. Der menschliche Körper im Allgemeinen schien doch zu Erstaunlichem fähig zu sein (wenngleich meiner eher nicht). Ich überlegte, ob ich solch vorbildlichen Oberarme auch gern hätte. Und ich hätte noch lange überlegen können, doch ich beschloss, einfach nur zuzusehen. Wie vor einem Fernseher setzte ich mich bequem auf meine Matte und beobachtete weiter die Yoga-Expertin. Irgendwie musste ich bei ihr an diese eindrucksvollen barocken Gemälde denken, auf denen Skelette der Eitelkeit eine Nase drehen. »Ja, ja«, murmelte ich, »Schönheit vergeht.« Dann stellte ich mir die Turnende als Skelett vor, halb vermodert, kurz davor, zu Staub zu verfallen. Hier und dort würde noch ein Implantat oder eine Knieschraube auf der Yogamatte aufblitzen – und dann finito. Ende. Aus.

Beinahe hätte ich laut aufgelacht, doch stattdessen richtete ich rasch meinen Blick aufs Meer, bevor ich losprustete und die Stunde störte. Dann dachte ich: Die radikale Akzeptanz allen Verfalls ist der einzige Weg, um mit der Angst vor dem Älterwerden und seinen fiesen Begleiterscheinungen klarzukommen. Ein tiefer Frieden kam über mich, während meine Mutter eine Position beendete und die nächste in Angriff nahm.

»Tut gut«, sagte sie und lächelte mir zu, während sie den Oberkörper drehte.

»Bestimmt«, bemerkte ich und lächelte ebenfalls versonnen.

Jesus nickte mir freundlich zu, sicher glaubte er, ich hätte gerade die Erleuchtung erfahren. Dabei gefiel mir einfach nur die Vorstellung, dass sämtliche Mühen vergebens waren und selbst die definierten Oberarme der Streberin sich früher oder später (wobei in ihrem Fall eher später) in eine selig amorphe, hinreißend weiche Masse verwandeln würden, infolge der allmächtigen Naturgesetze in Winkfleisch oder was es sonst noch für garstige Begriffe gibt, die einzig belegen, wie krankhaft altersphobisch wir heute sind. Das ist vermutlich die eigentliche Krankheit und nicht das Alter an sich.

Ich streckte meine undefinierten Oberarme Richtung Himmel, dann stützte ich mich wieder auf. Auch die nächste Übung ließ ich aus, viel zu kompliziert. Jesus nannte sie »Kobra«, ich fand, sie verdiente den Namen »Goldhamster auf Futtersuche«, so, wie sich jetzt alle platt auf die Matten pressten, um dann den Oberkörper anzuheben.

Ich kicherte, als ich mir überlegte, warum Buddha immer so entrückt lächelte – sicher hatte der gecheckt, dass man sich alle Anstrengungen gleich sparen konnte.

Es folgte die Übung »Kriegerin«. Meine Mutter zeigte wieder keine großen Ambitionen, sie korrekt auszuführen. Die Yoga-Streberin nahm erst mich, dann meine Mutter ins Visier. Anschließend warf sie uns einen verächtlichen Blick zu. In ihren Augen nahmen wir die Sache nicht ernst. Dass ich ihre Performance durchaus bewunderte, konnte sie ja nicht wissen. Ebenso wenig, dass sie mir nicht ganz geheuer war. Denn hinter einer so brillanten Körperbeherrschung steckte nicht nur eine Menge Training, sondern auch eine immense Portion freudlose Selbstkasteiung. Das war an ihrem Blick zu erkennen.

Dem wich ich nicht aus, und sie verlor kurz das Gleichgewicht. Als sie sich wieder gefangen hatte, sah sie über mich hinweg und turnte mit noch größerem Enthusiasmus weiter. Es hätte mich nicht gewundert, hätte sie auf einmal im Yogi-Sitz über der Matte geschwebt.

»Grandios«, sagte ich leise.

Meine Mutter nickte. »Ich fühl mich auch prima«, erklärte sie strahlend. »Das sollte ich mal mit der Renate machen, das täte ihr gut. Es gibt bestimmt auch Yoga für künstliche Hüftgelenke.«

»Geronto-Yoga, das werdet ihr sicher in München finden«, bemerkte ich leicht sarkastisch.

Nun war der bewegte Teil der Stunde vorbei. Alle omten, und ich dachte, dass mir Wandern oder Radfahren mehr liegt. Beides ist eine wunderbar entspannende Methode, sich durch die Welt zu bewegen.

»Ich glaube, ich suche mir in München so eine Gruppe.« Meine Mutter schaute mich leicht verklärt an. Heute Morgen hätte ich angesichts ihrer Blässe nicht gedacht, dass ihre Wangen so schnell schon wieder im Apfelrot-Modus sein könnten. »Das war die erste Gruppensportstunde seit meiner Schulzeit«, sagte sie weiter. »Gib mir mal deine Matte, ich bring sie zurück. Bin gleich wieder da.«

Sie trat zu Jesus, der gerade erklärte, wofür oder wogegen die einzelnen Übungen gut seien. Sämtliche Jüngerinnen hörten ehrfürchtig zu, als es um »flache Bäuche« und »knackige Po-Muskeln« ging. Ich fragte mich: War das denn der Sinn des altehrwürdigen Yoga? Um Körperkult war es dabei doch kaum gegangen.

Meine Mutter kam zurück, ohne den Ausführungen zu lauschen. So abhängig war sie also nicht von dem Schönling geworden, dass sie an seinen Lippen hängen musste, egal, was er von sich gab. Ich hakte mich bei ihr ein, denn auf einmal fühlte ich mich etwas zittrig. Hoffentlich fing der Virus jetzt nicht in mir zu wüten an.

»Täte dir bestimmt nicht schaden, also Yoga«, meinte meine Mutter.

»Ach was, ich fahr lieber Rad.«

»Du hast dich auch schon mal agiler bewegt. Beim Yoga warst du ganz schön steif. Und dann hast du ziemlich schnell schlapp gemacht.«

Ich ließ meine Mutter los und blieb stehen. »Findest du? Ich hab das schließlich zum ersten Mal gemacht, die Kuh, das Brett oder wie der ganze Kram heißt.«

»War nicht zu übersehen. Aber ein bisschen mehr Mühe hättest du dir geben können. Die Kerze habe ich mit meinen fast siebzig besser hingekriegt als du.« Sie kicherte triumphierend.

Du liebe Zeit! Meine Mutter war in einer einzigen Stunde zwar nicht zur Christus-, aber zur Yoga-Jüngerin mutiert. Da konnte mir ja noch allerhand blühen. Was würde ihr als Nächstes einfallen?

»Schade, dass die nächste Stunde hier am Meer erst wieder am Montag ist. Da sind wir längst zu Hause.«

Zum Glück, dachte ich. Sonst hätte ich sicher noch ein weiteres Mal mitturnen müssen.

Zum Abendessen hatte sich meine Mutter eine Dosensuppe aufgewärmt, die sie in ihren scheinbar unerschöpflichen Vorräten gefunden hatte. Weil ihr die gesamte Dose zu viel war, nahm ich ihr einen Teller ab. Danach hatte ich aber noch Hunger und verschlang einige Brote mit Holsteiner Katenschinken. Damit war klar: Mit Yoga würde ich in kürzester Zeit wie eine Tonne aussehen. Kopfstand ade.

Meine Mutter wirkte topfit, im Gegensatz zu heute Morgen um Jahre jünger und – so eigentümlich das auch war – sogar jünger als ich. Wahrscheinlich lag das an ihrer Begeisterung für ihre Neuentdeckung.

»Kannst du mir die Yoga-Übungen von vorhin auf deinem Bildschirm suchen, ich will das alles nachlesen?«, fragte sie mit glänzenden Augen.

Sofort holte ich mein Tablet und rief eine entsprechende Seite auf. Interessiert klickte sie sich durch die Erläuterungen. Danach erklärte sie, sie brauche »das Ding« noch länger. Erstaunlich war für mich, dass sie mit dem Tablet bestens umgehen konnte, als hätte sie es nicht zum ersten Mal gemacht. Was sollte ich nun von ihrer Technikfeindlichkeit halten? Am besten gar nichts.

Ein akzeptabler Einwand fiel mir nicht ein, warum ich ihr »das Ding« verweigern sollte, auch wenn mir dadurch nur die *Bunte* blieb, da ich die *Buddenbrooks* ausgelesen hatte. Eine geistige Anti-Aging-Maßnahme war das nicht gerade. Obwohl – wenn ich den mütterlichen Konsum dieser Illustrierten in der vergangenen Woche überschlug, dann schien da auch hierbei etwas nicht zu stimmen. Ihre Verjüngung hatte von Tag zu Tag zugenommen. Und wenn sie erst mit einer Yogagruppe anfing … Locker würden da Jahrzehnte zusammenkommen.

Während ich nun in dem Klatschmagazin las, fingen meine Arme, mein Nacken und mein Rücken an, gegen die ungewohnten Abend-Bewegungen zu protestieren. Und das sollte gesund sein? Aber ich fühlte mich noch aus einem anderen Grund etwas unbehaglich: Ich war nämlich eine Altersleugnerin! Bisher war es so viel bequemer und beruhigender gewesen, das Älterwerden und alles, was ich damit verband, an meine Mutter auszulagern, es von mir wegzudelegieren. Ich hatte mir nicht eingestanden, dass das Älterwerden auch von mir seinen Tribut forderte. Auch was meine Träume und Sehnsüchte anbelangte.

Hatte ich nicht einmal daran gedacht, mit sechzig eine Weltreise zu machen? In diesem Augenblick kam mir das wie ein hochtrabender Plan vor, um mich selbst als alterslose Heldin feiern zu können, die alle Strapazen mit links nimmt. In Wahrheit stellte ich mir eine solche Tour verdammt anstrengend vor. Natürlich könnte ich dann noch in Vietnam durch die Halong Bucht paddeln, aber das Gefühl des Aufbruchs, der Freiheit, das Versprechen einer unendlichen Zukunft, das ich empfunden hatte, als ich mit achtzehn das erste Mal auf meinem Motorrad über den Brenner fuhr, das würde sich nicht mehr einstellen.

Und wenn ich schon dabei bin, dachte ich weiter, dann kann ich mir auch gleich noch eingestehen, dass ich schon längst absonderliche Gewohnheiten entwickele, mich damit pudelwohl fühle und überhaupt nicht daran denke, sie wieder aufzugeben, nur weil irgendwer sie schrullig finden könnte. Warum sollte ich mich gegen eine ältere und sicher auch starrsinnigere Ausgabe meiner Selbst wehren? Hauptsache, man hatte dabei seinen Spaß. Vielleicht sollte ich Aging-Kurse geben. Die würden sicherlich nur nicht auf so viel Interesse stoßen wie Ü40-Yoga-Kurse am Meer.

Ich warf einen Blick zu meiner Mutter. Sie klickte sich weiterhin mit Feuereifer von Übung zu Übung, ihr Gesicht vom Bildschirmlicht erhellt, während ich gerade las, woran es lag, dass Catherine Deneuve noch immer so toll aussah. Yoga natürlich.

»Wusstest du, dass Yoga Körper, Seele und Geist ins Lot bringt und ursprünglich aus dem Schamanismus entwickelt wurde?«, fragte meine Mutter.

Oha. Sie hatte das allwissende Internet für sich entdeckt. Ich sah mich augenblicklich durchs Wohnzimmer meiner Eltern kriechen, um WLAN zu installieren. Oder Thomas, der kannte sich besser aus. Und war auch gelenkiger, der golfte schließlich.

Dann schaltete meine Mutter gekonnt das Tablet aus. »Und was machen wir jetzt?« Sie strahlte mich an.

»Wie bitte?«

»Es ist unser letzter Abend am Meer, da wollen wir doch was unternehmen.«

So zerschlagen, wie ich mich fühlte, wäre ich am liebsten ins Bett gekrochen. Aber das konnte ich ihr nicht antun.

»Am Strand gibt es eine kleine Bar. Nicht weit weg von der Yoga-Wiese. Da gibt es schöne Musik, nicht zu laut, und gute Drinks. Es ist die Bar, in der ich in unserer ersten Nacht hier etwas zu viel trank.«

Meine Mutter stand ungemein gelenkig auf und holte ihre leichte Abendjacke. »Dann nichts wie hin!«

»In Jogginghose?«

»Haben die jungen Leute doch auch an, wenn sie zum Clubbing gehen.«

»O…kay«, sagte ich verblüfft.

Doch da lachte meine Mutter: »War nur ein Scherz. Ich geh doch nicht im Trainingsanzug aus. Warte kurz auf mich, ich zieh mich nur schnell um.«

Und bevor ich etwas erwidern konnte, warf meine Mutter sich in ein dunkelrotes Cocktailkleid, zog High Heels an und verschwand im Bad, während ich wie ein überrumpelter Ehemann im Zimmer auf und ab ging. Nein, es kam nicht infrage, dass ich auch etwas anderes anzog. Was auch? In den Augen meiner Mutter sahen meine Sachen sowieso alle gleich aus.

Als sie aus dem Bad trat, wurde das Kleid noch von einem Gürtel aus Pailletten und Strass-Ohrringen getoppt, die mit ihrem Lächeln um die Wette strahlten.

»Na?«

»Wow.« Wie hatte sie es nur geschafft, in ein paar Minuten diese Katzenaugen zu schminken?

»Gelernt ist gelernt«, sagte sie, als wäre sie in der Lage, meine Gedanken zu lesen.

Jetzt bedauerte ich, nicht auch etwas Schickes eingepackt zu haben, selbst wenn es für eine Strandbar vielleicht overdressed wäre. Aber das hätte mich jetzt nicht weiter gestört. Hatte ich heute nicht gelernt, dass es darauf ankam, einfach zu tun, worauf man Lust hatte, ohne Wenn und Aber?

Bis auf einen schwarzen Blazer hatte ich jedoch nichts dabei, das nur annähernd so glamourös war wie das Outfit meiner Mutter. Zweifelnd hielt ich ihn hoch.

»Den könntest du auch auf einer Beerdigung tragen«, sagte sie.

»Der ist von Hugo Boss!«, rief ich, um meine Kleiderehre zu retten.

»Und mein Kleid ist von Yves Saint Laurent, Schätzchen«, erwiderte meine Mutter schnippisch. Sie zog mich zur Apartmenttür: »Du bist ja noch jung, da ist es egal, was man trägt.«

Jung?, dachte ich, ließ mich aber mitziehen.

Meine Mutter ging mit schnellen Schritten voran. Sie hatte einen sexy Gang, das musste man ihr lassen. Auf solchen Absätzen wäre ich hin und her geschaukelt wie ein Dampfer auf hoher See.

Als wir an der Strandbar ankamen, bot sich ein ähnliches Bild wie am ersten Abend, als ich dort allein gesessen hatte. Die Gäste chillten zu langsamen Bässen mit Drinks in der Hand in den Strandkörben oder unterhielten sich leise. Alle Plätze waren belegt. Auf der kleinen Tanzfläche spielten zwei Kinder Fangen.

Meine Mutter stemmte die Hände in die Hüften und flüsterte mir zu: »Das soll eine Party sein? Du liebe Zeit, bei der Musik schlafen mir die Füße ein, das klingt wie Fahrstuhlmusik unter Wasser. Beim Tanztee in Omas Altenheim ist mehr los als hier.«

Ich stutzte. »Aber das ist Clubbing und Lounging, da hängt man so ab, Mama. Willst du etwa tanzen?«

»Genau.«

»Bevor wir das weiter erörtern – was magst du trinken?«

»Eine Limo.«

»Eine Limo?«

Sie nickte. »Wenn alle Partys heute so langweilig sind, dann wundert es mich nicht, wenn die Leute zu viel trinken, das hält man ja sonst nicht aus.«

Es stimmte. Thomas und ich saßen zu dieser Musik auch nur mit irgendwelchen Freunden zusammen und tranken. Meist kamen wir beschwipst nach Hause, weil man in diesen Clubs nichts tun konnte, außer einen Drink nach dem anderen zu bestellen.

Gott, war mein Leben langweilig. Wann hatte ich überhaupt das letzte Mal getanzt? Ich konnte mich nicht erinnern.

Meine Mutter zog mein iPad aus ihrer Handtasche.

»Was willst du denn damit, Mama?«, fragte ich erstaunt.

»Wart's ab. Stell da mal das Musikdings ein, wo alles drin ist.«

»Meinst du YouTube?«

»Exakt.«

Ich rief das Programm auf.

»Und jetzt hol uns die Getränke. Wir werden sie brauchen.«

Sie ließ mich stehen und ging schnurstracks zum DJ, der in einstudierter Coolness-Pose an den Reglern herumfummelte. Mir blieb nicht anderes übrig, als zur Bar zu gehen. Dort bestellte ich eine Fanta und einen Mojito, ohne meine Mutter aus den Augen zu lassen.

Der DJ schob den Kopfhörer zur Seite, als sie ihn ansprach, und neigte den Kopf. Dann reichte sie ihm mein iPad und deutete mehrmals auf den Bildschirm. Er nickte und nahm das Gerät an sich.

Meine Mutter kam zur Bar, nahm mir wortlos die Limo ab und ließ den Blick über die Gäste schweifen. Ich tat es ihr gleich. Die meisten waren in meinem Alter. Dazu zwei jüngere Paare. Rechts von der kleinen Tanzfläche saßen zwei ältere Herren vor ihrem Bier und sahen zu meiner Mutter. Einer erinnerte mich vom Aussehen ein wenig an »Monaco Franze«, den ewigen Stenz, den der Schauspieler Helmut Fischer so gut mimte.

Jetzt wurde die Clubbing-Musik leiser, und das Nächste, was ich hörte, war ein Song von Ex-Schlagerstar Manuela: »Schuld war nur der Bossa Nova«. So ging er los: »Als die kleine Jane gerade achtzehn war, führte sie der Jim in die Dancing Bar«, und als der Refrain »Schuld war nur der Bossa Nova« dran war, drehte der DJ die Musik richtig auf. Die Gäste drehten sich verdutzt nach ihm um. Er bewegte den Oberkörper im Rhythmus der Musik, und auch meine Mutter fing nun an, mit den Fußspitzen nach links und rechts zu wackeln. Ich konnte mir genau vorstellen, wie es gewesen war, als sie meinen Vater beim Tanzen kennengelernt hatte. Sie war mit einem Mal wieder jung (neunzehn, nicht achtzehn wie die kleine Jane), und wir alle im Jahr 1964. Nur dass es damals niemanden auf den Sesseln gehalten hätte. Jetzt aber guckten vor allem die Gäste meiner Generation dumm aus der Wäsche, während die beiden jungen Paare sich bereits im Rhythmus der Musik wiegten und mit den Fußspitzen auf den Boden klopften.

Beim dritten Refrain stand der Mann auf, der mich an Monaco Franze erinnerte, kam zur Bar, verbeugte sich wie ein artiger Tanzschüler vor meiner Mutter und forderte sie zum Tanzen auf. Dann legten die beiden mit Hüftschwüngen und schnellen Seitenschritten im Vierteltakt einen fetzigen Bossa Nova aufs Parkett. Ich machte große Augen. Wie gut meine Mutter tanzen konnte! Ich selbst war im Tanzkurs schon am Cha-Cha-Cha gescheitert.

Bei dem nächsten Lied, »Bacarole in der Nacht« von Connie Francis, tanzten die beiden jungen Paare mit, und als der DJ dann Chubby Checkers »Let's Twist Again« auflegte, hielt es kaum mehr jemanden in den Lounge-Sesseln. Meine Mutter wusste, wie man andere zum Tanzen brachte. Nur ich hielt mich noch immer an meinem Mojito fest. Doch bei einer gekonnten Tanzdrehung nahm sie ihn mir mit den Worten: »Das brauchst du jetzt nicht«, aus der Hand, stellte ihn auf die Bar, zog mich auf die Tanzfläche und zeigte mir ein paar Rock-'n'-Roll-Schritte.

Inzwischen tanzte ein Dutzend Gäste zur Musik der Sechzigerjahre. Ich legte den Kopf in den Nacken, schaute zum Sternenhimmel und probierte abwechselnd so etwas wie Bossa Nova, Twist und Rock 'n' Roll. Der ewige Stenz versuchte es auch mit mir als Tanzpartnerin, gab aber bald wieder auf. Lieber tanzte er mit meiner Mutter weiter. Sie amüsierte sich königlich.

Schließlich verabschiedete sie sich von ihrem Tanzpartner, dann sagte sie zu mir: »Puuh, für heute reicht es. Dafür, dass ich am Morgen noch dachte, nie wieder das Bett verlassen zu können, wurde es doch noch ein toller Tag.«

»Das kann man wohl sagen«, stimmte ich ihr zu.

»Was, es ist nach zwölf? Wir wollen doch morgen früh raus!«

Meine Mutter hatte es auf einmal eilig. Sie ließ sich von dem DJ das iPad geben und steckte es zurück in ihre Tasche, die sie zwischenzeitlich an der Bar deponiert hatte.

»Das hätte ich schon längst mal wieder tun sollen«, erklärte sie glücklich. »Wenn ich wieder zu Hause bin, schleppe ich deinen Vater in ein Tanzlokal. Wie früher!«

Beschwingt schlenderten wir nach Hause, während der DJ sich in die Disco-Ära vorarbeitete, ich konnte »Go West« von den Village People hören.

Erschöpft fiel ich ins Bett. Heute Abend schien ich eine Antwort gefunden zu haben auf die große Frage, wie man sich mit dem Älterwerden versöhnen konnte. Ganz sicher nicht, indem man versuchte, die Jugend festzuhalten. Sie entgleitet einem so sicher wie ein Bergsteiger, den man mit den eigenen Händen über einem Abgrund festhalten möchte. Eine Zeit lang gelingt es, doch dann folgt die Katastrophe. Unsere Kräfte sind nicht unerschöpflich.

Meine Mutter hatte sich, anders als viele Frauen meiner Generation, nie betont jugendlich gekleidet. Sie wollte auch nie auf Krampf up to date bleiben. Nie hatte sie die Musik ihrer Jugendzeit auf Revival- und Retropartys strapaziert. An diesem Abend hatte sie aus einer Laune heraus eine kleine Zeitreise unternommen und sich dafür begeistern können.

Lächelnd blickte ich an die dunkle Zimmerdecke. Das könnte auch mein Geheimrezept werden. Mir bereitete es große Freude, zusammen mit anderen etwas auf die Beine zu stellen, es musste gar nichts Besonderes sein. Ein Grillfest mit Nachbarn, Hecken schneiden in der Schrebergartenanlage. Gemeinsam etwas zu schaffen, sagt der Hirnforscher Gerald Hüther, dafür seien wir gemacht, das sei es, was wir bräuchten, was uns erfülle. Jeder könne herausfinden, was das für einen selbst sein könnte. Hüther meint, man müsse nur überlegen, was man als Kind gern getan habe. Das solle man wieder spielerisch neu entdecken. Mir fiel ein, dass ich es geliebt hatte, mit anderen Kindern Baumhäuser zu bauen. Warum sollte ich das nicht mit Freunden in meinem Garten ausprobieren, mit jenen, die Kinder hatten … Statt sich so zu geben, als wäre man für immer dreißig, sollte ich mich künftig lieber öfter wie eine Zehnjährige benehmen. Einen Versuch war es wert.

Wir hatten einen großartigen Abend erlebt, dank meiner Mutter. Wer weiß, was los wäre, wenn alle Mütter auf einmal das machten, worauf sie Lust haben …

Bevor ich mir das ausmalen konnte, war ich eingeschlafen.

Tag 9 – Sonntag

»Und nächstes Jahr machen wir eine Kreuzfahrt
zusammen!«
Ich sehe zu, wie meine Mutter stolz das erste Mal
per E-Ticket eincheckt. Sie macht vieles, was ich
mir von ihr angeblich immer gewünscht habe, stelle
jedoch fest, dass mir das auch wieder nicht recht
ist. Dennoch buche ich in Gedanken den nächsten
Urlaub mit ihr. Wie man sich mit sich selbst
versöhnt und mit seiner Mutter und akzeptiert,
dass fast alles so bleiben kann, wie es ist.

Am Abreisetag zeigte sich die Ostsee von ihrer besten Seite. Das Meer war nahezu dunkelblau, die Wellen hoben und senkten sich ganz sacht wie der Brustkorb selig Schlafender. Die Strandkörbe standen im Sand gleich einem Familiengruppenbild, auf dem alle miteinander harmonierten. Alles war darauf ausgerichtet, Gäste willkommen zu heißen für einen weiteren unvergesslichen Tag an der See.

Nur wir würden nicht unter ihnen sein.

Ich wartete auf meine Mutter. Mein Handy zeigte neun Uhr an, wir waren reisefertig. Meine Mutter war noch einmal ins Apartment gelaufen, sie wollte nachsehen, ob auch wirklich alles ausgeschaltet war und ich nicht etwa die Herdplatte angelassen hatte. Dabei hatte ich nie gekocht. Na ja, Teewasser hatte ich aufgesetzt, aber das nur im Wasserkocher. Natürlich konnte ich auch das Reisebügeleisen vergessen haben. Zur Feier des

Tages hatte ich nämlich gleich nach dem Aufstehen eine meiner Leinenhosen und sogar eine Bluse gebügelt. Meine Mutter hatte das mit dem Satz: »Na, vielleicht findest du ja doch noch Gefallen an schicker Kleidung«, kommentiert.

»Also, ich weiß nicht«, hatte ich geantwortet, aber dennoch besonders sorgfältig die Ärmel meiner Bluse bearbeitet. Was ich mir aber durchaus hätte sparen können, dachte ich jetzt, als ich sie hochkrempelte, weil die Sonne bereits angenehm wärmte.

Da meine Mutter noch immer nicht in Sichtweite war, wanderte ich zum Deich und sah von dort aufs Meer. Es schien zu meditieren, sogar die Möwen flogen noch eleganter als sonst über das ruhige Wasser. Extra zur Abreise? Wehmütig legte ich den Kopf in den Nacken. Selbst der Himmel kam mir höher vor als alle Tage zuvor. Am Abend würden wir in dieses lichte Blau aufsteigen. Wenn wir beim Start Hamburg überflogen, würden wir die Stadt von oben zu sehen bekommen.

Noch einmal ließ ich den Blick über den weiten Horizont, das Meer und den Himmel schweifen, um mir all das einzuprägen und die Erinnerung daran mit nach Hause zu nehmen. Ich hob die Hand und winkte zum Abschied, dann wendete ich mich zum Gehen. Ich musste mich von diesem Ort regelrecht losreißen.

Als ich das Hotel erreichte, trat meine Mutter gerade aus dem Eingang. Wie ein Matrose eine Flagge schwang sie mein Lieblings-T-Shirt.

»Lag unter dem Bett!« Mit schnellen Schritten ging sie zum Auto. »Ich möchte nicht wissen, was du schon überall hast liegen lassen.«

»Ich auch nicht.« Ich dachte an die 700 Euro Bargeld, die ich vor drei Jahren in einem Hotelzimmer in Südfrankreich vergessen hatte, im Schreibtisch, und die man mir, überraschend genug, nachgeschickt hatte. Das erzählte ich jetzt aber besser nicht. Denn dann würde meine Mutter noch einmal zurücklaufen und das Zimmer auf den Kopf stellen, als wäre sie von der Spurensicherung der Polizei.

Es war nicht zu übersehen, dass sie eine große Plastiktüte vor den Kofferraum gestellt hatte.

»Die muss auch noch rein«, sagte sie.

»Was ist denn da drin?«

»Die Lebensmittel, die wir nicht aufgebraucht haben.«

Ich warf einen Blick in die Tüte.

»Aber die bekommen wir nie durch die Passkontrolle! Es sind keine Flüssigkeiten erlaubt. Du willst doch nicht ernsthaft ein halb leeres Glas Essiggurken mit nach Hause schleppen?«

»Warum denn nicht? Ich werfe keine Nahrungsmittel weg!«

Ich stellte die Tüte in den Kofferraum und warf den Deckel mit einem Knall zu. Mein Kommentar.

»Dann essen wir das eben unterwegs«, fügte meine Mutter hinzu.

»Und was machen wir mit dem löslichen Kaffee? Wo willst du überhaupt das viele heiße Wasser dazu hernehmen.« Das musste einmal gesagt werden.

»Den verstaue ich im Koffer und gebe ihn auf.«

Ich öffnete die Autotür, verdrehte die Augen und sagte: »Wenn wir noch etwas von Hamburg sehen wollen, wird es langsam Zeit loszukommen. Wer weiß, was auf der Autobahn los ist.« Und mussten wir nicht auch viel früher zum Einchecken in Fuhlsbüttel sein, wegen all des Zeugs, das meine Mutter mitnehmen wollte? Na, irgendwie würde ich den Kram schon loswerden, bevor wir am Flughafen waren.

»Haben wir alles, Mama?«

»Ich glaube ja.«

»Na dann.«

Auf der Höhe von Lübeck trübte sich der Himmel ein. Schade. Hamburg bei Sonnenschein wäre schöner gewesen. Nach siebzig Kilometern machten wir Pause an einem Rastplatz, gemeinsam gingen wir auf die Toilette. Meine Mutter verließ als Erste die Kabine, und ich zuckte erschrocken zusammen, als es vor meiner Tür plötzlich fauchte, röhrte und heulte.

»Was ist das denn?«

»Der Trockner.« Meine Mutter klang begeistert. »Toll! Das ist herrlich hygienisch, nur die Hände reinhalten. Man muss nichts mehr anfassen.«

Als ich die Kabine verließ, hielt ich mir die Hände an die Ohren. »Grauenvoll! Ein Jumbojet beim Start hat weniger Dezibel.«

Meine Mutter nahm ihre Hände aus dem Ungeheuer, danach wurde es still. Selige Ruhe. Wenn man vom Rauschen der Autobahn einmal absah.

»Keine Spur, das ist eine geniale Erfindung«, erklärte sie bestimmt. »Teste es nur selbst.« Mit diesen Worten ließ sie mich allein und ging nach draußen.

Ich sah ihr etwas verdutzt nach, dann wusch ich mir die Hände und hielt sie mit skeptischer Miene in den Trockner. Sofort röhrte und fauchte er los, noch lauter als zuvor, so kam es mir wenigstens vor. Unglaublich, wer konstruierte so eine Höllenmaschine? Und welchen Sinn hatte sie, wenn man gleich danach die Türklinke des Toilettenhäuschens anfasste? Ich wischte meine noch feuchten Hände lieber an der Hose ab und stieß die Eingangstür mit dem Fuß auf.

Meine Mutter hatte inzwischen einen Rastplatztisch erobert und das halb volle Gurkenglas ausgepackt. Gerade goss sie heißes Wasser aus der Thermoskanne in zwei Pappbecher, daneben stand das Glas mit dem löslichen Kaffee. Auf einem Geschirrtuch lagen, fein säuberlich verpackt, zwei Brötchen. Ich lächelte. Hunger verspürte ich keinen, schließlich hatten wir vor weniger als zwei Stunden gefrühstückt, aber was wegmusste, musste weg.

Ich setzte mich zu ihr und wickelte mein Brötchen aus, während meine Mutter aus der riesigen Lebensmitteltüte noch zwei weitere Pappbecher hervorholte und uns Apfelsaft einschenkte.

»Mit dem Inhalt dieser Tüte hätte man den Hungerwinter 1946/47 locker überlebt«, sagte ich. »Gurken, Kaffee, Krabbencocktail, fünf Kilogramm Nudeln, Holsteiner Katenschinken …«

»Der ist für deinen Vater«, unterbrach mich meine Mutter und reichte mir einen Becher Apfelsaft. »Da, mal was anderes als deine Cola. Die …

»… macht Osteoporose. Ich weiß, Mama.«

Meine Mutter nahm einen Schluck, dann stellte sie ihren Becher ab. »Also, ich hab mir überlegt, was wir in Hamburg alles anschauen könnten. Wenn wir über die A1 reinkommen, gelangen wir zum Hafen. Außerdem möchte ich unbedingt sehen, wo du damals bei der Zeitung gearbeitet und wo du gewohnt hast. In Winterhude, nicht wahr? Und dann möchte ich an die Außenalster und zum Alsterpavillon. Von dem hast du mir erzählt, dass du dort dein erstes Holsten-Bier getrunken hast, gleich nach dem Vorstellungsgespräch bei der Zeitung. Weil der Pavillon an der Binnenalster schon im *Zauberberg* von Thomas Mann eine Rolle spielt, stimmt's?« Meine Mutter lächelte triumphierend.

Ich nickte stumm – und war baff. Daran erinnerte sie sich noch? Das hatte selbst ich beinahe vergessen. Und wieso kannte sie sich eigentlich so gut in Hamburg aus, obwohl sie mich dort nie besucht hatte?

»Wir müssen den Tag nur geschickt planen, dann schaffen wir das ganze Programm. Zum Glück geht unser Flieger ja erst abends.«

Jetzt wurde sie mir fast ein wenig unheimlich. Plötzlich übernahm sie die Regie, bisher hatte ich mich doch meist um alles gekümmert. Ich hätte mich freuen sollen, denn nun hätte ich mich zurücklehnen können, aber auf einmal kam ich mir ein wenig überflüssig vor. Aber hatte ich mir das den ganzen Urlaub über nicht immer mal wieder heimlich gewünscht? Dass meine Mutter die Dinge so anpackte, wie ich sie gern anpackte?

Sie kramte in ihrer Tasche und zog einen Stadtführer von Hamburg heraus. Darin klebten eine Menge Post-its.

»Wo hattest du den denn versteckt?«, fragte ich.

»Nirgends. Habe ich in Heiligenhafen gekauft.« Meine Mutter lächelte spitzbübisch und schlug den Stadtführer auf.

Entschlossen drückte sie die Seiten auseinander, auf denen eine geografische Karte abgebildet war, und hielt sie mir vor die Nase. »Schau, hier fährst du von der Autobahn runter, und von dort kommt man direkt an den Hafen.« Sie sah auf ihre goldene Armbanduhr. »Jetzt fahren wir aber weiter, wir wollen ja noch was erleben.« Entschieden packte sie alles ein, wischte die Brösel vom Tisch und schritt mit dem Stadtführer in der einen und der Lebensmitteltüte in der anderen Hand zum Auto.

Verwundert ging ich hinter ihr her. Ich grübelte noch immer, ob mir die Verwandlung meiner Mutter gefiel oder eher nicht geheuer war. Wollte ich überhaupt, dass sie das Regiment übernahm? Eigentlich hatte ich mich ganz gut eingerichtet in meiner Rolle als Tochter, die im Urlaub immer den Überblick behält und weiß, wie man sich klug und psychologisch richtig in einer Mutter-Tochter-Beziehung verhält. Also theoretisch. Theoretisch hörte man meiner Mutter zu (oder tat zumindest so), selbst wenn sie zum x-ten Mal über ein Lieblingsthema referierte, das man auswendig hersagen konnte. In der Praxis war mir dann aber doch hin und wieder der Geduldsfaden gerissen, ich konnte eben auch nicht aus meiner Haut.

Meine Mutter aber offensichtlich schon! Sie saß auf dem Beifahrersitz und blätterte eifrig in ihrem Buch. Irgendwie wirkte sie aufgeräumter und weniger aufgedreht als sonst. Lag das daran, dass wir uns im Urlaub besser kennengelernt hatten? Und weil ich das erste Mal in meinem Leben angefangen hatte, mich zu fragen, wer meine Mutter eigentlich war, was sie ausmachte, was sie bewegte und was ihr wichtig war? Oder hatte sie sich gar in dieser Woche verwandelt? Denn wieso zeigte meine Mutter auf einmal Seiten, von denen ich mir nicht nur einmal gewünscht hatte, sie an ihr und mit ihr zu erleben? Ich war irritiert und verwirrt, und irgendwie war mir auch etwas flau zumute. Vielleicht würden wir gar nicht mehr zusammenpassen, sie und ich, wenn sie sich so sehr veränderte. Vielleicht wäre sie mir dann gar nicht mehr sympathisch. Ganz gleich, wie anstrengend einem die eigene Mutter manchmal vorkommen mag, wie sehr sie einen ärgert oder enttäuscht: All diese Gefühle machen doch auch die Beziehung zu ihr aus. Es ist vertrautes Terrain, selbst wenn es hin und wieder vermint ist.

Die Autobahn war ziemlich leer, es war ein angenehmes Fahren. Meine Mutter klappte den Stadtführer zu und fragte: »Was hat dir denn am besten gefallen an unserem Urlaub, Mädschi?«

»Ja, äh, eigentlich alles«, antwortete ich. Wieso war ich denn so sprachlos? Ich gab mir einen Ruck. »Also ... dass wir uns so gut verstanden haben, Mama, und so viel zusammen erleben konnten.«

Das klingt aber hohl, dachte ich – und prompt hakte meine Mutter nach. Jetzt hatte sie diesen Part übernommen, auch das hatte sie zuvor doch nie getan. Hatte sie etwa in der *Apotheken Umschau* ein »So-reden-Sie-richtig-mit-Ihrer-störrischen-Tochter«-Spezial gelesen?

»Ja, aber gab es denn nicht einen Moment, der dir besonders in Erinnerung geblieben ist?«

Ich setzte mich im Fahrersitz aufrecht hin. Das war geradezu unheimlich, wie meine Mutter mit mir redete. Dabei war es ganz normal. Nur viel zu normal für meine Familie.

»Ich meine, was hat dich besonders glücklich gemacht?«

O Gott, sie würde sich nicht einfach abspeisen lassen mit einer beiläufigen Antwort, wie sonst immer, um dann einfach weiterzureden. Sie wollte es jetzt wirklich wissen.

»Äh, ich meine, es gab viele schöne Momente.«

Sie nickte. Und schwieg. Sie schwieg! Sie schwieg doch sonst nie. Fast wäre es mir lieber gewesen, sie hätte mit ihrer ewigen Erb-Litanei angefangen. Was nur hatte das Schweigen zu bedeuten? War sie enttäuscht, weil mir kein Moment einfiel, kein besonderer Moment, der unseren Urlaub ausgemacht hatte? Wenn ich ehrlich war, dies hier war ein besonderer Moment. Ich atmete tief ein.

»Also, Mama ...«

»Pass auf! Der Laster!«

Ein Lkw vor uns wechselte auf die Mittelspur, ohne dass er vorher geblinkt hatte. Ich bremste stark ab und beobachtete angespannt, ob sich der Abstand verringerte. Die Bremsen des Mietautos waren wirklich gut.

»Der ist wohl verrückt! Da hätte jetzt aber was passieren können!« Meine Mutter ereiferte sich und kriegte sich fast gar nicht mehr ein.

Erleichtert atmete ich auf. Da war sie wieder, die Mutter, die ich kannte. Ich ertappte mich dabei, wie ich dachte: Hoffentlich bleibt sie so noch eine Weile.

Den Gefallen tat sie mir dann auch. Sie fing an zu plaudern, kommentierte die touristischen Highlights von Hamburg: »Die Reeperbahn, bei Tag ist da nicht viel los, na, die leichten Mädchen müssen auch mal schlafen. Aber da wollen wir sowieso nicht hin. Und der Hamburger Michel ist sicher nett, aber der Stephansdom in Wien macht mehr her.«

Schließlich erreichten wir die Hansestadt. Im Hafen lag kein Kreuzfahrtschiff, aus diesem Grund war meine Mutter nicht bereit, die teuren Parkplatzgebühren in Kauf zu nehmen, um einen kleinen Spaziergang an der Elbe zu unternehmen. Stattdessen drängte es sie, das Verlagshaus zu sehen, in dem ich gearbeitet hatte.

Das Auto parkte ich in zweiter Reihe. Um keine Probleme auszulösen, schaltete ich das Warnblinklicht an. Die öffentliche Passage des Verlags war samstags leider geschlossen, sonst hätte ich meiner Mutter das Restaurant zeigen können, in dem ich so oft mit meinen damaligen Kollegen gegessen hatte. Wir standen auf dem Platz vor dem Gebäude und sahen an der Fassade nach oben, genau so, wie ich es am Tag meines Vorstellungsgesprächs getan hatte. Wie lange war das jetzt her?, überlegte ich. Fünfzehn Jahre?

»Weißt du, dass ich das Volontariat bei der *Bild am Sonntag* nur wegen dir bekommen habe, Mama?«

»Wirklich?« Meine Mutter sah mich neugierig an.

»Ich habe behauptet, dass du jeden Sonntag die *Bild am Sonntag* liest. Wegen der Promi-Schlagzeilen. Das gefiel dem Chefredakteur.«

Meine Mutter lachte. »Das stimmt doch gar nicht! Ich lese ja viel lieber die *Bunte*.«

Ich zuckte mit den Achseln. »Wussten die ja nicht.«

»Ganz schön imposant das Hochhaus«, sagte meine Mutter. »Hier bist du also zwei Jahre tätig gewesen. Gab es da keinen Ärger mit Freunden, weil du für die Springer-Presse gearbeitet hast?«

Ich schüttelte den Kopf. »Nur eine Bekannte hat mich deswegen mal beschimpft. Man kann Boulevard aber nur beurteilen, wenn man selbst gesehen hat, wie das gemacht wird.«

Meine Mutter nickte. »Na, für mich wäre das nichts gewesen. Ich war lieber Hausfrau und hab euch großgezogen.«

»Hätte ich an deiner Stelle nicht anders gemacht«, sagte ich und meinte es auch so.

Meine Mutter hatte ihre Entscheidung getroffen, ich meine, und wir beide waren zufrieden damit. Das eint uns, dachte ich. Wir zweifeln nicht häufig an uns selbst oder dem, was wir tun. Oder lassen.

Wie ein kleines Mädchen vor einem Süßigkeitenladen schaute meine Mutter nun durch die verglasten Fensterfronten.

»Da drin liegt die *Bild* von heute. Kann man sich da eine beim Pförtner holen?«

»Klar, Mama, brauchst nur reinzugehen.«

Mit schnellen Schritten und in Entdeckerlaune verschwand sie im Verlagshaus. Ich musste an Antonie Buddenbrook, genannt Tony, denken, eines der Kinder der Lübecker Kaufmannsfamilie. Tony wird im Laufe des Romans immer älter, altert aber nie, sondern bewahrt sich die Freude am Leben. Obwohl sie zwei desaströse Ehen eingeht und alles um sie herum den Bach runtergeht. Auch meine Mutter hatte sich ihre Lebenslust bewahren können, trotz einer katastrophalen Kindheit. Sie war jetzt mit ihrem Leben zufrieden, obwohl es gar nicht sonderlich aufregend war. Im Urlaub mit ihr hatte ich begriffen, dass sie tatsächlich alles erreicht hatte, was sie hatte erreichen wollen. Vor unserem gemeinsamen Urlaub wäre es mir nie in den Sinn gekommen, ihr gegenwärtiges Leben könnte für meine Zukunft so etwas wie ein Vorbild sein. Viel zu unspektakulär schien es mir. Wo blieb denn im Leben meiner Mutter das ganz große Glück, dem meine Generation manchmal geradezu besessen hinterherjagte?

Sie hatte eine andere Einstellung zum Glück entwickelt als ich – und war mir damit vielleicht sogar weit voraus. Sie schien für sich erkannt zu haben, worauf es im Leben wirklich ankam, eben weil sich, als sie Kind war, Glück so gut wie nie hatte blicken lassen. Sie hat früh erlebt, dass es alles andere als selbstverständlich ist. Während ich bisher geglaubt hatte, ich hätte einen Anspruch darauf, so als könne man Glücksgefühle konsumieren wie eine Ware. Diesem Irrtum saß eine ganze Generation auf, meine Generation. Wenn es anders kommt, wenn Glück sich nicht einstellen will, trotz aller Anstrengungen und Versuche, dann reiben wir uns verwundert die Augen. Das kann nicht sein, das darf nicht sein. Und dann quälen wir uns auch noch mit der Frage, ob wir selbst schuld daran sind, wenn das Glück ausbleibt.

Sogar aus Gefühlen machen wir einen Wettbewerb, wir lauern darauf, wer zufriedener ist und wer weniger. Wir sezieren die Partnerschaften anderer und analysieren, was falsch gemacht wird, wenn es nicht funktioniert. All das lässt uns unruhig und frustriert werden.

Meiner Mutter dagegen ist das Kunststück gelungen, zufrieden zu sein mit dem, was sie ist und was sie hat. Natürlich hadert sie mit dem Älterwerden, es wäre auch eine glatte Lüge, zu behaupten, alles daran sei schön und angenehm. Aber letztlich akzeptiert sie alles, wie es ist, so, wie sie mich mit meinen Eigenheiten akzeptiert. Das könnte ich auf alle Fälle von ihr lernen: Andere so sein zu lassen, wie sie nun einmal sind.

Vor unserem Urlaub hatte ich mich häufiger gefragt, ob ich

schon alles erreicht habe und ob noch unbedingt etwas kommen müsse. Ich hatte angenommen, ich müsste unbedingt das Beste aus allem herausholen, aus meinem Job und viel mehr noch aus meiner Liebesbeziehung. Bei Letzterer hatte ich versucht, genau wie Thomas, sie auf irgendwelche Ideale hinzutrimmen. Aber ist es dann nicht weiter verwunderlich, wenn wir sie immer wieder als ungenügend empfinden, weil wir sie an Vorstellungen messen, die vielleicht nicht einmal unsere eigenen waren? Die ideale Beziehung wird so zu einem seltsamen Fantasiegebilde aus diversen Hollywoodmythen und Partnerschaftsratgebern. Nur so ist zu verstehen, warum wir uns in der Liebe noch als Erwachsene wie Pubertierende benehmen. Wir fordern große Gefühle ein, statt einzusehen, dass eine Beziehung das auf Dauer niemals geben kann. Wir behandeln Liebe und Zuneigung aber auch wie eine Sache, die unermüdlich ein Update braucht, als hätte man es dabei mit einem Tablet zu tun. Das kann nur schiefgehen.

Meine Mutter hatte noch nie an der Ehe mit meinem Vater »gearbeitet«, und doch hatte sie an ihr wenig auszusetzen. Vielleicht, weil sie zu schätzen wusste, was sie miteinander hatten und was ihre Liebe ausmacht, statt dauernd zu analysieren, was fehlen könnte.

Von dieser Sicht der Dinge hätte ich auch gern mehr, dachte ich und musste auf einmal lächeln. »Du bist schon wie deine Mutter!«, eine solche Aussage wäre dann ja ein Kompliment und nichts, was man unbedingt von sich weisen möchte. Das war eine Perspektive für die Zukunft. Ich konnte mir mehr von der Haltung meiner Mutter, das Leben einfach passieren zu lassen, aneignen.

Wie wäre es, wenn ich in Zukunft in meiner Partnerschaft das schätze, was Thomas und ich miteinander erleben, statt nach dem zu schielen, was wir nicht oder nicht mehr haben? Möglicherweise war die Ehe meiner Eltern keine große Gefühlssensation mehr, aber vielleicht war genau das das Besondere an ihr. Auf Dauerherzklopfen kommt es nicht an, sondern auf die gemeinsame Zeit, die man miteinander verbringt, auf Vertrauen, und ja, auch auf Gewohnheit.

Es wäre schön, wenn ich meine Beziehung künftig ein wenig pragmatischer sehen könnte und mir angewöhnen würde, sie mit einer guten Portion Humor zu betrachten, überlegte ich weiter. Es sind doch vor allem Schwächen und Marotten, die uns gegenseitig auf die Palme bringen, über die wir aber auch am meisten lachen können. Was wäre Thomas ohne seine Angewohnheit, Kaffeetassen grundsätzlich nur auf Untersetzern abzustellen? Was wäre ich ohne meine Vorliebe, Weberknechten in meiner Wohnung Spitznamen zu geben? Was wären wir überhaupt ohne all unsere kleinen und großen Schwächen? Zum Glück sind wir alles andere als perfekt, sondern fehlbar und unvollkommen. Mit einer solchen Haltung kann man dem anderen, aber auch sich selbst leichter verzeihen, wenn wir hin und wieder versagen oder an uns selbst scheitern.

Darum mag ich auch die Bücher von Thomas Mann so gern. Er betrachtet die Eigenheiten der Menschen mit feinem Humor, niemand wird verurteilt oder vernichtet, sondern liebevoll karikiert. Karoline Stöhr etwa, eine Figur aus dem *Zauberberg,* sie spricht immer alle Fremdworte falsch aus, ohne es zu bemerken. Und doch nimmt ihr der Schriftsteller nie die Würde, er lässt sie gelten als Prototyp einer Möchtegerngebildeten, die an ihrem eigenen Anspruch Schiffbruch erleidet. Aber genau das macht sie auch sympathisch, menschlich und interessant.

Wenn man sich selbst öfter so betrachten könnte wie Thomas Mann seine Figuren, sich selbst zusieht und sich dabei nicht so ernst nimmt, dann gäben viele unserer Alltagsdramen eine wunderbare Komödie ab. Helden sind schön, aber auch irre langweilig.

Ich beobachtete eine ältere Frau, die an mir vorbeiging. Sie war sehr auffällig angezogen, trug einen großen gelben Hut, einen Camouflage-Armeeparker und so etwas wie Springerstiefel. In denen hopste sie mehr herum, als dass sie angemessen schritt. Sie war sicherlich fünfzig, wenn nicht gar älter, und es war für mich nicht ganz klar, ob sie alle Sinne beieinanderhatte. Aber spielte das eine Rolle? Ich lächelte sie an, sie lächelte zurück, winkte mir zu und hopste weiter Richtung Innenstadt.

Ich sah ihr nach, als wäre ich einer Erscheinung begegnet, und dachte, es wäre schön, noch ein bisschen mehr Weisheit zu erwerben. Dazu gehört auch eine Begeisterung für Absonderlichkeiten. Irrwege, Irrtümer und Verrücktheiten machen das Leben reicher, auch die Beziehung zu anderen.

In diesem Moment hatte ich das Gefühl, mit mir und der Welt im Reinen zu sein.

Meine Mutter trat, in einer Hand mit einer Zeitung wedelnd, aus der Empfangshalle des Verlagshauses.

»Toller Service«, sagte sie.

»Von dir kann man eine Menge lernen, Mama.« Ich hakte mich bei ihr ein, ohne auf ihre Bemerkung einzugehen.

»Ach, wirklich?« Sie klemmte die Zeitung unter den Arm und lächelte. »Was denn?«

»Zum Beispiel, dass man nicht gleich an einer Beziehung zweifeln muss, nur weil der andere nicht das tut, was man von ihm erwartet hat.« Ich dachte an Cornwall, das mir durch Thomas' Sturheit entgangen war, und nun war ich froh darüber. Wer weiß, ob ich sonst jemals mit meiner Mutter weggefahren wäre …

»Erwartungen können Gift für die Liebe sein«, bemerkte meine Mutter klug.

Wir hatten das Auto erreicht, und bevor sie einstieg, sah sie mich über das Autodach hinweg an und sagte: »Mein Motto war immer: ›Überlege nicht, was andere für dich tun können, sondern was du für andere tun kannst.‹ Frei nach Kennedy oder wem auch immer.« Dann verschwand sie im Wagen, ohne meine Antwort abzuwarten.

Nicht schlecht, dachte ich, während ich die Autotür zuzog.

»Und jetzt fahren wir über die Binnenalster an die Außenalster«, erklärte meine Mutter entschlossen. »Oder willst du noch in der Innenstadt etwas kaufen?«

»Vielleicht einen Matrosen-Troyer? Wobei, nach einem solchen hätte ich in Heiligenhafen Ausschau halten sollen.«

Meine Mutter schüttelte den Kopf. »So ein Seemannspullover ist doch was für Männer! Also von mir hast du das nicht.«

Mein Blick fiel auf die Uhr am Armaturenbrett. »Schon zwei. Komm, wir lassen das mit dem Einkaufsbummel. Das Wetter ist auch viel zu schön.«

Tatsächlich hatte der Himmel wieder aufgeklart. Nur noch ein paar vereinzelte bauschige Wolken zogen schnell vorbei, wie versprengte Schafe, die ihre Herde suchten.

Wir bogen in den Jungfernstieg ein, in die alleeartige Promenade an der Binnenalster mit den Jugendstilfassaden. Meine Mutter kurbelte das Fenster herunter und sah sich die Gebäude an.

»Diese grünen Kupferdächer sind wirklich schön«, sagte sie.

Ich lächelte. Sie waren mir ebenfalls sofort aufgefallen, als ich das erste Mal an der Binnenalster war.

Wir kamen nun am Alsterpavillon vorbei, und obwohl ich das Tempo drosselte, hupte niemand.

Meine Mutter drehte sich um. »In München wäre das anders. Da würden sie sich aufregen und drängeln.«

»Die Menschen hier im Norden sind in dieser Hinsicht viel angenehmer. Auch die Radfahrer klingeln nicht gleich hysterisch, wenn sie vorbeiwollen. Wenn sie überhaupt mal klingeln. Guck, das ist der Alsterpavillon mit seinem markanten Halbkreis und dem Flachdach.«

»Ich weiß noch, wie du mich damals von dort angerufen hast, mit deinem ersten Handy«, erzählte meine Mutter. »Aber in welchem Lokal warst du in deiner Hamburger Zeit am liebsten? Wir könnten dort doch zu Mittag essen.«

»Da fahren wir als Nächstes hin. Es liegt direkt an der Außenalster.«

Wir kamen an schneeweißen Villen vorbei, meine Mutter reckte den Kopf nach allen Seiten, um nichts zu verpassen.

»Schön! Das hat Stil. Aber so nah an der Straße würde ich nicht wohnen wollen. Da würden sie unseren Mutz überfahren.«

Am Restaurant AlsterCliff fanden wir einen Parkplatz und auf dem Steg sogar einen freien Tisch direkt am Wasser. Es war fast halb drei, da war der große Mittagsandrang vorüber. Meine Mutter sah abwechselnd auf die silbrig graue Alster und die Speisekarte. Schließlich wählte sie, neugierig auf das Gericht, Hamburger Pannfisch in Pommery-Senfsauce. Ich hielt mich sicherheitshalber an Currywurst mit Pommes. Schweigend sahen wir nach der Bestellung auf das Wasser.

»In dieser Stadt lässt es sich bestimmt gut leben«, sagte meine Mutter. »Und in diesem Lokal warst du oft?«

Ich nickte. »Meist an Sonntagnachmittagen, mit Kollegen. Und einmal hatten wir hier eine ziemlich wilde Cocktailparty. Am Schluss fiel einer sturzbetrunken in die Alster. Wir haben ihn aber gleich wieder rausgefischt. Gott, ist das lange her.« Ich beobachtete zwei Schwäne, die auf uns zuschwammen, in der Hoffnung auf Futter.

Meine Mutter lachte. »Da warst du Mitte zwanzig. In diesem Alter hatte ich dich schon.« Plötzlich sah sie mich nachdenklich an. »Bei dir ging es damals im Beruf los, und bei mir passierte nicht mehr viel.« In ihrer Stimme war ein Anflug von Melancholie zu hören. »Bis auf die Wechseljahre.«

Ein rot-weißes Ausflugsschiff legte vom Steg neben dem Lokal ab, gleichzeitig wurde unser Essen serviert.

»Waren die schlimm?«

»Zum Glück nicht so dramatisch wie bei anderen Frauen, die ich kannte. Aber ich weiß noch, dass ich manchmal sehr schlecht geschlafen habe und tagsüber oft müde war. Darum habe ich es auch nie geschafft, dich mit deinem Vater in Hamburg zu besuchen, obwohl ich gern einmal gekommen wäre.«

»Das wusste ich gar nicht. Warum hast du nie etwas gesagt?«

»Ich wollte dich damit nicht belasten, du warst doch Berufsanfängerin, das war anstrengend genug.«

Ich winkte ab. »So strapaziös war das nun auch wieder nicht.

Es war eher aufregend, und ich war so stolz auf meine ersten Artikel. Besonders auf den Bericht über die Top Ten der Beerdigungsmelodien.«

Meine Mutter lachte, dann sahen wir beide einer Rudermannschaft zu. Eine Frau im Bug feuerte die Mannschaft an.

»Du hättest wirklich was sagen sollen, Mama, als es dir nicht so gut ging.«

»Ach, so schlimm war es letztlich nicht. Der Frauenarzt wollte mir unbedingt Hormone verschreiben, ich hielt aber nichts davon und bin einfach viel spazieren gegangen. Das half dann, um besser schlafen zu können.«

Schade, dachte ich, dass ich damals nicht nachgefragt hatte. Ich nahm mir vor, das Thema noch einmal anzuschneiden, wenn wir wieder zu Hause waren. Zwar spielten die Wechseljahre für meine Mutter längst keine Rolle mehr, aber ich hatte das alles noch vor mir. Vielleicht konnte ich von ihr lernen, wie ich damit am besten klarkommen würde.

Nun wollte ich etwas anderes wissen: »Wie war das überhaupt, als Roland und ich nicht mehr zu Hause wohnten und du mehr Zeit für dich hattest?«

»Manchmal habt ihr mir gefehlt, war ja vorher ständig etwas los gewesen. Aber man gewöhnt sich daran, dass es stiller wird. Nach einer Weile habe ich es auch genossen.« Meine Mutter lehnte sich zurück und streckte ihre Beine aus. »Außerdem gibt es im Haushalt und im Garten immer etwas zu tun. Ich muss auch nicht dauernd etwas machen, so wie andere Frauen, die einen Kurs nach dem anderen belegen, um mit dem Leere-Nest-Syndrom fertigzuwerden.«

»Und was ist jetzt mit Yoga?«

»Das schaue ich mir erst mal an.«

Ich grinste. So ganz geheuer war ihr die Schnupperstunde im Nachhinein wohl doch nicht gewesen.

Den Pannfisch fand meine Mutter hervorragend, ich war ebenfalls völlig zufrieden mit meiner Wahl. Nachdem die Teller abgeräumt waren, hatte ich Lust auf etwas »Hupfertes«.

»Komm, wir feiern unsere Reise mit einem Gläschen Schampus«, schlug ich vor.

»Aber …«

»Nein, kein Aber. Das haben wir uns verdient.«

Man brachte uns zwei Champagnerflöten. Wir stießen auf unsere Reise an und lachten.

»Willst du noch über die Alster schippern?«, fragte ich. »Wir könnten vom Steg dort drüben losfahren, dann siehst du die Villen vom Wasser aus.«

»Och nö, hier sitzt es sich gemütlich, ich schaue lieber aufs Wasser.«

Ich wartete noch auf den Satz: »Und wenn ich auf ein Schiff gehe, dann muss es schon ein richtiges Kreuzfahrtschiff sein.« Doch der blieb aus.

Ich wunderte mich ein wenig, meine Mutter fragte mich gar nicht, ob wir nicht gemeinsam eine Kreuzfahrt machen sollten, wo unser erster gemeinsamer Urlaub so gut geklappt hatte. Oder sah sie das anders? Was, wenn ihr unser Urlaub nicht gefallen hatte und sie am Ende *mich* anstrengend fand und innerlich die Augen rollte?

Ich drehte das inzwischen leere Champagnerglas nervös in den Händen. Konnte das sein? War womöglich ich die unausstehliche Tochter, mit der man es kaum aushielt und die man zwischendurch am liebsten auf den Mond schießen würde?

Im nächsten Moment überlegte ich, was ich tun sollte. Sollte ich nun meine Mutter fragen, ob ihr der Urlaub gefallen habe, ob sie sich an einen besonderen Augenblick mit mir erinnere. Schließlich ließ ich es aber sein. Gerade war die Stimmung so schön und friedlich. Und bestimmt hätte sie mir etwas gesagt, wenn sie den Urlaub mit mir furchtbar gefunden hätte.

Ich versuchte, mich selbst zu beruhigen, was allerdings nicht sonderlich gut gelang. Wusste ich doch genau, dass meine Mutter mir nie direkt sagen würde, wenn ich ihr auf die Nerven gegangen wäre. Vielleicht hatte sie solche Gefühle nur ihrem roten Heft anvertraut? Und eines Tages würde ich es vielleicht in irgendeinem Schrank entdecken, wenn sie schon längst nicht mehr lebte. Aber dann wäre es zu spät, um darüber noch zu sprechen oder irgendetwas besser zu machen.

An diesem Gedanken kaute ich noch herum, als wir nach Winterhude fuhren, dorthin, wo ich in meiner Hamburger Zeit gewohnt hatte. Ich hielt vor einem Mehrparteienhaus aus rotem Backstein in der Maria-Louisen-Straße.

»Hausnummer 104, die gleiche, die wir daheim haben«, sagte meine Mutter.

Die Hausnummer hatte sie in jedem der Briefe, die sie mir geschrieben hatte, dreimal unterstrichen. Damals hatte ich darüber gelächelt. Vielleicht hatte sie aber so eine Verbindung zu mir herstellen wollen. Weil sie sich selbst nicht erlaubt hatte, mit mir über einen Umbruch in ihrem Leben zu sprechen, der ihr schwerer gefallen war als mir damals klar gewesen war.

Wir blieben im Auto sitzen und sahen zu, wie eine ältere Frau die Haustür öffnete und eine Fußmatte ausschüttelte.

»Die Hausmeisterin«, erklärte ich. »Hat immer gewartet, ob jemand aus dem Haus ging, um dann mit der Person zu klönen.« Ich überlegte, wie sie geheißen hatte, doch ihr Name fiel mir nicht ein.

»Die Straße ist nicht gerade leise. Aber du hattest einen Balkon in den Hinterhof, oder?«

Ich nickte. »Darum hab ich die Wohnung auch genommen, obwohl sie schon damals nicht besonders billig war.«

»Mmmh«, sagte meine Mutter. »Ich glaube, jetzt haben wir alles gesehen, was wichtig war. Es ist auch schon spät.«

»Ja, es wird Zeit, dass wir uns zum Flughafen aufmachen.«

Ich ließ den Motor an, würgte ihn aber wieder ab. Das war die Gelegenheit! Mir war eingefallen, dass die Mülltonnen von 104 nicht abgesperrt wurden. Es war zu hoffen, dass es sich nicht geändert hatte.

»Moment, ich hole nur aus dem Kofferraum einen Pulli, mir ist irgendwie kalt«, sagte ich und stieg aus, ohne meine Mutter anzusehen.

Im Kofferraum wühlte ich etwas herum, dann warf ich die Lebensmitteltüte in eine der tatsächlich noch immer frei zugänglichen Mülltonnen. Meine Mutter saß im Auto und sah nach vorn. Nachher würde ich ihr sagen, ich hätte die Tüte irgendwo vergessen. Womöglich am Rastplatz. Außergewöhnliche Umstände erforderten außergewöhnliche Maßnahmen.

Rechtzeitig erreichten wir den Flughafen, in Ruhe konnten wir das Auto zurückgeben. Meine Mutter schloss sogar noch eine neue Bekanntschaft. Mit dem Eincheck-Automaten. Erst vorsichtig und skeptisch, dann aber legte sie mit zunehmender Begeisterung ihren österreichischen Pass auf das Display. Ich half ihr nur dabei, ihren Lieblingsplatz zu reservieren. Ich lächelte, weil sie den Fensterplatz 18 F wählte, nicht weit hinter den Tragflächen. Es war auch mein Lieblingsplatz, und gerührt sagte ich: »Ich will beim Fliegen auch immer die Flügel sehen.« Ich fand es gar nicht mehr so schlecht, dass wir uns so ähnlich waren. Ganz im Gegenteil. So nah hatte ich mich meiner Mutter lange nicht gefühlt, vielleicht überhaupt noch nie.

Pünktlich um 19 Uhr rollte die Maschine aufs Feld. Ich überprüfte unsere Sicherheitsgurte, während meine Mutter die *Apotheken Umschau,* die sie am Flughafen mitgenommen hatte, in die Tasche am Vordersitz steckte. Zufrieden schaute ich die Stewardess an, als sie vorbeikam, um sich wiederum zu vergewissern, ob alle Gurte geschlossen waren. Ich freute mich auf den Moment, in dem das Flugzeug aufsteigen würde.

Die Turbinen heulten auf, und meine Mutter sah gebannt aus dem Fenster. Der Pilot beschleunigte, und ich wunderte mich über meinen Sitznachbarn am Gang, einen gegelten Geschäftsmann, der nicht einmal jetzt von seinen Unterlagen aufsah. 120 Menschen hoben von der Erde ab, und was tat er? Ordnete stoisch und völlig unbeeindruckt seine Bewirtungsbelege. Am liebsten hätte ich dem ignoranten Schlipsträger in die Ohren geflüstert: »Sie wissen schon, dass die meisten Flugzeugkatastrophen beim Start passieren. Vielleicht finden wir uns gleich im

Jenseits wieder, und dann war das Letzte, was Sie in Ihrem Leben gesehen haben, Ihre Spesenabrechnung, na, dann gute Nacht!«

Ich kicherte aufgekratzt. Manchen Menschen war einfach nicht zu helfen. Da lobte ich mir doch meine Mutter, die voller Begeisterung ganz nah ans Fenster gerückt war und hinausschaute. Ich beugte mich zu ihr und fühlte, wie sich ein Glücksgefühl in mir ausbreitete.

»Ich sehe Hamburg, im Abendlicht wirkt die Stadt wie vergoldet. Schau, Mädschi, da waren wir vorhin noch, oder?«

Ich erhob mich so weit aus dem Sitz, wie der Gurt es zuließ, und reckte meinen Hals. Unter uns leuchtete die Alster, ein funkelnder Spiegel, der immer kleiner wurde.

Ich nickte.

Die Tragflächen blitzten wie blank geputztes Silberbesteck. Der Pilot flog eine Schleife. Unter uns war nun die Elbe zu sehen, ein Containerschiff in Spielzeuggröße fuhr in den Hafen hinein. Dann erkannte ich die Elbbrücken, über die ich damals mit einem kleinen Umzugstransporter gefahren war, Hamburg entgegen. Schließlich drehten wir ab, Richtung Süden, nach Hause, und ich sank auf meinen Sitz zurück.

»Schön ist es im Norden«, sagte meine Mutter.

Ich nickte abermals.

Der Geschäftsmann hatte die Augen geschlossen, wahrscheinlich hatten ihn die Summen auf den Belegen erschöpft. Ich fühlte mich dagegen putzmunter und hatte Lust, mit meiner Mutter zu plaudern und den Urlaub Revue passieren zu lassen. Doch sie las in der *Apotheken Umschau* konzentriert einen Artikel über Herzschrittmacher, also machte ich es mir in meinem Sitz bequem.

Was würde passieren, überlegte ich, wenn unsere Mütter wirklich so wären, wie wir erwachsenen Kinder es uns immer wünschen? Aber was wünschen wir uns überhaupt? Wollen wir etwa tatsächlich eine ideale Mutter wie aus einem ZDF-Fernsehfilm? Sicher nicht! Denn wo blieb dann das Einzigartige in jeder Mutter-Tochter-Beziehung? Sonst wollen wir doch auch immer so gern besonders sein, warum aber versuchen wir, unsere Mutter-Tochter-Beziehungen an Vorstellungen auszurichten, die nicht einmal die eigenen sind? Besser wäre es doch, genau das miteinander zu leben, was beide Personen speziell ausmacht.

Warum konnten wir nicht die Beziehung schätzen, die wir hatten? Und statt dauernd daran herumzukritteln, sollten wir uns hin und wieder zurücklehnen und uns dabei zusehen, welches Schauspiel wir miteinander aufführten. Wir sollten den Blick auf jene Momente richten, in denen wir gemeinsam glücklich sind, oder, was vielleicht noch viel wichtiger ist: zufrieden sind. Am meisten zählte doch, mit der Mutter zu lachen und Sorgen zu teilen, ihre und unsere eigenen, die manchmal gar nicht so weit voneinander entfernt sind, wie wir möglicherweise denken.

Das Anschnallzeichen erlosch, und ich löste meinen Sicherheitsgurt.

Sobald wir selbst ein wenig zurücktreten, überlegte ich weiter, und versuchen, nicht vorschnell zu urteilen, kann allein das etwas anstoßen. So, wie das Meer sich jeden Tag verändert und doch immer gleich bleibt.

Ich sah aus dem Fenster. Der Himmel hatte sich rosa gefärbt, in der Ferne dämmerte ein dunkles, samtiges Blau.

Ich freute mich auf die kommende Entdeckungsreise mit meiner Mutter. So vieles wollte ich noch von ihr erfahren. Und als ich dann an einem Plastikbecher mit Rotwein nippte, fühlte ich mich unheimlich weise. Sicher, unsere Beziehung würde auch in Zukunft nicht immer einfach sein. Aber das war hier, in ungefähr 10 000 Meter Höhe, nicht so wichtig.

Als wir die Donau überflogen, war es fast dunkel geworden.

»Schau, der erste Stern«, rief meine Mutter laut, der Geschäftsmann neben mir zuckte zusammen. Sicher hatte sie ihn aus seinen Bilanz-Träumen geholt. Demonstrativ warf er seinen Gelkopf nach links. Als könnte er auf diese Weise den Mutter- und-Tochter-Touristen entkommen.

Bing! Bing! Die Anschnallzeichen leuchteten auf, und wir verloren an Höhe.

Meine Mutter blickte aus dem Fenster. »Da unten, die Lichter, das ist bestimmt Unterschleißheim!« Sie hatte ein weiteres Mal nicht gerade leise gesprochen.

»Ssst, Mama.« Ich war verlegen, wobei ich mir gleichzeitig blöd vorkam. Schließlich befanden wir uns nicht im Lesesaal der British Library. Und wenn der Typ nebenan schlafen wollte, dafür gab es Ohropax. Was hätte ich da sagen sollen, in der ersten Urlaubsnacht, als meine Mutter Geräusche machte wie diese Maine-Coone-Katze, die laut *Guinnessbuch der Rekorde* lauter schnurrte als jede andere Katze auf der Welt?

»Da ist der Flughafen!« Sie war jetzt aufgeregt wie der Mann, der auf dem Ausguck der *Santa Maria,* dem Flaggschiff von Christoph Kolumbus, die Karibischen Inseln entdeckt hatte. Der Businessmann schnaubte böse, doch zum Glück fing ein paar Sitzreihen vor uns ein Säugling an, herzzerreißend zu brüllen. Und zwar, bis wir die Parkposition erreichten.

Kaum stand das Flugzeug auf seiner Parkposition, fingerte mein Nachbar an seinem iPhone herum. »Dingeldingeldingeldü...« Na, seine »Für-Elise«-Begrüßungsmelodie war akustisch auch nicht mehr en vogue. Richard Wagners »Walkürenritt« hätte außerdem besser zu ihm gepasst.

Ich klickte meinen Gurt auf und erhob mich aus dem Sitz. Nun war unser Urlaub wirklich zu Ende.

Während meine Mutter ihrerseits den Gurt öffnete, sagte sie unvermittelt: »Weißt du, was mein schönster Moment war?« Sie wartete meine Antwort nicht ab. »Jeder einzelne Augenblick!«

Sie strahlte mich an, und ich begriff, sie meinte es auch so. Ich wurde rot. Das hatte ich nun nicht erwartet. Ich drückte sie an mich und flüsterte: »Mir hat es ebenso gefallen. Alles, Mama!« Dann lösten wir uns wortlos voneinander, und ich beobachtete, wie sie fast unter den Sitz kroch, um nachzusehen, ob ich auch wirklich nicht meinen Geldbeutel verloren hatte. Sie tat das völlig unbeeindruckt angesichts all der Reisenden, die ungeduldig von einem Fuß auf den anderen traten, um das Flugzeug eilig verlassen zu können. Sie kamen aber nicht vorbei, bis meine Mutter ihr Procedere abgeschlossen hatte.

Endlich erhob sie sich, ihre Knie knackten, und sie ging aus der Maschine, nicht ohne ein paar Illustrierte von den Sitzen einzusammeln. Ich tat es ihr gleich. »Warum denn nicht?«, sagte etwas in meinem Kopf, und es klang wie meine Mutter.

Am Ausgang gelang ihr das Kunststück, trotz voller Hände drei Auf-Wiedersehen-Schokoherzen abzugreifen. »Für Vati!«, rief sie, als würde das die Stewardess interessieren. Der war es sicher vollkommen egal, wie viele Herzen wir einsackten, wenn wir nur die Schwimmwesten nicht klauten. Mit einem entschuldigenden Lächeln nahm ich ebenfalls ein Herzchen und sagte: »Gute Nacht und danke für den schönen Flug.«

»Wir würden uns freuen, Sie bald wieder an Bord begrüßen zu dürfen«, antwortete die Stewardess und setzte ihr schönstes Lächeln auf.

»Na, wer weiß«, murmelte ich.

Während ich meiner Mutter auf der Fahrgastbrücke folgte, sagte sie: »Hoffentlich ist Vati schon da! Ich freu mich auf mein Bett daheim. Und den Mutz!«

Im Flughafengebäude strebten wir dem Ausgang zu. Die ersten Meter ging meine Mutter noch neben mir, als wären wir jetzt eine Einheit. Doch kaum sah sie in der Ankunftshalle meinen Vater, legte sie einen Zahn zu, als hätte sie es plötzlich unwahrscheinlich eilig, in ihr altes Leben zurückzukehren – und vielleicht war das auch wirklich ein bisschen so.

Dennoch: Irgendetwas hatte sich zwischen uns verändert, und es fühlte sich gut an. Noch war es kaum merklich, aber vielleicht wuchs daraus von nun an etwas Neues.

Mein Vater ging uns entgegen, erst umarmte er meine Mutter, dann mich.

»Na, wie war's?«, fragte er. Meine Mutter hatte während der ganzen Woche nicht mit ihm telefoniert, weil er Gespräche, bei denen man sich nicht sehen konnte, hasste.

»Schön! Du kannst dir nicht vorstellen, wie sauber es die Tante Edeltraut daheim hat, das ist schon unheimlich. Ich meine, ich mag es auch gern ordentlich, aber diese norddeutsche Putzmanie … Und dann gehen die noch nicht mal an den Strand, nicht einmal bei schönstem Wetter, weil sie Angst haben, ein Sandkörnchen könnte sich in ihre geschleckten Wohnungen verirren.« Meine Mutter hatte wieder richtig losgelegt. Das würden wir bestimmt noch x-mal zu hören bekommen, das wundersame Rätsel über unsere Verwandten, die einen Strand mieden, obwohl er vor ihrer Haustür lag.

»Das ist so, als würden wir die Berge meiden aus Angst, mit ein paar Tannennadeln unsere Wohnungen zu kontaminieren«, erklärte ich meinem Vater, um die Worte meiner Mutter zu bekräftigen. Zugleich überlegte ich, ob ich nicht mit ihm im Herbst ein paar Tage wandern gehen sollte. Wer weiß, was daraus alles entstehen konnte? Nicht, dass er sich zurückgesetzt fühlte, jetzt, wo ich mit meiner Mutter eine gemeinsame Woche verbracht hatte.

Inzwischen hatten wir das Auto meiner Eltern erreicht.

»Nun aber los, wir können hier nur anhalten, nicht parken«, sagte mein Vater entschlossen.

Ich umarmte meine Mutter, und sie drückte mich ein klein wenig länger als sonst an sich. Dann küsste ich sie auf die Wange. Das tat ich sonst nur an Weihnachten.

Mein Vater hupte zum Abschied, meine Mutter winkte aus dem Auto. Ich winkte zurück. Dann bog das Auto ab, Richtung Unterschleißheim. Ich war froh, dass mich die S-Bahn nach München mitnahm. Ich freute mich auf meine Wohnung, vielleicht würde ich noch in meiner Nähe ein Glas auf den Urlaub mit meiner Mutter trinken.

In der Bahn schickte ich Thomas eine SMS. »Es ist vollbracht, und es war gut. Kommst du für einen Drink auf den Gärtnerplatz?«

Endlich erhielt ich von ihm eine Antwort: »Ja, ich habe dich vermisst!«

Ich sah aus dem Fenster, grinste und überlegte mal wieder. Vielleicht machen wir im nächsten Jahr zusammen eine Kreuzfahrt, meine Mutter und ich?, überlegte ich. Womöglich vierzehn Tage. Oder sogar drei Wochen? Ich war doch jetzt Profi in Sachen Mutter-Tochter-Reisen.

Außerdem, was sollte schon schiefgehen mit meiner Mutter auf dem Meer?

Dank

Auch wenn man mit sich selbst vor dem Laptop sitzt, schreibt man ein Buch niemals allein. Ohne die Reise mit meiner Mutter wäre es nie entstanden. Ich danke dir, Mama, für die unvergesslichen (in jeglicher Hinsicht!) Tage an der Ostsee, vor allem dafür, dass du einige Erlebnisse viel besser als ich erinnert hast (zum Beispiel den Yoga-Kurs). Nicht nur unsere Reise, sondern auch alle Gespräche über dieses Buch haben uns einander nähergebracht. Ich danke ebenso meinem Vater, der mir zum Beispiel einiges darüber verraten hat, wie sich meine Eltern vor fünfzig Jahren im Karwendelkeller in Tirol das erste Mal begegneten. Er hat mir einen völlig neuen Blick auf meine Eltern ermöglicht. Tante Helga für die Einblicke in unsere Familiengeschichte und die schöne gemeinsame Zeit. Mit meiner Freundin Laura sprach ich viel über das Verhältnis zu unseren Müttern, meine Freundin Melanie gab mir Anregungen, etwa, wie ich die unvergleichliche Atmosphäre am Meer wiedergeben könnte.

Danke auch: meiner Agentin Gila Keplin, die mich überhaupt erst auf die Idee für dieses Buch brachte. Britta Hansen, Programmleiterin des Diana Verlags, für ihr Vertrauen und Regina Carstensen, meiner Lektorin, für ihre Geduld und Einfälle, wie man die Geschichte noch besser erzählen kann. Sie haben dafür gesorgt, dass Sie dieses Buch in Händen halten.

Vor allem aber danke ich Ihnen, liebe Leserin und lieber Leser, für Ihr Interesse. Vielleicht sind Sie Mutter, vielleicht Tochter (vielleicht auch beides) und gerade unterwegs. In diesem Fall wünsche ich Ihnen von Herzen glückliche Momente auf Ihrer ganz persönlichen Reise miteinander.